beck**'sche**
reihe

b^{sr}

Wann schreibt man bayrisch mit y und bairisch mit i? Ist Bairisch ein Dialekt oder eine Sprache? Hat das Bairische eine eigene Grammatik? Was sind typisch bairische Wortbildungen, Ortsnamen, Familiennamen? Hat Bairisch eine Zukunft?

Der bairische Dialekt, der in großen Teilen Bayerns, Österreichs und in Südtirol gesprochen wird, hat eine über 1000-jährige Geschichte. Das Buch gibt kurzweilig und unterhaltsam einen Überblick über wichtige Stationen der Literatur- und Sprachgeschichte, grammatische und lexikalische Besonderheiten sowie die Rolle des Dialekts in der heutigen Öffentlichkeit.

Hans Ulrich Schmid war wissenschaftlicher Mitarbeiter am *Bayerischen Wörterbuch* der Bayerischen Akademie der Wissenschaften in München und ist jetzt Universitätsprofessor für Historische Deutsche Sprachwissenschaft an der Universität Leipzig.

Hans Ulrich Schmid

Bairisch

Das Wichtigste
in Kürze

Verlag C.H.Beck

Mit 10 Abbildungen

Originalausgabe

© Verlag C.H.Beck oHG, München 2012
Gesetzt aus der Stempel Garamond im Verlag
Druck u. Bindung: Druckerei C.H.Beck, Nördlingen
Umschlagentwurf: malsyteufel, Willich
Umschlagabbildung: © Tibor Bognar, getty images
Printed in Germany
ISBN 978 3 406 63930 2

www.beck.de

Inhalt

Bairisch im Kontakt 147

Besonderheiten der Wortbildung 179

Vorwort

Schon wieder ein Bayrisch-Buch? Gibt es denn nicht schon genug davon? Diese Fragen sind durchaus berechtigt, und ich stelle sie mir gelegentlich auch selber, wenn ich in einer Buchhandlung an einen Tisch voller «Bajuvarica», «Monacensia», «Ratisbonensia» und dergleichen gerate. Die Palette reicht von betulichen Heimatbüchern, die eine vermeintlich «gute alte Zeit» verherrlichen, bis hin zu «zünftigen» Publikationen, von eher historisch-volkskundlich ausgerichteten Sachbüchern bis hin zu wissenschaftlichen Publikationen über grammatikalische Einzelaspekte der bairischen Dialekte. Bücher der letztgenannten Art findet man allerdings weniger in den Buchhandlungen als auf den Regalen von Universitätsbibliotheken.

Alles das soll dieses Büchlein nicht sein. Es soll auf möglichst verständliche Weise ausgewählte wichtige Aspekte der bairischen Literatur- und Sprachgeschichte beleuchten. Dabei soll möglichst nicht allzu viel wiederholt und aufgewärmt werden, was schon anderswo (und dort vielleicht besser) nachzulesen ist. Sollte die Lektüre stellenweise unterhaltsam sein, umso besser.

Der literaturgeschichtliche Teil beginnt im Frühmittelalter, als Autoren in den Klöstern des alten bairischen Stammesgebietes erstmals fromme Texte zu Pergament brachten. Der Bogen spannt sich über das Hoch- und Spätmittelalter bis in die Neuzeit und in unsere Gegenwart. Natürlich musste dabei eine subjektive Auswahl getroffen werden, und es hätten mit gleichem Recht auch ganz andere Autoren und Werke Erwähnung finden können als die, von denen hier die Rede ist. Ich hoffe aber, für jede Epoche eine repräsentative Auswahl getroffen zu haben, auch wenn das Weglassen schwieriger, um nicht zu sagen riskanter, wird, je näher man der Gegenwart kommt.

In den Abschnitten zu Wortschatz und Grammatik wird immer wieder in die Sprachgeschichte zurückgegangen, denn vieles, was heute im Kontrast zur deutschen Standardsprache als mundartliche Besonderheit wahrgenommen wird, ist alt, hat historische Ursachen und kann deshalb nur aus der Geschichte sinnvoll erklärt werden (auch wenn einzelne LinguistInnen irrtümlich andere Auffassungen vertreten). Hier musste ebenfalls eine Auswahl getroffen werden. Maßgeblich war vor allem die Häufigkeit, mit der ich immer wieder nach der Ursache bestimmter mundartlicher Besonderheiten gefragt werde.

Das bairische Dialektgebiet ist wesentlich größer als der Freistaat Bayern, in dessen Grenzen zudem nicht nur Bairisch gesprochen wird, sondern wo auch andere, hauptsächlich schwäbische und fränkische Dialekte zu Hause sind (gelegentlich soll auch schon «Hochdeutsch» gehört worden sein). Der größere Teil aller Bairisch-Sprecher lebt jedoch außerhalb Bayerns, und zwar mehrheitlich in Österreich, außerdem in Südtirol und anderswo. Trotzdem liegt – bedingt durch meine Herkunft – das Hauptaugenmerk auf dem bayrischen Bairisch. Was es mit dem «ay» und «ai» auf sich hat, wird gleich im ersten Kapitel erläutert.

Interessierte (Weiter-)Leser erhalten im Literaturverzeichnis einige Hinweise. Dort ist auch verzeichnet, welchen literarischen Werken die zitierten Textbeispiele entnommen sind. Dass bei der Durchsicht dieses Verzeichnisses ziemlich leicht persönliche Vorlieben erkennbar werden, muss ich in Kauf nehmen.

Mir bleibt noch, zwei weder bai- noch bayrischen, dafür aber geduldigen Korrekturleserinnen zu danken: Luise Czajkowski und Ann Kynast, beide Uni Leipzig. Dank auch an meinen geschätzten bayrischen Kollegen in Leipzig, Prof. Dr. Ludwig Stockinger.

Leipzig und Dettenhofen bei Regensburg, Sommer 2012

Einleitendes und Grundsätzliches

Warum schreibt man eigentlich manchmal Bayrisch mit y und manchmal Bairisch mit i? Ist das austauschbar und beliebig? Oder gibt es einen guten Grund dafür? Diese und weitere Fragen im Zusammenhang mit dem Bairischen (oder Bayrischen) sollen einleitend geklärt werden. Hat man es mit einer eigenen Sprache zu tun, was viele Mundartfreunde immer wieder temperamentvoll behaupten, oder «nur» mit einem Dialekt? Das ist, wie sich zeigen wird, ein Scheinproblem. Wie sieht das historische Verhältnis von Bairisch und Hochdeutsch aus? Und schließlich: Wie werden die Dialekte im Südosten des deutschen Sprachraums von außen wahrgenommen?

Bayrisch mit «y» und Bairisch mit «i»

Der Name des flächenmäßig größten deutschen Bundeslandes mit der Hauptstadt München ist *Bayern*. Ein dort ansässiger (mitunter durchaus erfolgreicher) Fußballclub heißt *Bayern München*. In der *bayrischen* Landeshauptstadt gibt es auch eine *Bayerische Staatsoper* sowie ein *Bayerisches Nationalmuseum*, und es gab einmal eine (letztlich eher erfolglose) *Bayern-LB*. Niemand würde auf die Idee kommen, in diesen Namen das *y* durch ein *i* zu ersetzen. Und trotzdem trifft man in bestimmten (vor allem sprachbezogenen und historischen) Zusammenhängen auch auf die Schreibweise *Baiern* und *bairisch* mit *i* statt *y*. Warum?

Historisch gesehen, ist der Freistaat *Bayern* in seinen heutigen Grenzen ein vergleichsweise junges politisches Gebilde. König Ludwig I. (1786–1868) regierte über ein Territorium, dessen Grenzen erst in nachnapoleonischer Zeit gezogen worden waren. Er hatte ein ausgeprägtes Faible für schöne Frauen, das Partizip Präsens und Griechenland und machte die klassisch-griechisch anmutende *y*-Schreibweise amtlich: Um seinem Königreich einen klassischen Touch zu geben, verfügte er, dass fürderhin *Ba-y-ern* mit *y* zu schreiben sei. Aus demselben Grund schreibt man auch *Spe-y-er* mit *y*, denn die Pfalz, also das Gebiet, in dem diese schöne alte Stadt mit ihrem romanischen Dom liegt, gehörte bis 1918 zum Königreich *Bayern*. Erfinder der *y*-Schreibung war Ludwig allerdings nicht. Schon wesentlich früher waren die Schreibweisen *Bayern* und *Beyern* gebräuchlich, daneben aber auch *Baiern* und *Beiern*.

Ob nun Königreich oder Freistaat: *Bayern* mit *y* bezeichnet eine neuzeitliche politische Einheit. Dagegen beziehen Philologen und Historiker *Baiern* und *bairisch* mit *i* auf das wesentlich ältere Dialekt- und Stammesgebiet, das mit *Bayern* nur teilweise deckungsgleich ist. In *Bayern* leben auch Nicht-*Baiern*, beispielsweise Schwaben und Franken. Die Dialekte im äußersten Nordwesten des Freistaats, um Aschaffenburg und in der Rhön, sind bereits hessisch. Ein kleines Gebiet im nördlichen Frankenwald ist in dialektaler Hinsicht thüringisch. Im südwestlichen Allgäu, am Nordufer des Bodensees, wird ein alemannischer Dialekt gesprochen, der sich in mancher Hinsicht vom Schwäbischen, wie man es in Augsburg, Ulm, Memmingen und Kempten hört, unterscheidet. Die Sprecher dieser Dialekte haben, obwohl sie innerhalb der *bayrischen* Landesgrenzen wohnen, ihre eigenen, vom *Bairischen* deutlich abweichenden Mundarten.

In weiten Gebieten außerhalb *Bayerns* spricht man jedoch ebenfalls *Bairisch*. Das größte außer-*bayrische Baiern*-Gebiet ist Österreich. Mit Ausnahme des Landes Vorarlberg, das sprachlich gesehen zum Alemannischen gehört und das deshalb dem Schweizerdeutschen näher steht als den bairischen Dialekten Österreichs, ist ganz Österreich *bairisch*. In Österreich gibt es sogar mehr *Bairisch*-Sprecher als in *Bayern*. Zum bairischen Dialektraum zählt zudem Südtirol (das als *Alto Adige* seit 1918 politisch zu Italien

Bairische und nicht-bairische Dialekte in Bayern
(Kleiner Bayerischer Sprachatlas)

gehört). Auch Böhmen und das Egerland sind historisch und
sprachlich gesehen *bairisch*.

Südlich und südöstlich des zusammenhängenden Sprachraums
haben sich im Mittelalter durch Abwanderung *bairische* Sprachinseln gebildet. Die ältesten liegen in den Alpen, in Venezien, in Fri-
aul und im Trentino. Schon im 11. Jahrhundert sind Siedler aus der
Gegend um Benediktbeuern dorthin ausgewandert. Noch heute
kann man dort in einigen Orten ein sehr archaisches *Bairisch* hö-

ren, das im Lauf der Jahrhunderte allerdings stark vom umgebenden Italienischen beeinflusst worden ist. Man nennt diese Sprachinseln zusammenfassend *Zimbrisch*, allerdings nicht deshalb, weil es sich wirklich um die Nachkommen der alten germanischen Zimbern handelt, sondern deshalb, weil italienische Gelehrte des 17. Jahrhunderts sie irrtümlich für solche hielten.

Im Zuge der mittelalterlichen Ostsiedlung aus dem zusammenhängenden *bairischen* Gebiet entstanden weitere Sprachinseln. Eine der größten war *Iglau (Jihlava)* im östlichen Tschechien, nahe an der Grenze zur Slowakei. Überregional bekannt wurde sie für Silberbergbau und Tuchherstellung.

Wenn in den nachfolgenden Kapiteln die Schreibweise *Bayern* und *bayrisch* neben *Baiern* und *bairisch* verwendet wird, so ist das folglich keine orthographische Nachlässigkeit. Die *y*-Schreibung gilt dann, wenn von Gegebenheiten innerhalb des Freistaats die Rede ist. Die *i*-Schreibung wird dann gewählt, wenn es um sprachliche Aspekte geht, die grenzübergreifend Gültigkeit haben. Mit der Herkunft des Verfassers hängt es zusammen, dass in diesem Buch das *bayrische Bairisch* das deutliche Übergewicht hat.

Bairisch – Dialekt oder Sprache?

Stammesbewusste Freunde und Verehrer wahlweise des Bayrischen oder des Bairischen vertreten gelegentlich die Auffassung, sie sprächen eine eigenständige, «richtige» Sprache und keinen Dialekt. Das ist merkwürdig, denn letztlich heißt das ja, dass ein Dialekt weniger wert sei als eine Sprache. Trotzdem ist die Frage nicht abwegig, denn «Ist Bayrisch eine Sprache oder ein Dialekt?» wurde in einem Internet-Forum (http://www.wer-weiss-was.de) vielfach gefragt und mehr oder weniger sachkundig auch beantwortet.

Zunächst einmal: Würde es zutreffen, dass Bairisch eine Sprache und kein Dialekt ist, dann wäre Deutschland vielsprachig und die bekanntlich viersprachige Schweiz im Vergleich dazu sprachlich geradezu homogen. Das Schwäbische müsste dann ebenso als eine eigenständige Sprache gelten wie das Thüringische, das Hessische, das Plattdeutsche und natürlich eine Reihe weiterer Dialekte. Hätte das Schwäbische autonomen Sprachstatus, würden vermutlich alsbald die Badenser ihre linguistische Unabhängigkeit erklären. Die sprachpolitischen Folgen wären nicht abzusehen.

Dafür, dass Dialekte keine eigenständigen Sprachen sind, spricht bereits die Tatsache, dass sie in sich selbst wiederum in Unter-, Unterunterdialekte usw. gegliedert sind. Normierungsversuche wurden und werden zwar immer wieder unternommen, führen aber zu keinem tragfähigen Resultat. Dialekte entziehen sich aus verschiedenen Gründen der Normierung. Nach außen hin, zu Nachbardialekten, gibt es Übergangszonen. Freilich: Wenn ein Almbauer einen Fischer von der Waterkant in seinem Dialekt anspräche und dieser etwas in seinem Platt antworten würde, dann hätten sie ein Verständigungsproblem. Der räumliche und damit der dialektale Abstand wäre einfach zu groß. Wenn man aber genügend Zeit hätte, eine Wanderung von Garmisch nach Husum zu unternehmen, und außerdem dazu, sich in jedem Dorf, durch das man kommt, einen Abend lang ins Wirtshaus zu setzen (keine üble Vorstellung!) und sich mit Einheimischen zu unterhalten, dann würde man allenfalls schwache, fließende Übergänge bemerken. Am ehesten noch Lautnuancen, aber kaum scharfe Grenzen.

Zwischen Sprachen gibt es keine solchen allmählichen Dorf-zu-Dorf- und Stadt-zu-Stadt-Übergänge. Deutsch und Französisch, Deutsch und Tschechisch, Deutsch und Polnisch, Deutsch und Dänisch trennen Sprachgrenzen, die mit Landesgrenzen deckungsgleich sein können, aber nicht müssen (ein Sonderfall ist aus historischen Gründen die deutsch-niederländische Sprach- und Landesgrenze). Hier gibt es kein Verständigungskontinuum, sondern allenfalls punktuelle Beeinflussungen auf beiden Seiten der Grenze, die sich vor allem auf den Wortschatz beschränken, denn Wörter sind der «mobilste» Teil einer Sprache und können leicht aus einer Kontaktsprache übernommen werden.

Das Bairische, egal ob in Bayern oder in Österreich, wird zusammen mit dem Schwäbischen, Thüringischen, Hessischen, dem Plattdeutschen und einer Reihe weiterer Dialekte von einer überall gültigen Schrift- und Standardsprache «überdacht». Konkret: Ob man die Neue Zürcher Zeitung liest, die in München erscheinende Süddeutsche Zeitung, die Neue Osnabrücker Zeitung oder die Berliner taz – man erkennt in den verwendeten Sprachformen so gut wie keinen Unterschied (um Inhalte geht es hier nicht). Die Schulbücher in Bayern verwenden dieselbe (Standard-)Sprache wie die in Schleswig-Holstein. In Zeitungen und Büchern sind Orthographie und Grammatik weitestgehend normiert. Im Zweifelsfall kann man in Handbüchern nachschlagen. Auch der standarddeutsche Wortschatz ist überregional gültig. An Wörterbüchern von unterschiedlicher Dicke ist kein Mangel. Dagegen sind die Dialekte sprachliche «Varietäten» mit regionaler (oder nur lokaler) Reichweite. Sie werden, wenn man von Sonderfällen wie z. B. der Mundartdichtung oder Werbeanzeigen mit dialektaler Färbung absieht, nur in mündlicher Kommunikation verwendet. Und das gilt auch für das Bairische. Man tut ihm kein Unrecht, wenn man es als einen deutschen Dialekt unter vielen betrachtet. Stichhaltige philologische Argumente, es als eigene Sprache zu bewerten, gibt es nicht. Und selbst wenn: Was wäre denn eigentlich damit gewonnen?

Bairisch ist Hochdeutsch – historisch und geographisch

Wenn man von «Hochdeutsch» spricht, denkt man normalerweise den Gegensatz «Dialekt» mit oder allenfalls noch «Umgangssprache», «Slang», «Jugendsprache» (was immer man dafür hält). «Hochdeutsch» ist in diesem Verständnis insofern «hoch», als es vom Prestige her «höher» steht als irgendwelche «tiefer» stehenden Abarten des Deutschen. Man spricht ja auch von einem Hochenglischen (im Gegensatz z. B. zum Cockney), einem Hochitalienischen (im Gegensatz zu Dialekten in Apulien oder Sizilien) usw.

«Hochdeutsch», das ist kurz gesagt das Deutsch der Tagesschausprecher, der Bücher und der Leitartikel. Aber «hoch» ist zunächst einmal ein räumlicher Begriff. Und auch «Hoch-Deutsch» war zunächst – das heißt bis ins 18. Jahrhundert – die Benennung für einen Sprachraum, und zwar für ungefähr die südlichen zwei Drittel des gesamtdeutschen Gebietes. Man bezeichnete die dort gesprochenen Varianten des Deutschen deshalb als «Hochdeutsch», weil das Gelände von der Mittelgebirgsschwelle bis zu den Alpen höher liegt als das norddeutsche Flachland. Die dort gesprochenen Dialekte sind niederdeutsch. Man sagt auch Plattdeutsch, was ja auch zur topologischen Beschaffenheit des Gebietes passt. Das historische Begriffspaar ist also «Hochdeutsch» gegenüber «Niederdeutsch».

«Hochdeutsch» ist aber kein veralteter Begriff, sondern die Sprachwissenschaft meint damit nach wie vor eine geographische Gegebenheit. «Hochdeutsche Dialekte» ist hier kein Widerspruch in sich, sondern die zusammenfassende Bezeichnung für alle Dialekte, die die sogenannte Althochdeutsche Lautverschiebung mitgemacht haben: in denen man also nicht *ik* sagt, sondern *ich*, nicht *Water*, sondern *Wasser*, nicht *open*, sondern *offen*. Zu diesen Dialekten gehört neben dem Alemannischen (vom Lech bis zum Elsass), dem Westmitteldeutschen (an Rhein und Mosel), dem Ostmitteldeutschen (in Thüringen und Sachsen), dem Ostfränkischen (um Würzburg, Bamberg und Bayreuth) eben auch das Bairische. Das Bairische ist also historisch und sprachgeographisch gesehen Hochdeutsch oder – genauer gesagt – ein hochdeutscher Dialekt. Da der Begriff «hochdeutsch» also auf zweierlei Weise verwendet werden kann, einmal historisch-geographisch, aber ebenso mit Bezug auf ein (wie auch immer definiertes) Sprachniveau, wird er in diesem Buch vermieden. Das Deutsch der Tagesschausprecher, der Bücher und Leitartikel wird als «Standarddeutsch» oder «deutsche Standardsprache» bezeichnet. Denn wie gesagt: Bairisch ist (!) Hochdeutsch.

Bei uns gibt's koa Anarchie!
Bayrisch und gefühltes Bayrisch

Das Bairische schlechthin gibt es nicht. Es gibt auch kein einheitliches bayrisches Bairisch und daneben vielleicht noch ein österreichisches. Der bairische Dialektraum innerhalb Bayerns ist – selbst wenn man die schwäbischen und fränkischen Dialekte einmal wegdenkt – deutlich in sich gegliedert. Es gibt erhebliche Unterschiede zwischen Bad Reichenhall im Süden und Marktredwitz im Norden. In Österreich ist es nicht anders. Im Gegenteil: Die dialektalen Unterschiede zwischen den Tiroler Mundarten und den Inn- und Mühlviertler Dialekten sind gravierend. Von außen und von ferne werden diese Unterschiede aber kaum wahrgenommen, und das nicht zuletzt deshalb, weil regelmäßig Bayern mit München verwechselt wird und Österreich mit Wien (übrigens wird aus einer undifferenzierten Westwahrnehmung auch nicht zwischen thüringischen und sächsischen Dialekten unterschieden). Und auch was diese beiden Zentren betrifft, sind es ganz bestimmte, besonders auffällige Lautformen, die als typisch wahrgenommen werden. Verstärkt wird das noch dadurch, dass die großstädtischen regional gefärbten Umgangssprachen – man könnte auch sagen diese «Dialekte light» – medial verbreitet und vermarktet werden. Da geben *Madln* und *Buam* in vermeintlichen «Trachten» in künstlich-rustikalen Studio-*Stadln* vermeintlich «Mundartliches» zum Besten.

Die typischen Lautformen sind dann für das bayrische Bairisch die Zwielaute (Diphthonge) *ua* wie in *guat*, *Bua* und *Schua*, das *ia* wie in *liab*, *Briafal* oder *Ziach* für ‹Ziehharmonika› und – ganz besonders! – das *oa* für hochdeutsches *ei* in *Doag* ‹Teig›, *koa* ‹kein› oder *load* ‹leid›. Gerne lässt man einen *zuagroasten* (man beachte das *ua* und das *oa*!) Studiogast (kurz gesagt *an Breißn* ‹einen Preußen›) das als urbayrisch geltende Wort *Oachkatzlschwoaf* ‹Eichkätzchenschweif› nachsprechen, um sich an der zu erwartenden ungelenken Artikulation des *oa* zu belustigen. Außer *ua*, *ia* und *oa* sind es dann noch einige Wörter (*Fensterln, Lederhosn, Wiesn* zum Beispiel), die die Außenwahrnehmung des Bayrischen, also das «gefühlte» Bayrisch, ausmachen.

Das «gefühlte» Österreichische macht sich in der Fern(seh)wahrnehmung an den langen dunklen *åå* in wie in *kååfm, lååfm, schåång* für ‹kaufen›, ‹laufen›, ‹schauen› (also für standarddeutsches *au*) oder den hellen *ää* wie *drää, bääßn* oder *Ääs* für ‹drei›, ‹beißen›, ‹Eis› (standarddeutsch *ei*) fest. Natürlich gibt es auch hier die typischen Wörter wie den *Häärigen* oder die *Brettljååsn*, den ‹Heurigen› und die ‹Brettljause›, der auf einem rustikalen Brett servierte kalte Imbiss aus verschiedenen Schinken-, Wurst- und Käsesorten.

Ein unentbehrliches Element des «gefühlten Bayrisch» ist, wie wir gesehen haben, ganz offensichtlich der Zwielaut *oa*, dessen Verwendung ausreicht, um eine schriftliche Äußerung als «typisch bayrisch» erscheinen zu lassen. Und nicht nur das, er scheint sogar suggestiv eine Art bayrisches Wir-Gefühl zu erzeugen. Als 1919 z.B. die bayrische Räterepublik brutal niedergeschossen worden war, wurden in München Plakate (Abb. S. 22) geklebt, die einen kraftvollen Bayern zeigen, der schwungvoll einen «Anarchisten» an einem weißblauen Grenzpfosten vorbei aus dem Land befördert. Am oberen Plakatrand steht, nicht auf Bairisch, sondern standarddeutsch, damit es der Anarchist (der nie und nimmer ein Bayer sein kann) auch wirklich versteht, *Raus mit Euch!* Aber unten: *Bei uns gibt's koa Anarchie.* Das ist der implizite Appell ans kollektive bayrische Wir unter Verwendung des offenbar identitätsstiftenden Diphthongs *oa*. Ein vergleichsweise aktuelles Beispiel: Als Fans des FC Bayern München zu Tausenden ihre Aversion gegen den wechselwilligen Schalker Torwart Manuel Neuer kundtaten, hielten sie Plakate mit *Koan Neuer* in die Höhe. (Abb. S. 23)

Ein literarisch-satirisches Zeugnis für «gefühltes» Bayrisch mit möglichst vielen falschen *oa* und anderem Nonsens in Pseudodialekt ist ein Gedicht von Hanns von Gumppenberg (1866–1928) mit dem Titel *Oadlwoaß* ‹Edelweiß›:

Identitätsstiftendes koa(n)
1919 und 2011
(links und rechts)

O Berg – euch liab' ich allezoat
Ja selbscht im Winta, wenn es schnoat!
Ich grüaß den roanen Sonnenschoan
Und stoag' ins stoale G'wänd hinoan:
Doch wer'n miar wohl die Woadel hoaß
Doch grüaßt mich z'letzt oan Oadelwoaß, oan Oadelwoaß

O Liad, gediachtet still dahoam,
Wie g'froat von diar mich jeder Roam!
Jetzt kling' von Berg zu Bergen woat,
Zum Proas der Alpenherrlichkoat!
Und singt dich d'Senn'rin hoch am Oas,
Dann bist auch du oan Oadelwoaß, oan Odelwoaß

Dös haut scho.
Bairisch bei nicht-bairischen Autoren

Es ist, wenn nicht alles täuscht, noch niemand gründlich der Frage nachgegangen, wie Schriftsteller, die selber nicht aus Bayern kommen, sich aber vielleicht einige Zeit dort aufgehalten haben, ihre Figuren bairischen Dialekt sprechen lassen. Welche Dialektmerkmale legen sie ihnen in den Mund? Sehen wir uns kurz drei solche Autoren an: Theodor Storm (1817–1888), Thomas Mann (1875–1955) und Erich Kästner (1899–1974).

In Theodor Storms Novelle «Pole Poppenspäler» tritt ein Marionettenspieler auf, der eine Tochter namens *Lisei* hat. Verkleinerungsformen auf *-ei* sind (anders als *-l* und *-erl*) in Bayern nicht sehr weit verbreitet. In der Wegscheider Gegend nördlich von Passau sagt man so, außerdem im südlichen Oberbayern, vor allem im Chiemgau und im Berchtesgadener Land, genau dort also, wo Storms Puppenspielerfamilie Tendler herstammt. Aber lassen wir ihn selbst bzw. sein *Lisei* zu Wort kommen. Paul, der Ich-Erzähler der Novelle, bringt das Mädchen mit nach Hause und stellt es seiner Mutter vor. Und dann:

Wie sie denn heiße, fragte sie (die Mutter), *und ob es denn schon immer so von Stadt zu Stadt gefahren sei? – –Ja, Lisei heiße es – ich hatte das meiner Mutter schon oft genug gesagt – aber dies sei seine erste Reis'; darum könne es auch das Hochdeutsch noch nit so völlig firti krieg'n. – – Ob es denn auch zur Schule gegangen sei? – – Freili; es sei schon zur Schule gang'n; aber das Nähen und Stricken habe es von seiner alten Bas' gelernt; die habe auch so a Gärtl g'habt, da drin hätten sie zusammen auf dem Bänkerl gesessen; nun lerne es bei der Mutter, aber die sei gar streng!*

Storm flicht hier sehr geschickt die Äußerungen des kleinen Mädchens in eine indirekte Rede ein. Er lässt sie hier nicht selber sprechen, sondern gibt indirekt aus der Erzählerdistanz wieder, was *Lisei* auf die Fragen von Pauls Mutter antwortet. Dialektmerkmale, die er dabei einfließen lässt, sind Wortformen ohne -*e* am Wortende (*Reis', Bas'*). In *freili* fehlt – ganz mundartgerecht – das *ch* am Ende, ebenso in *firti* das *g*. Bei diesem Wort hat Storm auch das *e* des entsprechenden schriftsprachlichen Wortes *fertig* durch dialektales *i* ersetzt (wie in *mirka* ‹merken› oder *schwirzn* ‹schwärzen›). Statt *nicht* sagt das Mädchen *nit*. Das helle *a* in den Verkleinerungsformen *Gärtl* und *Bänkerl* setzt Theodor Storm als *ä* um, was ein bairischer Autor wohl eher nicht gemacht hätte. Bei der Lektüre fragt man sich natürlich, woher der Husumer Autor seine bairischen Dialektkenntnisse bezog. Die Antwort hat er in einem Brief selber gegeben: Er hatte Franz von Kobells «Gedichte in oberbayrischer Mundart» gelesen und benützt. Zusätzlich hat er die Dialektpartien dem Stuttgarter Sprachwissenschaftler Georg Scherer zur kritischen Durchsicht vorgelegt.

Auch in Thomas Manns «Buddenbrooks» kommt wiederholt ein Bairisch-Sprecher zu Wort, nämlich der Münchner Hopfenhändler Permaneder. Mit Theodor Storms kleinem Mädchen kann der selbstverständlich nicht direkt verglichen werden. Auch dosiert Thomas Mann den fremden Dialekt (den er ja aus seiner

Münchner Zeit bestens kannte) nicht so vorsichtig wie Theodor Storm an der zitierten Stelle. Wenn Herr Permaneder spricht, dann liest sich das beispielsweise so: *Übrigens ... i will nixen g'sagt ham, Herr Nachbor! Dös is fei a nett's G'schäfterl! Mer machen a Geld mit der Aktien-Brauerei, wovon der Niederpau Direktor is, wissen S'. Dös is a ganz a kloane G'sellschaft g'wesen, aber mer ham eahna an Kredit geben und a bares Göld ... zu vier Prozent, auf Hypothek ... damit s' eahnare Gebäud ham vergreßern können ... Und jetzt mochen s' an G'schäft, und mer ham an Umsatz und a Jahreseinnahm – dös haut scho!*

In dieser Passage steckt, wie unschwer zu erkennen ist, wesentlich mehr Dialekt als in dem Zitat aus Storms «Pole Poppenspäler». Es kommen Wortformen vor wie *nixen* für ‹nichts›, *mer* für ‹wir›, *eahna* für ‹ihnen› und *eahnare* für ‹ihre›. Auch das unvermeidliche *oa* erscheint, und zwar in *kloane*. (Storm hat das vermieden: Er schreibt *Reis'* für ‹Reise›. Das Dialektwort wäre *Roas*.) Ein zutreffendes Dialektmerkmal ist zudem die Verwendung von *Kredit* und *Geld* mit dem unbestimmten Artikel: *a Geld, an Kredit, a bares Göld*. Der Name *Niederpau* wird ganz dialektgerecht mit dem bestimmten Artikel *der* verwendet. Mit *dös haut scho* ‹das klappt schon› legt Thomas Mann seinem Herrn Permaneder eine sehr typische Redensart in den Mund. Überhaupt spricht Permaneder gerne in solchen Wendungen, an anderer Stelle z. B. *is dös a Hetz*, wörtlich ‹ist das eine Hetze› (gemeint ist ‹ist das aber lustig›) und *dös san G'schichtn* ‹das sind Geschichten› (in etwa: ‹das ist bemerkenswert›). Auch das *Lisei* verwendet ab und zu redensartliche Wendungen, z. B. *das is g'schickt* oder *was geit's für Sachen auf der Welt*.

Vergleicht man Thomas Manns und Theodor Storms «Bairisch», kann man noch weitere Gemeinsamkeiten entdecken: Verben, die mit g anlauten, haben keine Vorsilbe ge–. Das *Lisei* sagt *gang'n* ‹gegangen›, Herr Permaneder *geben* ‹gegeben›. Am Wortende fehlt bei beiden das -e: Thomas Manns Permaneder sagt *Gebäud* und *Jahreseinnahm*, Storms Mädchen sagt *Reis*. Namen werden mit dem bestimmten Artikel gebraucht. Beide Autoren lassen ihre Figuren in mundarttypischen phraseologischen Fügungen sprechen. Alles das scheint im «hohen Norden» das Außenbild des Sprechens in bairischer Mundart zu bestimmen (oder bestimmt zu haben).

Einige kleinere Missgriffe sind Thomas Mann aber doch unterlaufen. In Bayern würde wohl niemand *an G'schäft* sagen. Das Wort ist wie in der Standardsprache ein Neutrum. An anderer Stelle stellt Herr Permaneder fest: *München ist koane G'schäftsstadt.* Die Form *koane* ist falsch. Hier hat Thomas Mann lediglich das *ei* in *oa* umgesetzt, sich aber bei der Wortform vertan. Es müsste heißen *koa G'schäftsstadt.* Auch die von Permander so geliebte Interjektion *geltn S'* würde kaum so gesprochen. Theodor Storm verwendet sie richtig, das heißt ohne *t: «Gel, Vater», rief das Lisei, «da wird aa die Mutter nit mehr brumm'n.»*

Damit soll auf keinen Fall dem großen Thomas Mann dialektpedantisch am Zeug geflickt werden. Er war gebürtiger Lübecker, und dafür hat er seinen Herrn Permaneder mitsamt seiner bayrischen Wortwahl und Idiomatik ganz vorzüglich – um nicht zu sagen unnachahmlich – gezeichnet.

Anhand von Erich Kästners «Doppeltem Lottchen», wo gelegentlich eine Art bairisch eingefärbtes Standarddeutsch gesprochen wird, lassen sich einige dieser Beobachtungen bestätigen. Allerdings spielt Kästners Kinderbuch nicht im Schausteller-Milieu, auch nicht unter Münchner Hopfenhändlern, sondern in gehobenen Wiener und Münchner Musikerkreisen. Aber immerhin: Wenn Kapellmeister Palfy beispielsweise sagt *Werden S' solang bleiben können, bis das Luiserl – ein' Schmarrn – bis das Lottchen, mein ich, wieder beisamm' ist?*, dann haben wir auch hier Namen mit Artikel (*das Luiserl* und *das Lottchen*) und eine *e*-lose Verbform (*mein ich*). Die Ausdrucksweise *wieder beisamm' sein* für ‹sich wieder erholt haben› ist zumindest ungewöhnlich. Vielleicht hat Kästner hier *wieder beinand ist* gemeint. Das wäre das Gängigere. Aber man kann es ja leicht verwechseln…

Literarisches und Historisches

Als sich irgendwann um 500 nach Christus die Bajuwaren – aus welchen (prä-)historischen Wurzeln auch immer – zu einem germanischen Stamm formierten, hatten sie anderes zu tun, als irgendetwas aufzuschreiben. Die schriftliche Überlieferung des Bairischen begann ähnlich wie die des Fränkischen, Alemannischen und anderer germanischer Sprachen erst erheblich später, in der 2. Hälfte des 8. Jahrhunderts. Aber auf bairischem Boden sind herausragende Zeugnisse der althochdeutschen Literatur entstanden. Es wäre zwar anachronistisch, einzelne bedeutende Dichtungen des Frühmittelalters als bairische (erst recht bayrische) Mundartdichtung in Anspruch nehmen zu wollen, denn Mundartdichtung kann nur vor dem Hintergrund einer hochsprachlichen Literatur existieren. Sie lebt letztlich von diesem immer mitempfundenen Gegensatz. Die «Hochsprache» des Mittelalters war das Lateinische, nicht irgendein Hochdeutsch in unserem Sinne. Insofern ist jeder nicht-lateinische mittelalterliche Text dialektal, auch wenn es die Verfasser mehr oder weniger gut verstanden, extreme Regionalismen zu vermeiden. Trotzdem: Die althochdeutschen Texte, die im bairischen Raum geschrieben worden sind, zeigen in sprachlicher Hinsicht bereits unverkennbar bairische Merkmale. Als prominenten Beispiele werden (außer einem amüsanten lateinisch-bairischen Kurztext) das «Wessobrunner Gedicht» mit dem zugehörigen Gebet und das «Muspilli» vorgestellt. Auch im Hoch- und Spätmittelalter haben bairische Autoren erstrangige Werke verfasst. Hier stellt sich bereits vehement das Auswahlproblem. Auf keinen Fall darf der frühe «donauländische» Minnesang fehlen, ebenso wenig der vielleicht bekannteste Minnesänger Walther von der Vogelweide und das wohl bekannteste Epos des deutschen

Mittelalters, das «Nibelungenlied». Dialektale Merkmale treten in diesen Werken allerdings deutlich zurück. So gesehen waren die althochdeutschen Texte «bairischer» als später die mittelhochdeutschen.

Die Zahl der bayrischen Autoren des Spätmittelalters und der Frühen Neuzeit ist kaum noch zu überblicken. Hier können nur einige herausragende Repräsentanten (und eine wenig bekannte Repräsentantin) vorgestellt werden. Für die Zeit ab 1800 – und erst ab da kann man von bayrischer Mundartdichtung im eigentlichen Sinne sprechen – gilt das erst recht. Bayrische Autoren der Zeit um und nach 1900, allen voran die Klassiker Ludwig Thoma und Oskar Maria Graf, waren keine Mundartdichter in dem Sinn, dass sie kein Standarddeutsch geschrieben hätten, aber sie verwendeten den bayrischen Dialekt in ganz bestimmten Funktionen, um Figuren aus einem ländlich-bäuerlichen Milieu zu Wort kommen zu lassen, als Mittel der Ironie oder der satirischen Entlarvung oder «latent», um eine ereignisnahe Erzählerperspektive anzudeuten.

Literatur kann man niemals isoliert von historischen Kontexten betrachten. Deshalb müssen, wenn auch unsystematisch, von Fall zu Fall geschichtliche Begleitumstände wenigstens angedeutet werden.

Aber der Reihe nach.

Die *Bajuwaren* – die «Leute aus Böhmen»

An der Schwelle von der Antike zum frühesten Mittelalter, im 5. und 6. Jahrhundert, vollzogen sich in Mitteleuropa gewaltige Umwälzungen: Ein halber Kontinent war in Aufruhr und Bewegung. Doch schon früher, im 2. Jahrhundert, hatten die Goten ihre skandinavischen Wohnsitze verlassen und waren durch das heutige Polen bis nach Bulgarien, von dort nach Norditalien und Südfrankreich und schließlich nach Spanien weitergezogen. Der lange Marsch, der durch vorübergehende Reichsgründungen immer wieder für einige Zeit auch unterbrochen wurde, nahm Generationen und Jahrhunderte in Anspruch. Andere germanische Stämme wie die Langobarden und Burgunder legten ebenfalls weite Wege zurück, ehe sie sich in Oberitalien und in Gebieten des heutigen Südostfrankreichs ansiedelten. Die Herkunft und die Wanderroute dieser Germanenstämme von ihren ursprünglichen Wohnsitzen bis zum Ende ihrer langen Wege lassen sich mehr oder minder sicher rekonstruieren. Ganz anders bei den Bajuwaren, den Vorfahren der heutigen Baiern. Sie waren von Anfang an kein einheitlicher Stamm, der irgendwann von irgendwo aus zu neuen Wohnsitzen aufbrach, sondern das später bairische Gebiet wurde von ganz unterschiedlichen ethnischen Gruppen, die zu unterschiedlichen Zeiten aus verschiedenen Richtungen einwanderten, besiedelt. An der Stammesbildung waren sicher Angehörige verschiedener germanischer Völkerschaften (Langobarden, Alemannen, Goten) beteiligt, dazu auch Romanen, die nach dem Abzug der römischen Truppen in der Umgebung einstiger Stützpunkte wie Regensburg, Straubing, Passau sesshaft geblieben waren. Nicht ganz unwahrscheinlich, aber letztlich wohl kaum zu beweisen ist, dass sich unter den frühesten Bajuwaren auch Kelten und Slawen befanden. Die böswillige Behauptung, dass die Baiern Nachkommen der «Fußkranken der Völkerwanderung» seien, ist allerdings nicht nur vom bayrischen Standpunkt aus aufs Heftigste zurückzuweisen. Wer die Gegend zwischen Donautal und Alpen kennt, wird verstehen, dass dort Angekommene wenig Neigung verspürten, noch einmal weiterzuziehen.

Woher kommt nun der Name der *Baiern*? In frühmittelalterlichen lateinischen Quellen gibt es verschiedene Schreibformen: *Baiovarii, Baioarii, Baigoarii* und ähnlich. Der Name besteht aus zwei Teilen: *Baio-* dürfte etymologisch zum Namen der *Boier* gehören, einer keltischen Ethnie, die in den antiken Jahrhunderten im böhmischen Becken siedelte. Der Namensteil *-varii* bedeutet ‹Leute›. Dazwischen ist ein «Mittelstück» ausgefallen. Die *Baiovarii* sind wahrscheinlich ursprünglich *Baio-haima-varii*, das heißt Leute aus *Baiohaima*, und das ist Böhmen, die Heimat der *Boier*. Dass in dreiteiligen Wortzusammensetzungen das Mittelstück getilgt wird, ist nichts Ungewöhnliches. Die Münchner *Frauentürme* beispielsweise sind die *Frauen-kirchen-türme*. Das Mittelstück wird ebenso weggelassen wie beim *Wirtstisch*. Das ist eigentlich der *Wirts-haus-tisch*.

Die frühesten Erwähnungen der Baiern und ihres Stammesgebietes finden sich bei den spätrömischen Autoren Jordanes und Venantius Fortunatus (Jordanes, ein gebürtiger Gote, lebte in der ersten Hälfte des 6. Jahrhunderts, Venantius, Bischof von Poitiers, in der zweiten). Beide erwähnen die Bajuwaren zwar nur beiläufig, aber immerhin. In der lateinischen Gotengeschichte des Jordanes liest man, die Alemannen hätten als Nachbarn *ab oriente Baibaros ab occidente Francos, ab meridie Burgundones, a septentrione Thuringos.* Das heißt: ‹im Osten die Bajuwaren, im Westen die Franken, im Süden die Burgunder und im Norden die Thüringer›. Über Land und Leute der frühesten Baiern erfährt man bei Jordanes leider ebenso wenig wie bei Venantius, der in seiner poetischen Martinsvita die Stadt Augsburg erwähnt, wo die hl. Afra begraben ist. Dort könne man den Lech überqueren, aber nur *si vacat ire viam neque te Baiovarius obstat* ‹wenn der Weg frei ist und sich der Bajuware dir nicht in den Weg stellt›. Das ist immerhin eine geographische Angabe, und vielleicht kann man auch herauslesen, dass der *Baiovarius* nicht willens war, einen Fremden so mir nichts dir nichts in sein Gebiet spazieren zu lassen. Der Lech, den Venantius erwähnt, gilt übrigens noch heute als Dialektgrenze zwischen dem Bairischen und dem Schwäbischen.

Ein Kuriosum ist die Erwähnung Baierns durch den englischen König Alfred den Großen (†899). In seiner altenglischen Bearbeitung der lateinischen Weltgeschichte des Orosius (der um 400 lebte und von den Baiern noch nichts wusste) schreibt Alfred, nördlich der Donau und östlich des Rheins wohnen die *Eastfrancan*, die Ostfranken, südlich davon die *Swaefas*, die Schwaben. Und *be eastan him sindon Bægware, se dæl the mon Regnesburg hætt* ‹und östlich davon sind die Baiern, der Landesteil, den man Regensburg nennt›. Aus frühmittelalterlicher insularer Sicht war Baiern also mit Regensburg identisch (München existierte damals noch nicht).

In der Linguistik ist es in Mode gekommen, gesicherte Einsichten oder zumindest plausible Erklärungen mit (vermeintlich) neuen, grundstürzenden Theorien in Frage zu stellen. Auch dem Namen der *Baiern* ist dieses Schicksal widerfahren. In den 80er Jahren des 20. Jahrhunderts sorgte eine neue Etymologie vorübergehend für Furore. Es wurde behauptet, der Name *Bajuwaren* leite sich von *Pagus Iobaocensium* her, der lateinischen Bezeichnung des Salzachgaues. Demnach wäre das Zentrum des (prä-)historischen Baiern in der Gegend um Salzburg zu suchen. Gegen diese «Erklärung» spricht eine Reihe von Argumenten. Zum einen müsste der Name vom Lateinischen ins frühmittelalterliche Deutsche übergesprungen sein. Unter den germanischen Stammesnamen gibt es dafür keinen Parallelfall. Im Gegenteil: Germanische Stammesnamen sind von lateinischen Autoren übernommen und allenfalls latinisiert worden. Zudem hätte das *p-* von *pagus* lautgesetzlich *pf-* ergeben müssen (so wie bei lateinischem *pondus* zu *Pfund*, *porta* zu *Pforte* usw.). Die Baiern müssten nach dieser Logik *Pfaiern* heißen. Auch dass ein Gebietsname formal unverändert auf eine Gruppe von Menschen übertragen worden wäre, ist kaum denkbar. Freilich ist die traditionelle Erklärung der *Bajuwaren* als «die Leute aus Böhmen» nur eine Hypothese. Sie hat aber den Vorteil, plausibel zu sein.

Dumm sind die Welschen, klug sind die Baiern. Frühes Stammesbewusstsein

Nicht allzu lange Zeit nachdem die Baiern aus der dämmerigen Vorgeschichte der Völkerwanderungszeit in das um Nuancen hellere Licht der frühmittelalterlichen Geschichte getreten waren, müssen sie bereits über ein ausgeprägtes ethnisches Selbstbewusstsein verfügt haben. Darauf deutet zumindest ein Eintrag in einer Handschrift des 9. Jahrhunderts hin, die heute in der Universitäts- und Landesbibliothek Kassel liegt. Sie enthält vor allem lateinische kirchenrechtliche Texte. Aber nicht nur das, denn es wurden zwischen den Zeilen auch einige althochdeutsche Texte und Einzel-wörter, die lateinische Stichwörter übersetzen, eingetragen. Erklärt wird beispielsweise, dass lat. *sapiens homo* ‹kluger Mann› in der Volkssprache *spaher man* heißt und dass *stultus* ‹dummer› mit *toler* zu übersetzen ist. Und dann kommt das praktische Anwendungs-beispiel: Kurze lateinische Satzstückchen werden nacheinander übersetzt. Wenn man die lateinischen Wörter wegdenkt, er-gibt sich folgender Kurztext in der bairischen Variante des Alt-hochdeutschen: *tole sint uualchi. spahe sint peigira. luzic ist spahe in uualhum. mera hapent tolaheiti denne spahi.* Auf Neuhoch-deutsch: ‹Dumm sind die Welschen, klug sind die Baiern. Gering ist die Klugheit bei den Welschen. Mehr Dummheit haben sie als Klugheit.›

Unklar ist, welche «Welschen» gemeint sind, vielleicht Vorfah-ren der heutigen Italiener oder Franzosen, vielleicht Alpenladiner oder romanische Bevölkerungsreste in der Gegend alter Römer-städte wie Regensburg, Straubing oder Passau. Auch weiß man nicht genau, woher die Handschrift stammt und wie sie nach Kas-sel gelangt ist. Sicher ist nur eines: Sie wurde im bairischen Sprach- und Stammesgebiet geschrieben. Wo auch sonst?

Das erfuhr ich bei den Menschen als das größte Wunder.
Wessobrunner Gedicht und Gebet

In eine andere Handschrift, die zu Beginn des 19. Jahrhunderts im Zuge der Säkularisation aus dem Kloster Wessobrunn in die Baye-rische Staatsbibliothek in München gekommen ist, sind zwei der frühesten und merkwürdigsten althochdeutschen Texte eingetra-gen worden, ein Gedicht und ein darauf bezogenes Gebet in Prosa. Sprachliche Merkmale (z. B. *paum* und *pereg* für ‹Baum› und ‹Berg› mit *p* und *cot* für ‹Gott› mit *c*, womit sicher ein *k*-Laut gemeint ist) weisen den Eintrag als bairisch aus. In dem Gedicht wird das Nichts vor der Schöpfung der Welt thematisiert. Es lautet:

Dat gafregin ih mit firahim firiwizzo meista
Dat ero ni was noh ufhimil
noh paum noh pereg ni was ni [?] nohheinig
noh sunna ni scein
noh der mano ni liuhte noh der mareo seo
Do dar niuuiht ni uuas enteo ni uuenteo
ento do was der eino almahtico cot
manno miltisto enti dar uuarun auh manaka mit inan
cootlihhe geista enti cot heilac

Ins heutige Deutsch übersetzt heißt das: ‹Das erfuhr ich bei den
Menschen als das größte Wunder, dass die Erde nicht war und
nicht oben der Himmel. Weder Baum noch Berg war, nicht irgendein [an der Stelle fehlt ein Wort, möglicherweise *ploma* ‹Blume›].
Weder die Sonne schien, noch leuchtete der Mond, noch das glän-
zende Meer. Als da nichts war, nirgendwo, da war der eine, allmächtige Gott, das gütigste aller Wesen. Und da waren bei ihm
viele herrliche Geister und [da war] der heilige Gott›. Daran
schließt sich folgendes Gebet in rhetorisch durchstilisierter Prosa:
Cot almahtico, du himil enti erda gaworahtos enti du mannun
so manac coot forgapi, forgip mir in dino ganada rehta galaupa
enti cotan uuilleon, uuistom enti spahida enti craft, tiuflun za uui-
darstantanne enti arc za piuuisanne enti dinan uuilleon za gau-
urchanne.
   Übersetzt: ‹Gott allmächtiger, du hast Himmel und Erde geschaffen und du hast den Menschen so viel Gutes gegeben. Gib mir
in deiner Gnade rechten Glauben und guten Willen, Weisheit und
Klugheit und Kraft, den Teufeln zu widerstehen und das Arge zu
vermeiden und deinen Willen zu tun.› Hier haben wir sie wieder,
die bairische *spahida*, die ‹Klugheit›!
   Der erste Teil, das eigentliche Gedicht, zeigt noch den Stabreim.
Das heißt: In jeder Verszeile alliterieren zwei oder drei Wörter mit
demselben Anfangslaut. Vokale fügen sich immer zusammen, Vorsilben zählen nicht mit. Gleich in der ersten Zeile bilden die drei
f- den Stabreim: *Dat gafregin ih mit firahim firiwizzo meista.* In

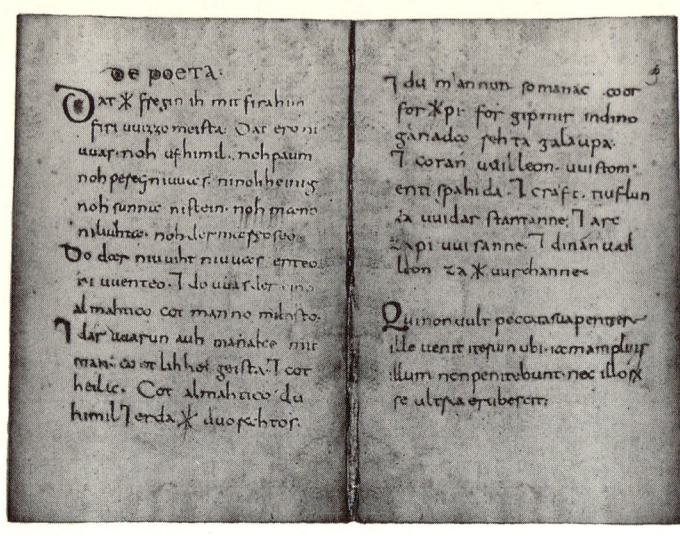

Wessobrunner Schöpfungsgedicht und Gebet

der zweiten Zeile «staben» die beiden Vokale im Anlaut von *ero*
und *ufhimil* (die verschiedenen Vokale «staben» immer miteinander). Diese Reimtechnik, bei der Wert darauf gelegt wird, dass immer die bedeutungstragenden Wörter durch den Stabreim hervor-
gehoben werden, steht in altgermanischer Tradition. Parallelen,
sogar bis in einzelne Wortfügungen hinein, gibt es in der altenglischen Literatur und im Altisländischen (schon früh, im 9. Jahrhundert, wurde die Stabreimtradition durch den «modernen» Endreim, der letztlich aus der spätantiken lateinischen Hymnendich-
tung stammt, verdrängt).

Wann und wo dieser zweiteilige Text entstanden ist, weiß man
nicht. Dass die Handschrift im Zuge der Säkularisation aus der
Klosterbibliothek Wessobrunn nach München gekommen ist, besagt wenig. Als Herkunftsorte kommen Regensburg, Benediktbeuern und Augsburg in Betracht.

Wenn sich die Seele auf den Weg macht.
Das «Muspilli»

Eine höchst merkwürdige Mischung aus Stabreim und Endreim
bietet ein anderes frühmittelalterliches bairisches Gedicht, in dem
das Weltenende und das Schicksal der Seele nach dem Tod thematisiert werden. Ein unbekannter, nicht sonderlich geübter Schreiber hat es im 9. Jahrhundert verteilt auf die freien Ränder mehrerer
Seiten einer ansonsten durchwegs lateinischen Handschrift eingetragen. Die Tatsache, dass der Schreiber eher ein Amateur war, hat
zu Vermutungen Anlass gegeben. Weil das Buch dem darin enthal-
tenen lateinischen Widmungsgedicht zufolge Ludwig dem Deutschen (ca. 906–967) zugeeignet worden war, hat man sogar an den
König selbst gedacht. Aber das ist eine Hypothese, die sich durch
nichts erhärten lässt. Man weiß nicht einmal, wo das «Muspilli»
eingetragen worden ist: möglicherweise schon in Salzburg, wo
Erzbischof Adalram (†836?) es Ludwig gewidmet hat, oder erst in
Regensburg, wo Ludwig Hof hielt und wohin der Codex noch zu
seinen Lebzeiten verbracht worden ist.

Aus der Bibliothek des dortigen Klosters St. Emmeram kam die
Handschrift zu Beginn des 19. Jahrhunderts schließlich nach München. Hier entdeckte Johann Andreas Schmeller, Bibliothekar an
der «Königlichen Bayerischen Hof- und Staatsbibliothek», der die
aus ganz Bayern auf Fuhrwerken angekarrten alten Handschriften
durchzusehen und zu katalogisieren hatte, das seltsame Gedicht-
fragment. Er gab ihm auch den Namen «Muspilli». Das rätselhafte
Wort kommt nur an einer Stelle im Text vor und bedeutet entweder ‹Weltgericht› oder ‹Weltenrichter›. Die Etymologie ist umstrit-
ten. Möglicherweise handelt es sich um ein Lehnwort aus dem Alt-
sächsischen, das man – zugegeben, etwas hölzern – mit ‹Mundzerstörung› oder ‹Mundzerstörer› übersetzen könnte. Im Text ist unter anderem davon die Rede, dass es beim Weltgericht und vor dem
Weltenrichter zu spät ist, Reue zu äußern oder sich sonst wie zu
rechtfertigen. Verwandte können sich – anders als bei irdischen

Gerichtstagen – gegenseitig nicht helfen. Die Seele muss hilflos und schweigend das endgültige Urteil abwarten. So gesehen ergäbe «Mundzerstörung» durchaus einen Sinn.

Der Anfang und auch der Schluss des Gedichts sind verloren. Sie standen vermutlich auf dem Vor- und Nachsatzblatt des Codex, die irgendwann verloren gegangen sind. Der Text setzt ein mit den Versen

> *... sin tac piqueme, daz er touuan scal*
> *uuanta sar so sih diu sela in den sind arheuit*
> *enti si den lihhamun likkan lazzit,*
> *so quimit ein heri fona himilzungalon,*
> *daz andar fona pehhe, dar pagant siu umpi*

Übersetzt: ‹sein Tag kommt, dass er sterben muss. Denn sogleich, wenn sich die Seele auf den Weg macht und sie den Leib liegen lässt, so kommt ein Heer von den Himmelssternen, das andere aus dem Pech. Da kämpfen sie darum.› Auch hier finden wir noch einmal den Stabreim: *sar, sela* und *sind* in der zweiten Zeile, *lihhamun, likkan* und *lazzit* in der dritten, *heri* und *himilzungalon* in der vierten und *pehhe* und *pagant* in der letzten.

Nachdem vom Schicksal der Seele und dem Kampf der Engel und Teufel um sie die Rede war, schildert der unbekannte Dichter die Schrecken der Hölle (*in fuir enti in finstri* ‹in Feuer und Finsternis›) und im scharfen Kontrast dazu die Herrlichkeit des Himmels (*da ist lip ano tod, lioht ano finstri* ‹da ist Leben ohne Tod, Licht ohne Finsternis›). Dann beschreibt er den endzeitlichen Kampf zwischen dem Propheten Elias und dem Antichrist, einer apokalyptischen Figur, die die Welt heimsuchen wird, bevor mit dem Jüngsten Gericht ihr Ende kommt. Bei diesem Kampf wird, so stellt es das «Muspilli» dar, der Prophet Elias, der zum Kampf gegen den Antichrist antritt, verwundet, und sein Blut fließt auf die Erde. Wieder erscheint das Stabreimpaar ‹Berg› und ‹Baum›, das wir schon aus dem Wessobrunner Gedicht kennen: Vom Blut des Elias, heißt es, *inprinnant die perga, poum ni kistentit* ‹brennen die Berge, kein Baum bleibt stehen›. Eine auffällige Parallele findet sich in der altisländischen «Edda». Dort ist die Rede von *Ragnarök*, vom Untergang der Welt, der Menschen und sogar der Götter in einem alles verschlingenden Feuer. Im «Muspilli» verbinden sich also christliche und heidnische Vorstellungen.

Und auch in der dichterischen Form begegnen sich zwei Welten: Insgesamt dominieren zwar die althergebrachten Stabreime, doch vereinzelt kündigt sich schon der Endreim an, z.B. in dem Vers *die marha ist farprunnan, diu sela stet pidungan* ‹das Land ist verbrannt, die Seele ist bezwungen› (*fraprunnan* und *bidungan* ergab nach damaligem Empfinden einen akzeptablen Reim). Immer wieder wird auch zu einem Lebenswandel aufgerufen, der, wenn das Jüngste Gericht vorüber ist, die Seele ins himmlische Licht führt, nicht in die Finsternis der Hölle. In diesen Partien ist das «Muspilli» eigentlich eine Bußpredigt, nur eben in Stabreimversen.

Von freuden, hôchgezîten, von weinen und von klagen. Das Nibelungenlied

Das wohl berühmteste Epos des deutschen Mittelalters, das um 1200 entstandene «Nibelungenlied», beginnt mit den Worten

Uns ist in alten mæren wunders vil geseit
von helden lobebæren, von grôzer arebeit
von freuden, hôchgezîten, von weinen und von klagen
von küener recken strîten. Muget ir nu wunder hœren sagen

Das heißt in heutigem Deutsch: ‹Uns wird in alten Geschichten viel Wunderliches erzählt von berühmten Helden, von großer Drangsal, von Freuden, Festen, von Weinen und Klagen, von den Kämpfen kühner Recken. Nun könnt ihr Wundersames vernehmen.›

Verfasser des so beginnenden Versromans mit weit über 2000 Strophen zu je vier Zeilen war ein anonymer bairischer Dichter.

Vieles spricht dafür, dass er in der Passauer Gegend gelebt hat, die zweimal Schauplatz der Handlung ist, zum ersten Mal bei Krimhilds Reise zur Hochzeit mit dem Hunnenkönig Etzel und Jahre später ein zweites Mal im Zusammenhang mit dem Zug der Burgunden an dessen Hof in Ungarn. Der Dichter nennt Orte wie Großmehring (im Nibelungenlied *Mœringen*), Pförring (*Vergen*), Plattling (*Pledelingen*) und Eferding (*Everdingen*). Er muss sich also in der Gegend bestens ausgekannt haben, denn um 1200 standen an diesen Orten sicher nicht mehr als ein paar Hütten um eine kleine Kirche.

Der Passauer Bischof Pilgrim ist ein Onkel von Krimhild, Gunther, Gernot und Giselher. Er empfängt und bewirtet sie auf ihrer Durchreise aufs nobelste:

... si wurden wol enphangen dâ ze Pazzowe sint.
Der edelen künige oheim, der bischof Pilgrîn,
dem wart vil wol ze muote, dô die neven sîn
mit alsô vilen recken kômen in daz lant,
daz er in willec wære, daz wart in schiere bekant

‹Sie wurden dann gut empfangen in Passau. Der Oheim der edlen Könige, Bischof Pilgrim, freute sich sehr, als seine Verwandten mit so vielen Recken in das Land kamen. Dass er ihnen wohlgesinnt war, das erkannten sie sogleich.›

Die Referenz vor dem gastfreundlichen Bischof Pilgrim, der 991 gestorben ist und deshalb kein Zeitgenosse von Etzel/Attila (†453) gewesen sein kann, darf als indirekte Hommage des Dichters an den zeitgenössischen Passauer Bischof Wolfger von Erla (1140–1218), den Gönner Walthers von der Vogelweide, verstanden werden. Möglicherweise war dieser Mäzen auch der Auftraggeber des Nibelungenliedes.

Der Nibelungenlied-Dichter (wer immer es gewesen sein mag und welchem Stand er auch immer angehörte) hat den «Plot» allerdings nicht erfunden. Er hat auf uralte Stoffe (*alte mæren*), die über Jahrhunderte wahrscheinlich in Form balladenartiger Lieder mündlich überliefert worden sind, zurückgegriffen und hat auf dieser Materialgrundlage seinen umfangreichen Versroman geschaffen. Das neue Großepos atmet trotz unübersehbar «moderner» höfischer Einflüsse und einer entsprechenden Staffage auch noch den Geist der traditionellen Heldendichtung: Gunther, Gernot, Giselher, Hagen und all die anderen gehen, einem unausweichlichen Schicksal gehorchend, als tragische Helden sehenden Auges in den sicheren Untergang. Dass der Stoff in der 1. Hälfte des 20. Jahrhunderts auf fatale Weise missbraucht worden ist und der Brand der Festhalle am Etzelhof propagandistisch mit dem Inferno von Stalingrad verglichen wurde, ist nicht die Schuld des mittelalterlichen Nibelungen-Dichters.

Bedeutende zeitgenössische Autoren wie Hartmann von Aue und Gottfried von Straßburg schrieben höfische Romane nach französischen Vorbildern. Die Weiterentwicklung alter heroischer Stoffe zu Großepen blieb im Mittelalter eine Art bairisches Alleinstellungsmerkmal. Etwas jünger als das «Nibelungenlied» ist das «Kudrun»-Epos. Im Spätmittelalter wurden auch Stoffe aus dem Sagenkreis um Dietrich von Bern bearbeitet.

Got sende sî zesamene.
Minnesang an der Donau

Als Minnesang bezeichnet man die höfisch-ritterliche Liebeslyrik des Hohen Mittelalters. Minnesang ist keine deutsche, schon gar keine bairische Erfindung, sondern als erster Vertreter dieser neuen Kunstgattung, als «erster Troubadour», gilt Herzog Wilhelm IX. von Aquitanien (1071–1126). Es sollte noch Jahrzehnte dauern, bis im deutschen Sprachraum Vergleichbares und Gleichwertiges entstand. Merkwürdigerweise geschah das aber nicht an der südwestdeutschen Grenze zur Romania, sondern um 1170 auf der anderen Seite des Sprachgebiets, im Südosten an bairischen Adelshöfen entlang der Donau. Namen der frühen bairischen Minnesänger der Frühzeit sind der Kürenberger, der Burggraf von Regensburg, der Burggraf von Riedenburg, Meinloh von Sevelingen, Dietmar von Aist. Welche historischen Persönlichkeiten sich dahinter verbergen, ist nicht mehr auszumachen. Kürenberger, Burggraf von Regensburg und Burggraf von Riedenburg sind nicht einmal «richtige» Namen, sondern nur Bezeichnungen. In zeitgenössischen Urkunden kommen sie kaum vor, sondern werden nur im Zusammenhang mit den Liedern überliefert.

Das Auffallende an dem frühen donauländischen Minnesang ist, dass einige Szenen so geschildert werden, als hätte der Dichter sie erlebt und als blicke er darauf zurück. Ein berühmtes Beispiel für diese erste Phase des mittelhochdeutschen Minnesangs ist das Falkenlied des Kürenbergers:

Ich zôch mir einen valken mêre danne ein jâr.
dô ich in gezamete, als ich in wolte hân,
und ich im sîn gevidere mit golde wol bewant,
er huop sich ûf vil hôhe und vlouc in anderiu lant.

Sît sach ich den valken schône vliegen,
er vuorte an sînem vuoze sîdîne riemen,
und was im sîn gevidere alrôt guldîn.
got sende sî zesamene, die geliep wellen gerne sîn!

Übersetzt: ‹Ich richtete mir einen Falken ab, länger als ein Jahr. Als ich ihn so gezähmt hatte, wie ich ihn haben wollte, und ich ihm sein Gefieder mit Gold verziert hatte, schwang er sich in die Höhe und flog in andere Lande. Da sah ich den Falken wunderschön fliegen. Er trug an seinem Fuß seidene Riemen, und sein Gefieder war voller Gold. Gott führe die zusammen, die sich lieben wollen!› Vordergründig erzählt der Dichter von einem Erlebnis mit einem Falken. Dabei ist aber leicht zu erkennen, dass es sich dabei um das Symbol für einen Mann handelt. Das Lied ist also einer Frau in den Mund gelegt. «Eigentlich» spricht (oder singt) eine Frau. Vorgetragen wurde das Lied aber stets von einem Mann.

Eine Generation später trat der heute wohl bekannteste Minnesänger des deutschen Mittelalters auf: Walther von der Vogelweide. Von seinem Leben wissen wir nicht viel, auch nicht, wann und wo er geboren wurde, wo und wann er starb. Aber dennoch kann als sicher gelten, dass er aus dem bayrisch-österreichischen Raum stammte. Es gibt nur ein einziges sicher datiertes Lebenszeugnis, und zwar vom 12. November 1203. Für diesen Tag verzeichnet ein Ausgabenregister des Passauer Bischofs Wolfger von Erla, dass er *Walthero cantori de Vogelweide pro pellicio V sol. longos*, also ‹fünf lange Solidi für einen Pelzmantel› bezahlt habe, eine stattliche Summe, wahrscheinlich als Gage. Weitere mögliche Lebensdaten können nur Walthers Liedern entnommen werden. Er war ein Künstler auf «never ending tour», eine Art Bob Dylan des Mittelalters, und kam *von der Seine unz* (‹bis›) *an die Muore* (die Mur in der Steiermark), *von dem Pfâde* (Po) *unz an die Trabe* (Trave), *von der Elbe unz an den Rîn und herwider unz an der Unger lant*. Schäbig behandelt wurde er vom Abt des reichen Klosters Tegernsee. Der *münech* hat ihn mit Wasser bewirtet:

Man seit mir ie von Tegersê
wie wol daz hûs mit êren stê,
dar kêrte ich mêr dan eine mîle von der strâze.
ich bin ein wunderlîcher man,
daz ich mich selben nicht enkan
entstân und mich sô vil an frömede liute lâze.
ich schilte sîn niht, wan got genâde uns beiden:
ich nam dâ wazzer!
alsô nazzer
muost ich von des müneches tische scheiden

Das heißt: ‹Man sagt mir seit jeher von Tegernsee, wie angesehen das Kloster dort ist. Dorthin bog ich mehr als eine Meile von der Straße ab. Ich bin schon ein seltsamer Kerl und kann mich selber nicht verstehen, dass ich mich so sehr auf fremde Leute verlasse. Ich schimpfe nicht über ihn, denn Gott möge uns beiden gnädig sein. Ich kriegte Wasser. Nass musste ich von des Mönches Tisch weggehen.›

Das klingt glaubwürdig. Walther revanchierte sich für den Geiz des *müneches*: Wo immer er dieses Lied zum Besten gab, war der Abt von Tegernsee blamiert.

Daz dîner muoter ir brüste niht erdorreten!
Die Predigten des Berthold von Regensburg

Wenn es nur danach ginge, wie viele Zuhörer den Liedern des Herrn *von der Vogelweide* lauschten und wie viele – nur ein halbes Jahrhundert später – den Predigten des Franziskanermönchs Berthold von Regensburg († 1272), dann würde der Minnesänger ziemlich schlecht aussehen. Denn während Walther auf Burgen vor einem erlesenen Adelspublikum agierte, war Berthold ein Freiluft-Akteur. Wenn er in eine Stadt kam, konnten die Kirchen die Menschenmengen, die ihn hören wollten, nicht fassen. Zeitgenössische Berichte wissen von Tausenden, die sich auf Plätzen und sogar außerhalb von Städten auf freiem Feld versammelten, um den Regensburger Franziskanerbruder zu hören. Mithilfe einer Feder prüfte er die Windrichtung und positionierte sich und seine Hörer so, dass man ihn optimal hören konnte. Aber dann ging er mit seinen Zuhörern und ihren Lastern extrem hart ins Gericht – und gerade damit traf er deren Nerv. Er predigte auf eine Weise, die die Menschen damals ganz ungewöhnlich fasziniert haben muss. Er redete nicht wie Durchschnittsprädikanten trocken und belehrend über ihre Köpfe hinweg, sondern er kannte das Alltagsleben mit seinen kleinen und großen Sünden. Daraus bezog er seine Themen, und er pflegte eine drastische Sprache. Immer wieder knöpfte er sich die Geizigen vor: *Owê, gîtiger, daz dich die wüetenden hunde ab dîner muoter brüste niht zarten unde daz dîner muoter ir brüste niht erdorreten* ... ‹Wehe dir, Geizhals! Warum haben dich die Hunde nicht von den Brüsten deiner Mutter weggezerrt und sind die Brüste deiner Mutter nicht verdorrt?›

Oft führt Berthold vor seinem Publikum mit sich selbst Dialoge, in denen er sich mit einem fiktiven Gegenpart auseinandersetzt.

Wenn er beispielsweise predigt, dass selbst Kaiser und große Herren zur Hölle fahren müssen, wenn sie etwas Unrechtes weitervererben, egal wie geringfügig es sei, dann lässt er einen fiktiven Hörer, dessen Rolle er selbst übernimmt, schockiert fragen: *Wie, bruoder Berhtolt, wie möhte daz iemer geschehen, daz als manig edele keiser verlorn werden umb ein als kleinez guot?* ‹Wie, Bruder Berthold, wie kann das überhaupt sein, dass so viele edle Kaiser verdammt werden wegen einer solchen Kleinigkeit?› Berthold antwortet konkret: Schon acht Pfennige, die man unrechtmäßig geerbt hat, hätten die ewige Verdammnis zur Folge:

Jâ, als wâr daz ist, daz der himel ob uns ist, als wâr ist daz: swer von dem andern erbet ahte pfenninge unrehtes guotes, daz kint von dem vater oder bruoder von der swester oder swer er ist von dem andern erbet unrehtes guotes wizzentlîche aht pfennige, der muoz êwiclichen verdammet sîn. ‹Ja, so wahr es ist, dass der Himmel über uns ist, so wahr ist auch das: Wer immer von einem anderen acht Pfennige unrechten Gutes erbt, das Kind vom Vater oder der Bruder von der Schwester oder egal wer es ist, der wissentlich acht unrechte Pfennige erbt, der wird für die Ewigkeit verdammt sein.›

Das fiktive Gegenüber ist fassungslos: *Wê, bruoder Berhtolt, wie möhte daz geschehen iemer, daz ich umbe ahte pfennige alse gar verlorn sî...?* Berthold erklärt es ihm sogleich: *Jâ, daz will ich dir sagen ...*

Besonders sprachschöpferisch war der Regensburger Franziskaner bei seinen Schimpfwörtern und Schmähausdrücken. Kupplerinnen titulierte er als *des tiuvels blâsbalc* ‹des Teufels Blasebalg›, Geizige als *gîtsac* ‹Geizsack›, ausbeuterische Adelige als *klâvogele* ‹Klauenvögel›, Schleimer, die ihren Herren stets nach dem Mund reden und zu jeder Schweinerei *ja* sagen, als *jâherre* ‹Ja-Herr›. Gefräßige Leute nennt er *leckenspitz* ‹Leck-den-Spieß›. Wer einen Menschen durch Falschaussage vor Gericht ans Messer liefert, ist *ein menschenvrâz und ein bluottrinker* ‹ein Menschenfresser und Blutsäufer›, auch ohne sich die Hände schmutzig zu machen. Eines seiner Lieblingsschimpfwörter ist *niderlender*: Damit meinte er allerdings nicht die Vorfahren der heutigen Niederländer, sondern die Höllenkandidaten, die dereinst ganz tief unten, im «niederen Land», wohnen werden. Damit ist natürlich die Hölle gemeint.

Keine Sympathie hatte Berthold für seine weniger wortgewaltige Konkurrenz. Geistliche, deren Interesse vor allem ihrer einträglichen Pfründe galt und die sich deshalb nicht um das Seelenheil ihrer Gemeinde kümmerten, nannte er ‹Pfennigprediger›: *Pfî, pfennincprediger, wie stêt ez umbe dîne zunge, diu manic tûsent sêle zer hellen wîset, daz ir niemer mêr rât wirt? Dû pfennincprediger, dû bist dem tiuvel ein der aller liebste kneht* ‹Pfui, Pfennigprediger! Wie steht es um deine Zunge, die Tausenden Seelen den Weg zur Hölle weist, sodass sie nicht mehr gerettet werden können? Du, Pfennigprediger, bist dem Teufel der allerliebste Knecht.›

Bei alledem sind die Predigten, die unter dem Namen Bertholds von Regensburg überliefert sind, aber nicht von ihm selbst niedergeschrieben worden. Es sind auch keine Mitschriften von Hörern. Verfasser waren, wie man heute weiß, Augsburger Franziskaner. Aber die dortigen Brüder kannten mit Sicherheit Bertholds Stil und Diktion. Sie wussten, was und vor allem wie er gepredigt hat. Insofern kommt wohl wirklich der *bruoder Berhtolt* zu Wort, wenn auch nur indirekt.

In diese landt, ietz Bairen genant.
Ulrich Füetrer: Maler, Dichter und bayrischer Chronist am Münchner Hof

Ein später Vertreter der mittelalterlichen Ritterepik war der Dichter und Maler Ulrich Füetrer (†vermutlich 1496). Er war in Landshut geboren worden, malte und schrieb später vor allem im Auftrag der Stadt München und des Münchner Hofes. Seine Werke widmete er dem bayrischen Herzog Albrecht IV. (1447–1508).

Aus Ulrich Füetrers Feder stammen zwei Artusromane um den Ritter Lanzelot. Einer ist in Prosa abgefasst, der andere in Versen und Strophen. Dazu verfasste er das «Buch der Abenteuer», das Teile des Parzivalstoffes, des Trojanerkrieges, Erzählungen vom

Zauberer Merlin und vieles mehr umfasst, und bediente sich dabei sehr verschiedener älterer Quellen. Vermutlich stand ihm die Bibliothek des reichen Münchner Ratsherrn Jakob Püterich von Reichertshausen (1400–1469) als «Handapparat» zur Verfügung. Er verstand es aber, aus seinen Vorlagen ein einheitliches, erzählerisch fortlaufendes Ganzes zu formen und für den Geschmack seines spätmittelalterlichen Publikums, speziell das am Münchner Hof, aufzubereiten, das mit den originalen, rund 300 Jahre alten Großepen nicht mehr allzu viel anzufangen wusste.

Neben Andreas von Regensburg (†ca. 1438) und Veit Arnpeck (1440–1495) war Ulrich Füetrer einer der frühesten bayrischen Geschichtsschreiber (von Autoren wie beispielsweise Otto von Freising im 12. Jahrhundert, die auf Latein schrieben, ist hier nicht die Rede). Füetrers Bayrische Chronik schöpft nicht nur aus zahlreichen älteren Quellen, sondern wurde ihrerseits wieder von späteren Historikern als solche ausgewertet. Einer davon war Johannes Turmair, genannt Aventinus, der sein Exemplar mit teilweise sehr bissigen Randbemerkungen versah, was ihn aber nicht davon abhielt, sich für seine Werke in Füetrers Chronik zu bedienen.

Zwischen Sagenstoffen und Geschichtsquellen machte Füetrer kaum einen Unterschied. Das wird bereits deutlich, wenn er die Urgeschichte der Baiern thematisiert und deren Namen erklärt: In Armenien, so «berichtet» er, lebte *ain junger fürst, der von grossem muet, auch hochem herzen* war. Dieser edle Fürst widersetzte sich der römischen Herrschaft, sammelte ein mächtiges Heer und zog damit *in diese landt, ietz Bairen genant, und bezwang das mit gewaltiger hand unter sein herschaft.* In der Zeit davor hätten in dem Land chaotische Zustände geherrscht:

Es war vor ie herrenlos gewesen, sunder gericht oder gesatzt; denn wer denn anderen übermocht der verdruckt den armen. Als aber diser herr das land nu in stiller rue besass, do gab er in gesatzt und recht und hielt in guet gericht, beschützt die armen vor unrechtem gewalt. Er hört güetigklich der armen clag; umb das gewunnen in die seinen vast lieb. Als er nun die land gewaltigklich herscht, da nannt er das land Bayrland; wan er hiess selb Bayr oder zu latein Bavarus. Darvmb nannt auch er es nach seinem aigen namen. ‹Es war seit jeher herrenlos gewesen, ohne Gericht und Gesetze. Denn wer stärker war als der andere, der unterdrückte den Armen. Als dieser Herr über das Land in stiller Ruhe herrschte, da gab er ihm Recht und Gesetz, sprach Recht und beschützte die Armen vor unrechter Gewalt. Er hörte gütig die Klagen der Armen an. Deshalb gewann ihn das Volk sehr lieb. Als er nun mit Macht über die Lande herrschte, nannte er das Land Bayernland, denn er hieß selbst Bayr oder auf Latein Bavarus. Deshalb benannte er es auch mit seinem eigenen Namen.›

Aventinus merkte in seinem Handexemplar am Rande dazu spöttisch an: *lautter merl* ‹lauter Märchen› und weiter: *bauarus ain noyer lateynischer die alten haißens boiarios* ‹Bavarus, ein neuer lateinischer (Name); die Alten nennen es Boiarois.›

Weiter weiß Ulrich Füetrer zu berichten: *Dieser Pavarus herscht vnd regiert wol seine land. Er zwang under sein herschaft Osterfrancken, Kerlingen, Burgund, Oesterreich, Isterreich und Merhern. Er het ain frawen aus seinem namen und art aus Armenia, die im zwen sün gepar Boemundum und Igraminon. Die alle holt er erst zu land und satzt sy zu Regensburg.* ‹Dieser Pavarus beherrschte und regierte gut über seine Lande. Er zwang Ostfranken, Westfranken, Burgund, Österreich, Istrien und Mähren unter seine Herrschaft. Er hatte eine Frau aus seinem Geschlecht aus Armenien, die ihm zwei Söhne gebar, Boemund und Igramino. Die holte er alle ins Land und siedelte sie in Regensburg an.› – Dazu wieder Aventinus: *poetisch dicht ding* – frei übersetzt: ‹Alles erdichtet und erlogen!›

Das baierisch volk läuft gern kirchferten, trinkt ser, macht vil kinder.
Aventinus: ein bayrischer Historiker und Philologe

Johann(es) Aventin(us) gilt als «Vater der bayrischen Geschichtsschreibung». Eigentlich hieß er Johannes Turmair, sein zweiter

Name leitet sich vom Ort Abensberg her, wo Aventinus 1477 als Sohn eines Gastwirts geboren wurde. Gestorben ist er 1534 in Regensburg. Schon als junger Mann hatte er viel von der Welt gesehen: Das Studium nahm er noch im nahen Ingolstadt auf, setzte es dann aber in Wien, Krakau und Paris fort, wo er überall mit führenden Köpfen seiner Zeit in Kontakt kam. 1507 kehrte er von Paris an die Universität Ingolstadt zurück, wo er (heute würde man sagen als Privatdozent) Vorlesungen hielt. In seinem Amt als Erzieher der beiden bayrischen Wittelsbacherprinzen Ludwig und Ernst verfasste er 1512 für sie eine lateinische Grammatik, etwas später auch eine lateinische Enzyklopädie.

Die Grammatik, die Aventin zunächst für seine adeligen Zöglinge verfasst hatte, arbeitete er in späteren Auflagen mehrmals um. Lehrgegenstand ist zwar das Lateinische, aber Aventin arbeitet auch mit deutschen Beispielen und hat damit – gewissermaßen als Nebeneffekt – eines der frühesten Zeugnisse der Grammatik des Deutschen (und insbesondere der bairischen Variante des Deutschen) geschaffen. Der Lehrstoff wird in verteilten Rollen dargeboten: Ein *Praeceptor*, ein ‹Lehrer› (abgekürzt *P*), stellt Fragen; ein Schüler, lateinisch *Discipulus* (kurz *D*), gibt allzeit die korrekten Antworten. Dieses Frage- und Antwort-Schema ist keine Erfindung Aventins, sondern er hat es aus der mittelalterlich-scholastischen Lehrtradition übernommen.

Hier nur ein kurzer Auszug, in dem es um das Futur bei Verben geht: Der *P(raeceptor)* fordert den *D(iscipulus)* auf, die Futurformen von lateinisch *pulsare* zu bilden. Das entsprechende deutsche Verbum ist *ployen* (unser heutiges *bleuen*, das man nach der jüngsten «Rechtschreibreform» *bläuen* schreiben muss, so als käme es von *blau*, was aber nicht der Fall ist). Lateinisches *ego pulsabo* ‹ich werde schlagen› gibt der Schüler wieder mit *ich will oder wirt ployen*. Noch heute sagt man im Dialekt *i wir(d)*, nicht wie in der Standardsprache *ich werde*. Bemerkenswert ist auch, dass *wollen* und *werden* von Aventin praktisch gleichbedeutend als Hilfsverben zur Bildung des Futurs im Deutschen behandelt werden. (Über die Entstehung des deutschen *werden*-Futurs im 15. Jahrhundert ist viel geschrieben worden. Die Aventin-Sätze hat bislang niemand berücksichtigt. Sollte man aber!)

Im Jahr 1517 wurde Aventin bayrischer Hofgeschichtsschreiber. In dieser Funktion verfasste er bis 1522 die «Annales Ducum Boiariae», die ‹Annalen der bayrischen Fürsten›. Davon fertigte er von 1526–1533 eine deutsche «Populärfassung» an, seine berühmte «Bairische Chronik». Auch weitere Schriften, teilweise in Deutsch, teils auf Latein, befassen sich mit historischen und philologischen Fragen wie beispielsweise eine Chronik von Altötting (in beiden Sprachen) und lateinische Chroniken der Klöster Ranshofen und Scheyern. Zu Ereignissen seiner eigenen Zeit nahm er Stellung in seiner Schrift *Ain warnus* (‹Warnung›) *und anzaigung der ursach, warumb got der her dem Türken als ainen verfolger christlichen glaubens und namens so vil sigs wider* (‹so viele Siege gegen›) *uns christen gebe, und ain anzaigung, wie man solchem jamer, verderben und sterben fürkomen* (‹vorbeugen›) *möge, wie es auch denen je und alweg ergangen sei, so solch gewarnus veracht und in wind geschlagen haben, alles aufs kurzest durch Johannem Aventinum beschriben, als der türkisch kaiser im jar 1529 vor Wien lag.* Die Türkengefahr wird – einem auch heute noch nicht völlig verschwundenen Denkschema gemäß – als Gottesstrafe gedeutet. In einer Schrift über die Organisation des Militärs im antiken Rom unterbreitet Aventin strategische Vorschläge, wie den Türken beizukommen sei. In einer weiteren Schrift stellt er *das herkommen der Statt Regenspurg* dar, *wie die alten christen und Römer von den unglaubigen Teutschen vertriben worden sein; von den alten fürsten in Baiern, haiden und christen, so zu Regenspurg hoff gehalten haben, lang vor êund* (‹lange bevor›) *kaiser Karl der gros geborn ist worden.*

Die umfangreichsten und bekanntesten deutschsprachigen Werke Aventins sind jedoch die *Chronica von Ursprung, herkomen und Taten der uralten Teutschen. Item auch von den ersten alten teutschen königen und iren manlichen taten, glauben, religion und landsbreuchen,* also eine deutsche Chronik, und die bereits erwähnte Bairische Chronik, die mit sprachhistorischen Darlegungen, wie *die Baiern von den Kriechen und Römern, hohen und neuen Lateinern in den alten briefen und schriften, auch im alten Teutsch genant werden*, beginnt. Nebenher erfährt man, dass schon zu Aventins Zeiten Bauern und Bürger bestimmte Wörter auf unterschiedliche Weise ausgesprochen haben – ein Stück historische Sprachsoziologie, wenn man so will. Aventin äußert sich auch zum Namen der *Baiern*, allerdings anders als Ulrich Füetrer: Zunächst einmal hätten die Griechen und Römer die *Baiern* als *Boii* bezeichnet. Die eigenen Vorfahren hätten sich selbst *auf dem land kurz Boier und ganz Boiger* genannt, dagegen *die in den stetten Baiger ganz für Baier gesprochen*. Diesen Land-Stadt-Unterschied erläutert Aventin so:

Es ist noch heutigen tag der brauch, das der pauersman o wo der burger a spricht, als in morgen und margen, taschen und toschen und ander dergleichen; wir aussprechen sunst auch in der gemain (‹normalerweise›) *das a dermassen, das es mêr gleicher art ist dem o dan dem rechten a, so die Schwaben und Walhen* (die Italiener) *reden*. Dagegen sei *Bavarus ein neuer nam (...) weder teutsch noch latein und von den kuchenlateinern erdacht*. Diese Schreibvariante werde *in kainer alten schriften gar niendert gelesen. (...) Unser kaiser, künig, fürsten und gelerten brauchen in den alten briefen und andern schriften Baioaria, Baioarius, zue zeiten Boiarius, Boiaria*.

Aventin beschreibt auch so etwas wie den bayrischen Volkscharakter: *Das baierisch volk, gemainlich davon zu reden ist geistlich, schlecht und gerecht* (‹das bayrische Volk ist im allgemeinen religiös, einfach und gerecht›), *gêt, läuft gern kirchferten, hat auch vil kirchfart* (‹geht gern auf Wallfahrt, hat auch viele Wallfahrtsorte›); *legt sich mêr auf den ackerpau und das viech dan auf die krieg, denen es nicht fast* (‹sonderlich›) *nachläuft; trinkt ser, macht vil kinder; ist etwas unfreuntlicher und ainmüetiger als die nit vil auß kommen, gern anhaims eralten, wenig hantierung treiben, fremde lender und gegent haimsuchen*. Die Bayern konzentrieren sich Aventin zufolge ‹mehr auf Ackerbau und Viehzucht als auf Kriege, die sie nicht suchen›. Zudem ‹trinken sie viel und machen viele

Johannes Aventinus

Kinder›. Sie sind ‹etwas unfreundlich und zurückgezogen, weil sie nicht viel herumkommen, gerne zu Hause alt werden und wenig Anstalten machen, fremde Länder und Gegenden zu besuchen›. Sie *achten nit der kaufmanschaft, kumen auch die kaufleut nit vast zu inen. (...) Der gemain man, so auf dem gä und land* (‹auf dem Gäu und dem Land›) *sitzt, gibt sich auf den ackerpau und das viech, ligt demselbigen allain ob.* Allerdings darf der gewöhnliche Mann *sich nichts on geschaft der öbrikait understên, wird auch in kainen rat genomen oder landschaft ervodert* (‹wird auch in kein Ratsgremium aufgenommen und in keine Landesbehörde bestellt›)*; doch ist er sunst frei, mag auch frei ledig aigen guet haben, dient seinem herren, der sunst kain gewalt über in hat, jerliche güld zins und scharwerk, tuet sunst was er will, sitzt tag und nacht bei dem wein, schreit singt tanzt kart spilt.* Kein Wunder also, dass die Bauernaufstände der Jahre 1524 und 1525 kaum nach Bayern übergegriffen haben. Ob sich von der Mentalität, die Aventin hier beschreibt, bis heute etwas erhalten hat, steht hier nicht zur Diskussion.

So ichs betracht, so erzittert mein hertz.
Argula von Grumbach: eine vergessene bayrische Autorin der Reformationszeit

Wenn Bayern heute (neben Italien, Polen und Irland) als katholisches Kernland gilt, so trifft das für die erste Hälfte des 16. Jahrhunderts, die eigentliche Reformationszeit, nur bedingt zu: Die Freie Reichsstadt Regensburg beispielsweise wurde schon früh protestantisch. Eine Inschrift in der von Anfang an protestantischen Neupfarrkirche lautet: *Anno 1542 Jar den 15 tag october des selben ior den 19 suntag nach trinitatis ward des Herrn Abend mall in dieser Kirchen angefangen.* Zwanzig Jahre vorher stand an selber Stelle noch eine aus Holz gezimmerte Marienkapelle, bei der sich zahlreiche Wunderheilungen ereignet haben sollen (bis 1519 befand sich dort noch die Synagoge), doch die Reformation machte Mirakeln und Marienkult den Garaus. Die provisorische Kapelle, die Pilger in die Stadt und Geld in die Kasse bringen sollte, musste dem Neubau der massigen Neupfarrkirche weichen. Auch andernorts, in Nürnberg oder im kleineren, aber nicht unbedeutenden Wasserburg am Inn, gewann die Reformation zumindest vorübergehend an Boden. In München kam es 1527 und 1528 zu Hinrichtungen von Wiedertäufern. Die Oberpfalz war bis 1628 überwiegend protestantisch. Erst dann kam sie an Bayern zurück. Maximilian I. (1598–1651) sorgte umgehend für eine rigorose Rekatholisierung.

Das religiöse Denken der Menschen wurde in der frühen Neuzeit nicht mehr ausschließlich von den Landesherren bestimmt. Das moderne Massenmedium Buchdruck zeigte seine Wirkung. Obwohl Bayern wittelsbachisch-katholisch geprägt war, lasen auch hier interessierte und gebildete Einzelpersonen die Schriften Martin Luthers und konnten sich persönlich mit den Gedanken des Reformators identifizieren.

Ein Beispiel ist die weitgehend vergessene Autorin Argula von Grumbach. Geboren wurde sie um 1492 auf Burg Ehrenfels bei

Beratzhausen (heute Landkreis Regensburg). Jahre ihrer Jugend verbrachte sie am Herzogshof in München und heiratete 1516 den fränkischen Ritter Friedrich von Grumbach. Sie las Luthers Schriften, war von seinen Lehren überzeugt und trat mit ihm und anderen prominenten Reformatoren in Briefkontakt. Aber sie begnügte sich nicht damit, das zu lesen, was die gelehrten Herren im fernen (und ziemlich sicheren) Sachsen schrieben, sondern sie wollte selbst Stellung beziehen, wollte gehört oder besser gesagt: gelesen werden. Aus ihrer Feder stammen Flugschriften, die eine erstaunliche Verbreitung gefunden haben. 1523 erschienen von ihr im Druck *Ain christentlich schrifft ainer Erbarn Frauen vom Adel, darin sy alle christenliche obrigkeit ermant, bey der Warheit und dem Wort Gottes zu bleyben und solches auf christenliche pflicht ernstlicher zu handthaben* und weiterhin *Wie eyn Christliche fraw des adels in Beiern durch jren in Gotlicher schrift wolgegründten Sendtbrieffe die hohenschul zuo Jngoldstat vmb das sie einen Euangelischen Juengling zuo wydersprechung des wort Gottes betrangt haben straffet.* In beiden Texten nimmt sie sehr deutlich für die Reformation und gegen deren Widersacher Stellung. Diese versuchten mit rücksichtsloser Anwendung von Machtmitteln, die neuen Ideen zu unterdrücken und vom christlichen Volk fernzuhalten. Konkreter Anlass für die beiden Veröffentlichungen war, dass man kurz zuvor in Ingolstadt einen jungen Wittenberger Magister namens Arsacius Sehofer zum Widerruf gezwungen und mit dem Tod auf dem Scheiterhaufen bedroht hatte. Argula spart nicht mit sehr deutlichen Worten:

Ach gott wie werdet ihr bestehen mit euehr Hohen schul / das ir so toret und geweltiglichen handelt / wyder das wort gottes / vnd mit gewalt zwingt das heylig Euangelium in der handt zu haltenn / dasselbig dar tzu zuuerlaugen / als ir dan mit Arsacius Sehofer gethan habt vnd ihm ein solchen ayd vnd verschreibung furgehalten / mit gefengknus / vnt tröung ‹Androhung› des fewrs / darzu gezwungen / Christum vnnd seines wortes zuuerlaugnen. Ja so ichs betracht / so erzittert mein / hertz vnd alle meine glider. Was lernt dich Luther / oder Melanchton anderst / dann das wort gottes? Ir

Titelblatt einer
Flugschrift der Argula
von Grumbach

*verdampt sie vnuberwunden / hat euch das Christus gelert / oder
sein Apostel / Propheten / oder Euangelisten / zayget mir wo es
stehet? ihr hohenn mayster / ich finde es an keinem ort der Bibel /
das Christus noch sein Apostel / oder Propheten gekerckert / ge-
brent / noch gemordet haben / oder das landt verboten.*

Dialektsprechern werden einige Wörter und Sprachformen bekannt vorkommen: *toret* für ‹töricht›, *verlaugnen* für ‹verleugnen›,
lernen in der Bedeutung ‹lehren›, *anderst* mit *-t* am Wortende, *ge-
brent* für ‹gebrannt›.

Die Konsequenzen konnten nicht ausbleiben: Friedrich, Argu-
las Mann, verlor das Pflegamt in Dietfurt. Die eigene Familie wollte von Argula nichts mehr wissen. 1563 kam sie als alte Frau mit
über siebzig Jahren noch in Straubing ins Gefängnis, weil sie aus
ihrer Überzeugung keinen Hehl gemacht hatte. 1568 starb sie.

Wodurch der gemeine Laie leicht sich in Hoffahrt erhebt.
Johannes Eck, der bayrische Anti-Luther

Ein bayrisches Zentrum des Widerstands gegen die Reformation war die Universität Ingolstadt. Führender Kopf in der Kontroverse mit dem Reformator war Johann Mair, besser bekannt als Johannes Eck (1486–1543). In zahlreichen Schriften setzte er sich mit Martin Luthers Theologie auseinander. Zwar schrieb er überwiegend auf Latein, war sich aber auch darüber im klaren, dass er wohl oder übel gelegentlich auch Deutsch schreiben musste, um seine Auffassungen unters Volk zu bringen. Um den Einfluss der Luther-Bibel einzudämmen, versuchte er sich auch als Bibelübersetzer. Eigentlich widerstrebte es ihm, die Heilige Schrift in die Volkssprache zu bringen, denn, so schreibt er in einem Brief von 1536, es habe schon seinen guten Grund, dass es bisher für *gfärlich und schädlich gehalten worden* sei, *die Biblisch bücher in ain gmaine landleufige sprach ... zu vertolmetschen.* Es bestehe die Gefahr, dass *dar durch der gmain lai* (‹der gewöhnliche Laie›) *leichtlich in hohfart sich erhebt, ihm selbs wolgefelt, das er die hailige gehaimnis und schwäre stell der gschrift in seiner vermainter witz* (‹in seinem vermeintlichen Wissen›) *handlen und außlegen kann.* Jeder könne sich dann die Bibel nach Gutdünken auslegen.

Selbständig denkende Leute, erst recht Frauen wie Argula von Grumbach, müssen Eck ein Greuel gewesen sein. Aber der enorme Erfolg der Lutherbibel zwang ihn zu katholischer Schadensbegrenzung mit einem eigenen «Bibelprojekt». Eck hat die Heilige Schrift allerdings nicht selbst übersetzt, sondern Luthers Version von 1534 als Grundlage benutzt (den Plagiatsbegriff gab es noch nicht) und diesen Text «korrigiert», indem er ihn erstens der lateinischen «Vulgata» angepasst und zweitens Grammatik und Orthographie nach dem bairischen Schreibusus der Zeit gestaltet hat. Ein kurzer Vergleich des Anfangs der «Genesis» macht das rasch deutlich.

In Luthers Übersetzung von 1534 lautet der Anfang des Alten Testaments so: *AM anfang schuff Gott himel vnd erden / Vnd die erde war wüst vnd leer / vnd es war vinster auff der tieffe / vnd der Geist Gottes schwebet auff dem wasser. Vnd Gott sprach / Es werde liecht / Vnd es ward liecht / vnd Gott sahe das liecht fur gut an / da scheidet Gott das liecht vom finsternis / vnd nennet das liecht / Tag / vnd die finsternis / Nacht / Da ward aus abend vnd morgen der erste tag.*

Daraus macht Eck 1537: *IM anfang hat GOTT geschaffen himel und erd: vnd die erd war eitel vnd lär: vnd die finsternis was auf dem angesicht der tiefe; vnd der gaist GOTTes schwebt auf den wassern. Vnd GOTT sprach: Es werde das liecht: vnd das liecht ist worden: vnd GOTT sahe das liecht / das gůt was: vnd hat es geschiden das liecht von der finsternus / vnd nant das liecht / tag: vnd die finsternus nacht: vnd ist worden abent vnd morgen / ain tag.*

Im Grunde genommen ist das auch der Luther-Text. Die Veränderungen betreffen typisch bairische Merkmale der Zeit wie die *ai*-Schreibungen (*gaist*), das *ů* (*gůt*) und das *-nus* in *finsternus*. Bei Luther hatte Eck die Formen *Geist, gut* und *finsternis*, also die Formen, die sich später im Deutschen durchsetzen sollten, vorgefunden. Auffällig ist auch, dass Eck mehrmals das (typisch süddeutsche) Perfekt verwendet: *hat ... geschaffen, hat es geschiden, ist worden.* Bei Luther steht *schuff, scheidet* (ohne *-e* am Wortende) und *ward.* Auch im Wortschatz weicht Eck von Luther ab und ersetzt dessen *wüst* durch *eitel.* Das bedeutete im Bairischen der Zeit noch ‹formlos, leer› (die Bedeutung ‹eingebildet› ist jünger). Dass Eck von seiner Vorlage Luther abweicht und dem lateinischen Wortlaut folgt, erkennt man an der Formulierung *auf dem angesicht der tiefe.* Das gibt wortwörtlich *super faciem abyssi* wieder. Luther hat sich wohl gedacht, dass die Tiefe kein Angesicht haben kann, und formulierte es kürzer: *es war vinster auff der tieffe.* Das besagt dasselbe und ist verständlicher.

Ecks «Korrekturbibel» hatte bei Weitem nicht den Erfolg der Lutherbibel, weder was die Auflagezahlen noch was die Langzeitwirkung betrifft. Die heute von den großen Konfessionen gemeinsam anerkannte deutsche Einheitsübersetzung der Bibel trägt in vieler Hinsicht die Handschrift des Wittenberger Reformators, nicht die seines Ingolstädter Widerparts.

Wider die *Linguisten* und andere *Geißfüße*. Der «Parnassus Boicus»

Das 17. und großenteils auch noch das 18. Jahrhundert waren von verhärteten konfessionellen Gegensätzen geprägt: Protestantische Autoren und Gelehrte in Mittel- und Norddeutschland sahen in der Lutherbibel das sprachliche Vorbild schlechthin. Im katholischen Süden, vor allem in Bayern, wurde das aber vehement abgelehnt. Der einfachste und deutlichste Weg, sich vom Lutherdeutsch abzugrenzen, war es, die (neu-)lateinische Sprache zu verwenden. Der Nachteil liegt auf der Hand: Einfachen Leuten waren solche gelehrten Texte nicht zugänglich. Wollte man sich ans fromme, katholische Volk wenden, musste man wohl oder übel auch in Bayern und Österreich Deutsch schreiben. Aber was für ein Deutsch? Auf keinen Fall eines, das mit dem protestantischen «Meißnisch» Lutherischer Prägung zu verwechseln war. Der Wille zur Abgrenzung führte dazu, dass sich seit etwa 1600 in den Territorien der Wittelsbacher und Habsburger eine «katholische» Variante des Deutschen herausbildete. An einem kurzen Textstück aus der «Utopia» des Jesuiten-Dichters Jacob Bidermann (1578–1639) lassen sich einige Charakteristika dieser Schreibart zeigen:

Da gieng es an / der Kellermeister lieffe vmb Wein dem Keller zu / die Köchin der Kuchel / die Hüner wurden erwürgt / die Vögel abgetödt / Haasen vnd Königel abgeschlagen / es gronete im Stall das Sponfäckel / in den Hünerstuben floderten die Hüner / es schnaderten die Gänß vnd Endten / niemand ist da müssig / jederman war starck in der Arbeit. [...] Es wolt Abend werden / vnd fieng an die liebreiche Sonn vnterzugehn / da kam ein armer Student / welcher auß Mangel deß Geldts vmb ein Weegzehrung vmbsahe / zu dises obgemelten Herrn Hauß / klopffte an der Thür an / vnd hatte vmb Gottes willen vmb die Nachtherberg / vnd ein Stückel Brodt / der Thorwärtel / so in Mainung obgedachten Schreiber zuempfangen / mit Frewden herbey geloffen / als er disen Gesellen ersehen / vnd sich erinnert / daß er niemand frembden einlassen solle / macht ein saures Gesicht vnd hieß jhn abtretten.

Das ist allerdings nicht der Wortlaut des Originals, denn das war lateinisch. Der zitierte Passus ist der Übersetzung von Christoph Andreas Hörl († 1693) entnommen. Und der hielt sich an die Konventionen der katholisch-südostdeutschen Literatursprache. Eine solche Konvention ist das -*e* am Ende von Verben, wo es eigentlich nicht hingehört, also *lieffe, vmbsahe, hatte* (nicht *lief, umsah, hat*). Dagegen fehlt das -*e* in manchen Wörtern, wo wir heute (und auch schon die «lutherischen» Schreiber und Drucker des 17. und 18. Jahrhunderts) ein solches haben, z. B. *Gänß, wolt, Sonn, Nachtherberg* (für *Gänse, wollte, Sonne, Nachtherberge*). Typisch sind auch Doppelvokale wie in *Haasen* und *Weegzehrung* und das *ai* in *Mainung*. Einige Wörter wie *Kuchel* ‹Küche›, *Königel* ‹Kaninchen›, *abschlagen* ‹erschlagen›, *Sponfäckel* ‹Spanferkel› (das *ä* steht für helles *a*), *flodern* ‹flattern›, *gronen* ‹grunzen›, *Stückel* ‹Stückchen› sind bis heute im Dialekt gebräuchlich, nicht aber in der deutschen Standardsprache. Auch die Verbform *geloffen* (oder *gloffa*) kann man bis heute noch vielerorts hören.

Diese süddeutsche Literatursprache bekam nachträglich, im 18. Jahrhundert, eine Art theoretischer Grundlage: Von 1722 bis 1740 erschien (anfangs in München, später in Augsburg und Stadtamhof bei Regensburg) eine Zeitschrift mit dem Titel *Parnassus Boicus Oder Neu=Eröffneter Musen=Berg Worauff Verschiedene Denck= und Leßwürdigkeiten auß der gelehrten Welt / zumahlen aber auß den Landen zu Bayrn / abgehandlet werden.* Die Begründer, die drei Augustinerpatres Eusebius Amort (1692–1775), Agnellus Kandler (1692–1745) und Gelasius Hieber (1671–1731), waren zu der Einsicht gekommen, dass Bayern in Sachen Aufklärung, Wissenschaft und Sprachkultur gegenüber dem protestantischen Nord- und Mitteldeutschland ins Hintertreffen geraten war. Man sah es als misslich an, dass *sich nun in vnsrem Teutschland /*

*katholischen Antheils / vnsres Wissens noch nichts dergleichen her-
vorgethan / dahingegen es bey den Uncatholischen in jhren Buch-
Läden von derley Art Schriften wimmelt.* Man wollte mit den *Uncatholischen* auf wissenschaftlichem Gebiet gleichziehen. Mit diesem Ziel wurden in bunter Folge naturwissenschaftliche (besonders astronomische), medizinische, historische, theologische und
eben auch philologische Themen behandelt. Auch neu erschienene
Bücher wurden rezensiert.

In sprachkritischen Aufsätzen polemisiert Gelasius Hieber gegen den Typ des *allamodischen Linguisten,* der *verschydene Sprachen vntereinander hacket / wie Kraut und Ruben / bald eine
kalt= bald eine warmländische Sprach wie der Geiß=füssige wilde
Waldmann auß dem Maul blaset.* Gegen Fremdwörter hegt er dieselbe Abneigung wie schon die Sprachpuristen der rund 100 Jahre
zuvor gegründeten (allerdings protestantisch geprägten!) «Frucht-
bringenden Gesellschaft»: *Gleichwie es ein seltzamd= ja lächerli-
cher Aufzug wäre / wann jemand sich mit einem Türckischen Tur-
bant / teutschen Kragen / Polnischen Beltz=Rock / Moscowitti-
schen Zobel / Spanischen Mantel / Frantzösischen Hößlen / vnd
Ungarischen Zißlen wollte heraußschmucken; also und nicht minder ist es ein abenteuerliche Sprach und Schreib=Art / wann selbe
von allerhand außländischen Sprüch=Wörteren / gleich einem alten Bettler=Mantel wird zusammen gestucket.*

Keine Gemeinsamkeit gab es allerdings in der Frage, was das
richtige Deutsch sei. Die Auffassung, man besitze doch in der Lutherbibel schon ein deutschlandweit verbindliches Vorbild, wurde
energisch zurückgewiesen: Luther hat, so Hieber, in seiner *Teutschen Affter=Bibl / wie leichtlich abzumercken / keine andere Absicht gehabt / als seiner Ober=Sächsischen Teutschen Sprach die
universal Monarchi in dem Hoch=Teutschen einzuraumen / wie
dann ihme seine Lands=Leuthe in solcher Meynung noch heut zu
Tag nachahmen / ja was unverträglich wohl gar auch ein und andere auß uns Catholischen / wann sie ein dergleichen Protestanti-
sches Lufft=Wort erschnappen / sich / weiß nit wie / breit zu machen suchen.* Er argumentiert weiter, dass nicht die *Mund=Art ei-*

nes einigen (‹einzigen›) *Volcks oder Nation der Teutschen* als vor-
bildlich gelten solle (also auch nicht das durch Luther vertretene
Ostmitteldeutsche), sondern dass *gantz Teutschland* Anteil an der
Schaffung einer über alle deutschsprachigen Territorien verbindli-
chen Sprache haben müsse. Maßgeblich seien dabei das *Schreiben
der Gelehrten* und das *Reden vornehmer Leuthe.*
 Wenige Jahrzehnte nach dem Erscheinen des «Parnassus
Boicus» mehrten sich unter *Gelehrten* und *vornehmen Leuthen*
allerdings die Stimmen, die eine so strikte konfessionelle Abgrenzung in Frage stellten.

Brauch und Misbrauch von einander absöndern. Ignaz Weitenauer S.J.

Immer mehr bayrische Gelehrte waren gegen Ende des 18. Jahrhunderts jedoch bereit, in der Orthographie Kompromisse einzugehen und Schreibweisen zu übernehmen, sofern diese der süd-
deutsch-katholischen Konvention nicht gänzlich zuwiderliefen.
Sie waren sogar offen für bislang gemiedene Schreibvarianten. Ein
Vertreter dieser toleranten Richtung war der Jesuitenpater Ignaz
Weitenauer (1709–1783). Er war zunächst als Lehrer an verschiedenen Gymnasien tätig und ab 1753 Professor für Griechisch und
Hebräisch an der Universität Innsbruck. 1782 und 1783 erschien
seine deutsche Bibel in zwölf Bänden, die nicht wie Ecks «Korrekturbibel» lediglich einen modifizierten Luthertext bot, sondern
wirklich eine übersetzerische Eigenleistung war. Im Jahr 1764 veröffentlichte Weitenauer eine Schrift mit dem Titel *Zweifel von der
deutschen Sprache, vorgetragen aufgelöset, oder andern aufzulösen
überlassen; sammt einem orthographischen Lexikon.* In diesem
Werk vertrat Weitenauer – durchaus in Übereinstimmung mit dem
«Parnassus Boicus» – die Auffassung, dass keine Mundart und
kein individueller Sprachgebrauch den Anspruch erheben konnten, die überregionale und verbindliche Norm darzustellen. Das
galt aus seiner Sicht nicht nur für das Lutherdeutsch, sondern auch

für die bayrischen Dialekte, wie er an sehr farbigen Beispielen deutlich macht:

Wie ungleich finden wir die Mundarten in ihrer Aussprache? Werden alle diese die Regel einer gültigen Rechtschreibung seyn? Da ruft einer bei der Hohenau: Jockl gib ocht, doß di der Fodn nit schnacklt! welches auf deutsch also übersetzt wird: Jacob, gieb acht, daß dich der Faden (das dicke Ziehseil) *nicht ins Wasser schlage.* Dorten erzählt ein anderer: *Der Fal des Grüsts hat ann starkn Knal verursacht.* Da höret man: *Wans koan hechern Thon nempt, so hert man enk nit lösen* (‹hören›). *Anderswo fraget man: Hand er dis Kenderspil z'Ogspurg koft? Was hats koschtet?* Dann kommt auch der Sachse zu Wort: *Ich glob es och nicht, daß er schon zu Ferde gesessen.* Angesichts solcher Unterschiede fragt Weitenauer: *Haben alle diese Recht? Soll man nicht vielmehr Brauch und Misbrauch von einander absöndern?*

Genau das ist das Ziel, das er mit seiner Rechtschreiblehre verfolgt: *Brauch und Misbrauch von einander absöndern.* Anders als sein Ordensbruder Gelasius Hieber unterbreitet der Jesuit Weitenauer begründete Vorschläge für eine überregional akzeptable Rechtschreibung, und zwar ohne konfessionelle Scheuklappen. Er versucht, zwischen den *Strengen* (den katholischen Süddeutschen), die das Alter einer Sprachform als Korrektheitskriterium verabsolutieren, und den *Gelinden* (den lutherischen Mittel- und Norddeutschen), die eher Neuerungen den Vorzug geben, zu vermitteln. *Allein, es kömmt,* schreibt er, *weder auf das Alter, noch auf die Neuigkeit an. In den lebendigen Sprachen, das ist, in denen, welche man noch wirklich redet, ist ein Wort oder eine Wortfügung nicht eben darum gut, weil sie alt ist; und noch weniger eben darum schlecht, weil sie neu ist.* Kennzeichnend für seine aufklärerische Haltung ist, dass er hinsichtlich des -e am Wortende, *welches eigentlich der Stein des Anstoßes ist, und die Strengen von den Gelinden absondert,* einen toleranten und pragmatischen Standpunkt vertritt. *Woher,* so fragt er, *entspringet doch dieser unversöhnliche Haß wider das unglückliche E? Ist der Übelklang des armen Buchstaben, oder ein unerbittliches altes Vorurtheil, oder wohl gar die*

Religion an seiner Verdammung schuldig? Von der Religion erstlich zu reden, ist es schwer zu begreifen, wie man sie in die Rechtschreibung eingemischet.

Gegen Ende des 18. Jahrhunderts vollzog sich in Bayern (und Österreich) ein durchgreifender und nachhaltiger Wandel zumindest in der offiziellen Schreib- und Druckersprache. Die Entwicklung lief dann in den letzten Jahrzehnten mit rasantem Tempo auf eine Anpassung an die ostmitteldeutschen Schreibkonventionen zu, die vor allem vom Leipziger Sprach- und Literatur-Papst Johann Christoph Gottsched (1700–1766) verfochten wurden. Gegen Gottsched hatte unter anderem Carl Friedrich Aichinger (1717–1782) in seinem *Versuch einer teutschen Sprachlehre, anfänglich nur zu eignem Gebrauche unternommen, endlich aber, um den Gelehrten zu fernerer Untersuchung Anlaß zu geben, ans Liecht gestellt* (1754) Stellung bezogen. Dass die Fronten aufbrachen, zeigt sich unter anderem darin, dass Johann Georg von Lori (1723–1787), einer der Autoren des «Parnassus Boicus», 1755 in Gottscheds «Gesellschaft der freyen Künste und Wissenschaften» und – umgekehrt – Gottsched selbst 1759 in die Bayerische Akademie der Wissenschaften aufgenommen wurden.

Lieder, zum Teil in baierischer Mundart. Der Dialekt wird literaturfähig

Man hat im bairischen Sprachraum im Mittelalter und in der früheren Neuzeit bis ins 18. Jahrhundert keine Dialektliteratur verfasst. Auch das Wessobrunner Gebet, das «Muspilli», das Nibelungenlied, die Predigten Bertholds von Regensburg und ungezählte andere Texte von den ersten Anfängen volkssprachlicher Schriftlichkeit im 8. Jahrhundert bis in die frühe Neuzeit sind keine Mundartliteratur. Es ist auch keine solche, wenn manche Autoren einzelnen Figuren immer wieder einmal Dialekt in den Mund legen, beispielsweise um komische Effekte zu erzielen. Das mittelalterliche und frühneuzeitliche Deutsch, das in Bayern geschrieben wurde, reflektiert zwar (je nach Autor und Werk in unterschiedlichem Maße) regionale Gegebenheiten. Da es aber keine überregional verbindliche literatursprachliche Norm gab, konnte es nicht die Absicht von Autoren sein, sich sprachlich von einer solchen abzugrenzen. Es mag paradox klingen, ist aber so: Erst nachdem bayrische Autoren und Drucker «nördliche» Konventionen übernommen hatten, konnte im Kontrast dazu Dialektliteratur entstehen. Oder anders gesagt: Dialektliteratur braucht, um überhaupt existieren zu können, den Kontrast zur Nichtdialektliteratur. Ganz ähnlich liegen die Dinge übrigens auch in Norddeutschland. Erst als das Niederdeutsche – im 14. und 15. Jahrhundert eine sogar im Baltikum und in Skandinavien verwendete Verwaltungs- und Literatursprache – durch das Hochdeutsche verdrängt war, war sozusagen der Weg für eine plattdeutsche Dialektliteratur und Autoren wie Fritz Reuter (1810–1874) frei. Bei alledem ist zu bedenken, dass es zwischen hochsprachlicher und mundartlicher Literatur fließende Übergänge gegeben hat (und immer noch gibt).

Als früher Autor ist der Augustinereremit Marcellinus Sturm (1760–1812), der «Lieder, zum Teil in baierischer Mundart» verfasste und selbst vertonte, zu nennen. Dass Sturm *baierische Mundart* ausdrücklich in den Titel nahm, zeigt, dass er den eben angesprochenen Kontrast zu der inzwischen überregional etablierten hochdeutschen Literatursprache suchte. Ein weiterer früher bayrischer «Klassiker» war das Multitalent Franz Graf Pocci (1807–1876), der als Zeichner, Musiker, Komponist und eben auch als Schriftsteller hervortrat. Berühmt wurde er für seine mundartlichen Volksstücke, besonders die «Kasperlstücke». Pocci schrieb allerdings ein bayrisch gefärbtes Hochdeutsch. Im Stück «Kasperl's Heldenthaten. Ein Ritterstück aus dem finsteren Mittelalter» liest sich das so:

He da! Niemand da! Was ist denn das für e Wirthschaft? Jetzt lauf ich schon drei Stunden im Wald 'rum und hab noch keine arme Seel g'seh'n, vielweniger ein menschliches Wesen auf zwei Füß! Ein dutzend wilde Bären hab ich begegnet, die sind aber gleich davon g'laufen vor mei'm Spieß. Kein Weg ist im ganzen Wald nit zu fin-

den! Weiß der Teufel, wo ich wieder hinaus komm! Auf d'Letzt muß ich gar verhungern! Meiner Lebtag wird ich kein Schildknapp mehr.

Dialektal sind hier der Plural *zwei Füß*, die Formen *g'seh'n*, *g'laufen* und *mei'm*, die Fügungen *auf d'Letzt* und *meiner Lebtag* sowie *wird* für ‹werde› und die doppelte Verneinung *kein ... nicht.* Damit wird dialektales Kolorit erzeugt. Mundart ist das nicht.

Ganz anders Poccis Zeitgenosse Franz von Kobell (1803–1882). Sein berühmtestes Werk ist wohl «Die Gschicht vom Brandner-Kasper», in der der Held, ein alter Jäger, den *Boandlkramer*, also den Tod, erst mit *Kerschgeist* ‹Kirschschnaps› betrunken macht und ihn dann beim Kartenspiel betrügt. Auf diese Weise bekommt er Aufschub, was dann aber den Tod, der ja im Himmel Rechenschaft schuldig ist, arg in Schwierigkeiten bringt. Beim nächsten Besuch überredet er den *Brandner-Kasper*, mit ihm zu kommen und versuchsweise einen Blick ins Paradies zu tun – mit Rückkehrgarantie. Doch der alte Mann zieht es vor, gleich dazubleiben. Genau darauf hat der Tod natürlich spekuliert. In der Geschichte (die später mehr oder weniger gut als Bühnenstück und fürs Kino bearbeitet worden ist) sprechen nicht nur die handelnden Figuren Dialekt, sondern auch die erzählenden Partien sind mundartlich. Ein kurzes Beispiel:

Wier er auf die Jahr kumma is, is sei Traudl gstorbn, hatn recht geschmerzt, weil's gar a guats und taugsams Wei gwesn is und jetzt hat er halt alloa für ihm a so furtglebt, und no in sein fünfasiebzigstn Jahr hat ihm weiter nix gfeit an der Gsundheit und hat gjaagert und gschossn wier a Fufzger. ‹Als er in die Jahre kam, starb seine Traudl. Das hat ihn sehr betrübt, weil sie eine sehr gute und tüchtige Frau gewesen ist. Jetzt lebte er eben alleine und für sich, und noch mit 75 Jahren fehlte ihm gesundheitlich nichts, und er ging auf die Jagd und schoss wie ein Fünfzigjähriger.›

Als Sammler von Kinderreimen und Sprichwörtern, vor allem aber von Märchen und Sagen aus der Oberpfalz trat Franz Xaver von Schönwerth (1819–1886) hervor.

Einen handlichen Abriss über bayrische Autoren des späten

19. und der ersten Hälfte des 20. Jahrhunderts zu geben, ist praktisch unmöglich. Einzugehen wäre auf jeden Fall auf Ludwig Anzengruber (1839–1889), Wilhelm Dieß (1884–1957), Max Dingler (1883–1961), Marieluise Fleißer (1901–1974), Ludwig Ganghofer (1855–1920), Ernst Hoferichter (1895–1933), Emerenz Meier (1874–1928), Max Peinkofer (1891–1949), Peter Rosegger (1843–1918), Josef Ruederer (1861–1915), Karl Valentin (1882–1948) und den Weiß Ferdl (1883–1949). Die Reihe ließe sich lange fortsetzen. Von bleibender literarischer Bedeutung sind auch Volkskundler wie Georg Queri (1879–1919) und der Kiem Pauli (1882–1960). Der Dialekt wurde von diesen Autoren differenziert gehandhabt und hatte ganz unterschiedlichen Stellenwert. Keine und keiner der Genannten verfasste nur idyllische, volkstümelnde und rückwärtsgewandte Gebirgs- und Heimatdichtung, auch wenn einzelne Werke diesem Genre vergleichsweise nahe kommen.

Kurz herausgehoben seien hier vier bayrische Klassiker, die in ihren Romanen auf sehr unterschiedliche Weise die politischen und gesellschaftlichen Zustände in Bayern im späten 19. und frühen 20. Jahrhundert thematisiert haben: Ludwig Thoma (1867–1921), Oskar Maria Graf (1894–1967) und Lena Christ (1881–1920) sowie ein Autor, der – zu Unrecht! – fast nur als Komponist bekannt ist, nämlich Carl Orff (1895–1982).

Ich bin der Jozef Filser, kgl. Abgeorneter im Barlamend. Ludwig Thoma

Ludwig Thoma besuchte verschiedene Gymnasien, machte 1886 Abitur, begann ein Studium der Forstwissenschaft, brach es aber ab, um in München Jura zu studieren. Für einige Zeit praktizierte er als Anwalt. Von ihm ist der Ausspruch überliefert *Er war Jurist und auch sonst von mäßigem Verstand.* Kein Wunder also, dass Thoma diesen Brotberuf bald aufgab, um als freier Schriftsteller zu arbeiten. In dieser Phase verfasste er neben populären Erzählungen wie den «Lausbubengeschichten» und «Tante Frieda» bissige antiklerikalc und gesellschaftskritische Beiträge für den «Simplizissimus». Legendär (und vielfach imitiert) ist «Jozef Filsers Briefwexel» von 1912. Der ebenso beschränkte wie eingebildete, frömmelnde und lüsterne Josef Filser aus dem fiktiven Dorf *Mingharting*, seines Zeichens Zentrumsabgeordneter im bayrischen Landtag zu München, schreibt aus der Landeshauptstadt an Frau und Freunde, die ihm wiederum adäquat antworten. Vor allem wenn es um Politik und die eigene Bedeutung geht, versucht Filser, sich gewählt auszudrücken. Aber Wort für Wort und Satz für Satz scheitert er. Dem ganzen «Briefwexel» vorgeschaltet sind hochtrabend formulierte biographische Angaben:

Ich bin der Jozef Filser, kgl. Abgeorneter im Barlamend. Ich bin gebohren am 16. Sedember 1856 in Mingharding, Bosd daselbst, als der Sohn des Silfester und der Ursuhla Filser. Ich bin fon meinen Beruf Oegonohm und durch das Ferdrauen des Folkes barlamendarrischer Abgeorneter. Ich habe die Schule in Mingharting besucht und auch zu meiner Follkomenheid das Mäzgerhandwerg erlehrnt bis ich das elderliche Anwesen iebernahm und es noch besieze. Die Milidärzeid habe ich Gozeidank in Minken zugebracht bein 2. Regament und ohne Schtrafe und bin ferheirated mit Maria Billmoser aus Sinzing wodurch man jez meinen Lebenslauf kent. Ich habe als Man des Folkes nichd gewißt das ich zur Regirung beruhfen bin sontern inser hochwirninger her Bfarrer hat es entdekt. Seit 1899 gehere ich zum Barlamend und ist es mein Bemiehen gerechd zun regihren. Ich bin bei dem Zendrum und mus bemergen das ich meinen Bardeischwuhr immer drei gehalden hawe.
Kelobt sei Jessas Kristo in ahler ewikeid. Ahmen.
Disses beschtetigt mit eigenhentiger Underschrift
Jozef Filser.

Eine Zäsur bedeutete der Ausbruch des Ersten Weltkriegs. Thoma meldete sich freiwillig an die galizische Ostfront, erkrankte und musste 1917 aus dem Kriegsdienst ausscheiden. Im selben Jahr trat

er der nationalistischen und militaristischen «Deutschen Vater-
landspartei» bei, zog sich in sein Haus bei Tegernsee zurück und
schrieb in dem von ihm herausgegebenen «Miesbacher Anzeiger»
teilweise üble Hetzartikel gegen Demokraten und Juden. In seine
letzten Lebensjahre fallen die Romane «Der Jagerloisl» und «Der
Ruepp». Ludwig Thoma starb am 16. August 1921 in seinem Haus
am Tegernsee. Die politischen Kämpfe der Weimarer Republik
und das «Dritte Reich» hat er nicht mehr erlebt.

Ein verjagter Dichter, einer der besten.
Oskar Maria Graf

Oskar Maria Graf war neuntes Kind einer Bäckerfamilie in Berg
am Starnberger See. Mit fünfzehn Jahren riss er vor seinem tyran-
nischen und prügelnden älteren Bruder Max nach München aus,
um dort als Schriftsteller zu leben, konnte sich aber nur notdürftig
mit Gelegenheitsjobs (und nebenbei mit Betrug an seinen Ge-
schwistern) durchbringen. 1914 wurde er zum Kriegsdienst eingezogen, war aber – ganz anders als Ludwig Thoma – von vornherein
antimilitärisch gesinnt. Wegen Befehlsverweigerung und patholo-
gischen Dauergelächters wurde er 1916 in eine Irrenanstalt einge-
wiesen. Nach dem Ersten Weltkrieg erfolgten mehrere Verhaftun-
gen, weil Graf 1919 aktiv an der Münchner Revolution beteiligt
war. Der erste literarische Erfolg war sein autobiographischer Roman «Wir sind Gefangene» von 1927. Er befand sich auf Lesereise
in der Tschechoslowakei, als im Mai 1933 im «Dritten Reich» Bücher verbrannt wurden. Seine Werke waren nicht darunter, was ihn
dazu veranlasste, in der «Wiener Arbeiter-Zeitung» einen Pro-
testaufruf an die Adresse der Nazis zu veröffentlichen, in dem es
heißt:
*Verbrennt mich! Nach meinem ganzen Leben und nach meinem
ganzen Schreiben habe ich das Recht, zu verlangen, daß meine Bücher der reinen Flamme des Scheiterhaufens überantwortet werden
und nicht in die blutigen Hände und die verdorbenen Hirne der*

Oskar Maria Graf
(1894–1967,
Gemälde von Walter
Schulz-Matan)

braunen Mordbande gelangen. *Verbrennt die Werke des deutschen
Geistes! Er selber wird unauslöschlich sein wie eure Schmach.*

Bertolt Brecht (1898–1956) hat diesen Aufruf zu folgendem Gedicht verarbeitet:

*Als das Regime befal, Bücher mit schädlichem Wissen
Öffentlich zu verbrennen, und allenthalben
Ochsen gezwungen wurden, Karren mit Büchern
Zu den Scheiterhaufen zu ziehen, entdeckte
Ein verjagter Dichter, einer der besten, die Liste der
Verbrannten studierend, entsetzt, daß seine
Bücher vergessen waren. Er eilte zum Schreibtisch
Zornbeflügelt, und schrieb einen Brief an die Machthaber.
Verbrennt mich! schrieb er mit fliegender Feder, verbrennt mich!
Tut mir das nicht an! Laßt mich nicht übrig! Habe ich nicht
Immer die Wahrheit berichtet in meinen Büchern? Und jetzt
Werd ich von euch wie ein Lügner behandelt! Ich befehle euch,
Verbrennt mich!*

An eine Rückkehr nach Deutschland war nun nicht mehr zu denken. 1934 bekam Graf übrigens seine «private» Bücherverbrennung im Innenhof der Münchner Universität. Er emigrierte über Brünn, Prag und die Niederlande in die USA. In New York stand er in enger Verbindung mit einer Reihe anderer emigrierter deutscher Schriftsteller. Nach Kriegsende unternahm er zwar einige Reisen nach Bayern, kehrte aber nie mehr in seine alte Heimat zurück. Er starb am 28. Juni 1967 in New York.

Figuren aus dem bäuerlichen Milieu sprechen in Grafs Romanen und Kurzgeschichten durchwegs Dialekt. Im «Bayrischen Dekameron» rät zum Beispiel eine Magd einer anderen:

Jetzt bist amoi a Zeitlang freindli zu iahm ... Tuast ois wia wenn gor nix gwesen waar zwischn enk ... Passiert dir nix, brauchst koa Angst it hob, i bleib oiwei in enkerner Näh ... I huif dir scho wenn's sei muaß. ‹Jetzt bist du einmal eine Zeit lang freundlich zu ihm. Du tust so, als ob überhaupt nichts zwischen euch gewesen wäre. Es wird dir nichts passieren, du brauchst keine Angst zu haben. Ich bleibe immer in eurer Nähe. Ich helfe dir schon, wenn es sein muss.›

Aber Graf hat seinen Figuren Dialektales nicht nur in den Mund gelegt, sondern er verstand es auch, außerhalb der Figurenrede untergründig mundartlich zu schreiben, obwohl an der Oberfläche scheinbar nur Hochdeutsches zu lesen ist. Mundartlich geprägt sind dann der Satzbau, bestimmte Wortfügungen und Wortbedeutungen, wie ein anderes Beispiel, der Anfang der Erzählung «Die Wunderdoktorin» aus dem «Bayrischen Dekameron», zeigt:

Der alte Spruch ist und bleibt ewig wahr: Der Mensch hängt am Leben wie der leibhaftige Teufel an der sündhaften Seel'. Und mag so ein Malefizleben auch noch so zuwider sein, besonders wenn man – wie zum Beispiel der Scherber-Lenz – in einer Tour krank ist, vom Sterben will einer deswegen doch nichts wissen, nicht das mindeste. Im Gegenteil, grad wenn einem die Leiden recht zusetzen, wird man erst richtig zäh. Es kann schon fast gesagt werden, daß man dann direkt bockbeinig wird. Man glaubt seinem Wehdam ganz einfach überhaupt nicht mehr und sagt genauso, wie der

Lenz zu Zeiten, wenn ihm sein Rheumatisches wieder in der Ge-
walt hatte: «Du leckst mi am Orsch, Saukärpa, vareckta! Daß d'ös
woaßt!»

«Richtig» dialektal ist nur die wörtliche Rede am Ende dieses
zitierten Abschnitts (übersetzt: ‹Du leckst mich am Arsch, Saukör-
per, miserabler. Nur dass du es weißt›). Ansonsten liest sich dieser
Passus fast wie normales Schriftdeutsch. Andeutungsweise mundartlich sind noch *Seel'* ohne -e am Wortende und vergleichbares
grad für ‹gerade›. Auch das Wort *Wehdam* ‹Leiden, Schmerzen›
kennt die Standardsprache nicht. Im älteren Deutschen war es (in
der Form *Wehtage*) auch außerhalb des Bairischen geläufig. Doch
auch wenn man von solchen mundartlichen Elementen absieht, ist
der Passus «irgendwie» mundartlich geprägt. Aber was heißt «irgendwie»? Es heißt, dass Wort- und Satzstrukturen sowie Wort-
verwendungen einen mundartlichen Hintergrund haben. *Malefizleben* ist ein Beispiel. Die Standardsprache kennt die Wortteile,
aber nicht deren Kombination. Im Bairischen kann man mit *Male-
fiz-* reihenweise Komposita bilden. Dialektkonform ist weiterhin
die Verwendung des bestimmten Artikels beim Eigennamen *der
Scherber-Lenz.* Hier sind auch die Abfolge Familienname – Vorname und die Verbindung von beidem zu einem Quasi-Kompositum
außerhalb des Dialekts kaum vorstellbar. Das Wort *direkt* kennt
auch die Standardsprache, aber eine Verwendung im Sinne von ‹geradezu› ist eher ungebräuchlich. Was *Rheumatisches* bedeutet,
kann sich jeder Leser leicht denken. Dennoch ist das Wort in der
deutschen Schriftsprache kaum üblich. Genau das aber sind die
Stilmittel, deren sich Graf bedient, um in seinen Erzählungen eine
mundartnahe, sozusagen vertraute Atmosphäre zu schaffen, auch
dann, wenn er eigentlich nicht Mundart schreibt.

Äußerungen von Ludwig Thoma über Oskar Maria Graf sind
nicht bekannt. Thoma dürfte Graf auch kaum gekannt haben. Die-
ser äußerte sich aber 1944 in einer Rede zum Gedenken an Ludwig
Thoma vor Germanistikprofessoren mehrerer amerikanischer
Universitäten voller Respekt und Hochachtung über Thoma:
Seine Werke haben mich durch alle Länder meines Exils beglei-

tet wie die besten Freunde, und sie haben mich immer wieder auf-
gerichtet, ich empfand bei jeder Zeile, die dieser begnadete Mensch
hinterlassen hat, daß ich ein wenig aus dem gleichen Stammholz
geschnitten bin, und ich meine, dieses Holz wächst auf dem guten
Boden aller Länder.

Und auch das macht die Größe des Exilautors Oskar Maria
Graf aus: Sein Horizont geht über Bayern hinaus. Auch (aber nicht
nur) darin unterscheidet er sich von so manchem zeitgenössischen
und späteren weißblau-kleinkarierten Heimatschreiber.

Wofür ich mich so oft gehalten, eine Überflüssige.
Lena Christ

Politische Ereignisse und gesellschaftliche Zustände werden, anders als bei Oskar Maria Graf, in Lena Christs Romanen kaum
direkt thematisiert, sind aber im Hintergrund durchaus gegenwärtig. Vieles in ihren Werken ist unmittelbar autobiographisch oder
wurzelt doch in ihrem eigenen Leben und Schicksal. Lena Christ
wurde am 30. Oktober 1881 als uneheliches Kind in Glonn bei
Ebersberg geboren. Die ersten Jahre ihrer Kindheit – die wenigen
wirklich glücklichen ihres Lebens – verbrachte sie bei den Großeltern, die sie liebevoll in den «Erinnerungen einer Überflüssigen»
(1912) porträtiert. Mit sieben Jahren wird sie aus dieser vertrauten
Umgebung gerissen und von der *Münkara Muatta*, der ‹Münchner
Mutter›, die mittlerweile geheiratet hat und in München eine Gastwirtschaft betreibt, in die Stadt geholt. Dort muss sie, von der
Mutter mehr gehasst als geliebt, in Küche und Wirtsstube Schwerst-
arbeit leisten. 1898, sie ist gerade siebzehn, tritt sie ins Kloster ein,
doch der vermeintliche Ausweg stellt sich als Irrweg heraus. 1901
heiratet sie einen Buchhalter. Sie bekommt drei Kinder (und erlei-
det einige Fehlgeburten). Der Ehemann verfällt mehr und mehr
der Trunksucht. Lena Christ trennt sich von ihm und bringt sich
und die Kinder notdürftig mit Schreibarbeiten durch. 1912 heiratet
sie den Schriftsteller Peter Jerusalem (Pseudonym Peter Benedix),

auf dessen Anregungen sie noch im selben Jahr die «Erinnerungen einer Überflüssigen» niederschreibt. Es folgen (aus Geldnot) die «Lausdirndlgeschichten», die ihr prompt den Vorwurf einbringen, lediglich die «Lausbubengeschichten» von Ludwig Thoma plagiiert zu haben. Nacheinander erscheinen «Matthias Bichler» (1914), eine Hommage an den geliebten Großvater, «Unsere Bayern 1914» (1915) und «Die Rumplhanni» (1916). Der Erste Weltkrieg bringt nicht den erhofften raschen Durchbruch, und im September 1915 wird Jerusalem/Benedix zum Kriegsdienst eingezogen. 1919 erscheinen kürzere Erzählungen unter dem Sammeltitel «Bauern» und der Roman «Madame Bäurin», in dem eine Art innerbayrischer «clash of cultures» thematisiert ist: Eine höhere Tochter, Rosalie Scheuflein heißt sie, verliebt sich in einen jungen Bauern, den Schiermoser Franz, lässt Stadt und bessere Kreise zurück und heiratet auf dessen Hof ein. Die konfliktgeladene Geschichte bekommt allerdings ihr Happy End: Kurz vor einem Weihnachtsfest kommt ein Sohn zur Welt. Die Taufe *des jüngsten Schiermoserleins* findet bezeichnenderweise am Christtag statt. Die alte Schiermoserin versöhnt sich mit ihrem Sohn Franz und Rosalie, der *Madame Bäuerin*. Der alte Schiermoser kommentiert ganz am Ende des Romans die neue Eintracht so: *«Ja da schaug her! Jetz is richtig noch aus dera Dreifaltigkeit a Dreieinigkeit wordn. Was a solches Christkindl doch alles zwegn bringt! Aber in Gottsnam! Hauptsach is, daß i wieder an Schlafkamerad hab und der Hof an Stammhalter, für dees andere werd nachher der Bua scho sorgen und sei Madam.»* Und die junge Schiermoserin sagt fröhlich: «Amen, Vater».

Ein vergleichbares Happy End nach einer Reihe noch viel schlimmerer Konflikte, als Rosalie sie durchstehen musste, war Lena Christ nicht vergönnt. Sie erkrankte an Tuberkulose, lernte im Krankenhaus den kriegsversehrten jungen Sänger Ludovico Fabri kennen, verliebte sich in ihn und verließ seinetwegen ihren Ehemann – oder besser: sie versuchte, ihn zu verlassen, denn sie war zwischen beiden Männern hin- und hergerissen. Im Herbst 1919 erfolgte die Trennung. Aber Fabri, der heimlich mehrere Liebesbeziehungen unterhielt, kehrte von einem Engagement in

Frankreich nicht zurück. Aus Geldnot setzte Lena Christ Namenszüge berühmter Künstler unter billige Bilder, um sie teuer auf dem Kunstmarkt zu verkaufen. Ein Kunsthändler erkannte den Schwindel und erstattete Anzeige. In ihrer Verzweiflung fuhr Lena Christ am 30. Juni 1920 zum Waldfriedhof in München. Dort traf sie sich mit ihrem Ex-Ehemann, der ihr Zyankali mitgebracht hatte. Sie nahm das Gift am Grab des Vaters von Fabri ...

Noch 1912 konnte Lena Christ die «Erinnerungen einer Überflüssigen» mit dem Satz beenden *Doch das Leben hielt mich fest und suchte mir zu zeigen, daß ich nicht das sei, wofür ich mich so oft gehalten, eine Überflüssige.* Wofür sie sich wohl an jenem einsamen Sommertag 1920 gehalten hat?

D'Menscherleit, die, die bringa, wanns sein muß, an jeden ans Kreiz. Carl Orff als Autor

Der Komponist Carl Orff ist vielen kulturbewussten Konzertabonnenten als Schöpfer der modernen Musik zu den mittelalterlichen «Carmina Burana» ein Begriff (und ungezählten Schülern als Urheber quälend monotoner Triangel- und Xylophonstücke). Weniger bekannt sind dagegen seine großartigen Musikdramen des «Bairischen Welttheaters»: «Die Bernauerin» (1947), «Astutuli» (1953), das Osterspiel «Comoedia de Christi Resurrectione» (1956) und das Weihnachtsspiel «Ludus de nato infantis mirificus» (1960). Dass diese Stücke im Schatten der weitaus berühmteren «Carmina Burana» stehen, dürfte seinen Grund darin haben, dass die Texte, die Carl Orff selbst verfasst hat, durchwegs in einem rhythmisch stilisierten oberbayrischen Dialekt gehalten sind. In den Spielen mit religiöser Thematik kommen auch lateinische, mitunter sogar griechische Partien vor. Zwar werden auch die mittelhochdeutschen und lateinischen *Carmina Burana* kaum zu verstehen sein (sofern man kein zweisprachiges Textheft zur Hand hat), aber hier steht eine opulente Musik im Vordergrund. Ganz anders die Stücke des «Welttheaters»: Sie sind, wenn überhaupt, nur spärlich instrumentiert. Im Vordergrund stehen die Texte, oder anders gesagt, die durch die Dialekttexte vermittelte Musik. Der Dialekt wird hier förmlich selbst zur Musik.

Nur ein kurzes Beispiel. Der «Ludus de nato infantis mirificus» (deutsch: ‹Das wundersame Spiel von der Geburt des Kindes›) beginnt mit einem furiosen Auftritt von Hexen, die im Zauberglas Maria und Josef erspähen, wie sie mit einem Esel nach Bethlehem unterwegs sind. Einige wollen versuchen, sie in eine verschneite Gebirgsschlucht zu stoßen und so zu Tode zu bringen. Ein Ausschnitt aus ihrem rhythmischen Sprechgesang:

Was zeigt si im Spiegl,
was zeigt si im Glas?
Was zeigt si,
was zeigt si,
was zeigt si im Glas?
Vor Schneibn und Schnee,
vor Nebel und Rauch,
nix siehgt man,
nix findt man,
nix zeigt si da an.
Blind is der Spiegl,
blind is des Glas.

Man muss den Text mit seinen fast ausschließlich einsilbigen Wörtern, die einen hektischen Rhythmus ergeben, laut lesen und dabei die betonten Silben möglichst extrem skandieren (möglicherweise wird man dann an eine ganz andere Musikrichtung erinnert, nämlich modernen Hip-Hop). Die Hexen, die um das Zauberglas sitzen, werden geradezu sichtbar. Was Orff hier schreibt, ist allerdings keine gesprochene Mundart, sondern eine mit Wortwiederholungen und Variationen durchstilisierte Rede, die sich Elemente des Dialekts zunutze macht.

Die Versuche der Hexen, Maria und Josef (die in dem ganzen Spiel selbst überhaupt nicht zu Wort kommen) zu töten, misslingen. Die Hexen werden hochgradig hysterisch. Alle Unwetter und Mächte der Hölle wollen sie mobilisieren, um Maria und Josef ins Verderben zu stürzen. Mit dem Szenenwechsel tut sich eine ganz andere Szenerie auf: Die verschreckten Hirten treten auf. Sie haben Angst vor dem Unwetter, das plötzlich losgebrochen ist. Einer sagt: *Der Aufvogel* (der Nachtkauz) *hat gschrien, hat gschrien bei der Nacht, und des deut't nix Guats. Itzt is's aa kemma des Wetter, des greisli unguate.* Die halblaut geäußerte ängstliche und deswegen menschliche Rede der Hirten steht in starkem Kontrast zum hysterisch-hektischen Hexengeschrei.

Nachdem der Engel mehreren Hirten in gleichen Träumen die Geburt des Kindes verkündigt hat und sich der Himmel plötzlich wunderbar aufhellt, gehen alle Hirten bis auf einen, den ewigen Raufbold und Streithammel der Gruppe, hinüber zum Stall. Am Ende bekommen noch einmal die Hexen einen furiosen Auftritt. Sie keifen und wüten, weil sie es nicht geschafft haben, die Geburt des Kindes zu verhindern, und fangen an, sich gegenseitig die Schuld zu geben. Die Älteste aber beschwichtigt sie. Sie weiß, was zu tun ist, und sie spricht deshalb auch ganz ruhig und besonnen: *In d'Menschn müßsts fahrn, die müßts hinterführn, müßts willfahrig machen; müßts ihna schön tun, Schmeichelworter gebn; und sand's amal handsam, müßts Bosheit einpflanzn, Narrheit und Blindtum. D'Menscherleit, die, die bringa, wanns sein muß, an jeden ans Kreiz.*

Hier tritt die rhythmische Gestaltung in den Hintergrund. Die oberste Hexe, die mit dem größten Durch- und Weitblick, kann es sich leisten, fast «normalen» Dialekt zu sprechen. Genau dieses Stilmittel gibt ihr Glaubwürdigkeit. Und sie hat ja schließlich auch Recht.

Und dem machts die schönst Musi, der's Spieln versteht. Schnaderhüpfl

Es gibt in manchen Kulturen auch außerhalb der «hohen Literatur» lyrische Formen mit festen formalen Gesetzmäßigkeiten. Solche Formen können große Produktivität entfalten. Weithin bekannt sind beispielsweise die nach der Stadt Limerick benannten Fünfzeiler mit festem Reimschema, einem stets gleichen Metrum und einer Pointe in der letzten Zeile. Limericks waren ursprünglich eine irische Spezialität, werden aber seit langem auch anderswo imitiert, und zwar nicht nur in englischsprachigen Ländern, sondern beispielsweise auch auf Deutsch. Die Schnaderhüpfln sind so etwas wie die bayrische Antwort auf die irischen Limericks. Auch sie stellen eine feste lyrische Kleinform mit nur regionaler Verbreitung dar. Nur ist ihnen eine vergleichbare internationale Rezeption und Imitation bislang erspart geblieben. Und dabei wird es gewiss auch bleiben, allein aufgrund der Tatsache, dass sie unnachahmlich sind. Allerdings ist es so, dass unter dem Begriff «Schnaderhüpfl» aller möglicher banaler, pseudofolkloristischer Unsinn verstanden wird.

Im strengen Sinne bestehen Schnaderhüpfln aus vier kurzen Verszeilen, die ein Reimschema a b c b aufweisen. Franz Kobell beispielsweise hat eine Reihe solcher Vierzeiler verfasst. Viele Schnaderhüpfln, nicht nur die von Kobell, thematisieren die Liebe:

Und's Diendl is a Zither,
Wo drüber nix geht
Und dem machts die schönst Musi
Der's Spieln versteht

oder:

Du flachshaarets Diendl,
Di hon i so gern,

Und i kunnt wegn den Flachs
Glei a Spinnradl wern.

Diese zwei Beispiele zeigen das metrische Grundschema:

x x́ x x x́ x (a)
x x́ x x x́ (b)
x x́ x x x́ x (c)
x x́ x x x́ (d)

Das Schema ist allerdings variabel. Es kann durch unbetonte auf- und abtaktige Silben variiert werden. Betont werden können auch Nebensilben, mitunter sogar Konsonanten, die beim normalen Sprechen keinen Akzent haben, z. B. *Spieln* in der letzten Zeile des ersten Beispiels. Hier hat das *n* am Wortende den Wert einer (unbetonten) Silbe. In der letzten Zeile des zweiten Beispiels fallen auf das unbetonte «x» am Versanfang die beiden ersten Wörter *Glei* und *a*.

Natürlich können Schnaderhüpfln auch obszönen Inhalt haben. Eine Fundgrube dafür sind die Sammlungen von Georg Queri. Nur ein Beispiel von zahlreichen:

Vögl langsam, vögl langsam
vögl net aso gschwind
wann's tröpflt, muaß er aussa,
sunst machst mir a Kind.

Auch für pointierte politische Inhalte bot das Schnaderhüpfl eine geeignete Form. Den Sieg über Frankreich 1871 thematisiert das Folgende:

Da Bismarck hat's gspunna (‹geplant›)
Da Moltke hat's g'richt,
Dees werd für d'Franzosn
A zwiderne G'schicht

Auf das lückenhafte historische Gedächtnis zielt folgendes Schnaderhüpfl des legendären Roider Jackl (1906–1975):

Jo da Hitler woa koa Preiß
und er woa a koa Boa
und de Östreicher wissn a ned
woher dass a woa.

Mundarttexte der Gegenwart.
Ein kurzer Blick

War schon der Überblick über die bayrische Literatur bzw. die Literatur in Bayern von den ersten frühmittelalterlichen Anfängen über das Mittelalter, die Barock- und Aufklärungszeit bis ins 19. und 20. Jahrhundert zwangsläufig nur eine Auswahl, die man mit ebenso guten Gründen auch ganz anders hätte treffen können, so ist es geradezu ein Ding der Unmöglichkeit, in kurzen Zügen nun auch noch die Mundartliteratur der Gegenwart, vom späteren 20. Jahrhundert bis heute zu skizzieren. Denn auch wenn man von der Masse der Produktionen für Musikantenstadel und Heimatbühnen, von heimattümelnden «altbayrischen» Nostalgiepublikationen, der Haferlschuh- und Oktoberfestfolklore (etc.) absieht, hat man es mit einem äußerst breiten Spektrum an ernst zu nehmenden Autoren und Texten zu tun. Das reicht von experimenteller Lyrik z.B. des Wieners H. C. Artmann (1921–2000) oder des zu Unrecht weit weniger bekannten Regensburger Autors Felix Hörburger (1916–1997) über die satirischen Erzählungen des (wie Ludwig Thoma) gelernten Juristen Herbert Rosendorfer (*1937) und das Kabarett bis zur Singer-Songwriter-Szene. Gerhard Polt (*1942), die Brüder Well, besser bekannt als «Biermösslblosn», und deren Schwestern, die «Wellküren», sowie das schandmäulige Urgestein Hans Söllner (*1955) haben fast schon Klassikerstatus, und das sogar weit über Bayern hinaus. Neuerdings gibt es sogar die Gattung des Bayernkrimis: Bücher wie «Tannöd» und «Kalteis» von Andrea Maria Schenkel (*1962) hielten sich über Wochen beharrlich auf den vorderen Plätzen der «Spiegel»-Bestsellerliste, die allerdings nicht unbedingt ein Gütesiegel ist. Dialekt ist in diesen Krimis allerdings nur sporadisch und in bestseller-kompatibler Dosierung zu finden.

Das Kino hat nicht erst neuerdings den bairischen Dialekt entdeckt. Bemerkens- und sehenswerte Produktionen der cineastischen Frühzeit waren schon Karl Valentins Kurzfilme. Der Bogen vorzüglicher Produktionen der jüngeren Vergangenheit spannt sich vom «Sternsteinhof» (1976, Regie Hans W. Geissendörfer, nach dem gleichnamigen Roman von Ludwig Anzengruber) über «Out of Rosenheim» (1987, Regie Percy Adlon) bis zur tiefgründigen Komödie «Wer früher stirbt, ist länger tot» (2006, Regie Marcus H. Rosenmüller). Das bairische Kino hat also längst das Ghetto des alpenglühenden Heimatfilms verlassen (wobei natürlich einzuräumen ist, dass Rosamunde Pilcher eine große Schar bayrisch-österreichischer Schwestern und Brüder hat). Fernsehserien wie «Rosenheim-Cops» und «Bulle von Tölz» haben eine – freilich publikumsverträglich aufbereitete – bayrische Mundart in gesamtdeutsche Wohnzimmer befördert. Mittlerweile werden selbst Wikipedia-Artikel in Dialekten verfasst, vorwiegend allerdings zu mundartkundlichen Themen (Weiteres auf folgenden Internetseiten: http://bar.wikipedia.org/wiki/Hauptseitn und http://www.youtube.com/watch?v=eWiNV_2BFAA).

Und selbst die berühmten Gallier Asterix und Obelix sprechen schon seit einiger Zeit den südwestmittelbairischen Dialekt des Hans Well von der «Biermöslblosn» (und haben damit den Römern einiges voraus). Alles das soll hier nur als Beweis dafür ins Feld geführt werden, dass der bairische Dialekt diesseits und jenseits von Inn und Alpenhauptkamm als schriftliches und künstlerisches Medium lebt – allen Totenglöcklein zum Trotz!

Dialektgeographisches

Der bairische Dialektraum, der vom Fichtelgebirge bis weit in die österreichischen Alpen, vom Lech bis ans Vogtland und zum Böhmerwald reicht, kann schon aufgrund seiner schieren Größe nicht in sich homogen sein, sondern er ist in sich gegliedert. Geographische Gegebenheiten, Gebirgszüge und Flusstäler, ebenso historische Faktoren, alte politische und kirchliche Grenzen beispielsweise, haben ihre Spuren in den Dialekten hinterlassen. Es gibt innerhalb des bairischen Dialektraums sowohl scharfe Grenzen als auch allmähliche Übergänge. Aber auch nach außen, zu den schwäbischen und fränkischen Nachbardialekten hin, gibt es Überlagerungszonen. Davon soll im folgenden Kapitel die Rede sein.

Schnöl gäids. Innerbairische Dialektgrenzen

Üblicherweise unterscheidet man zwischen Süd-, Mittel- und Nordbairisch. Das Mittelbairische nimmt innerhalb der Grenzen des Freistaats Bayern den größten Raum ein. Es umfasst die Regierungsbezirke Ober- und Niederbayern. In der Oberpfalz und in einigen angrenzenden Gebieten Ober- und Mittelfrankens (um Weißenburg, Wunsiedel und Selb) werden nordbairische Dialekte gesprochen. Die Übergänge zwischen Mittel- und Nordbairisch sind allerdings nicht unvermittelt, sondern fließend. Die südliche Oberpfalz und das nördliche Niederbayern bilden einen breiten nordmittelbairischen Streifen. Auch zum Südbairischen hin bestehen allmähliche Übergänge. In den bayerischen Alpen und am Alpenrand, von Garmisch-Partenkirchen bis Berchtesgaden und ins Salzburger Land, erstreckt sich eine südmittelbairische Zone, die allmählich ins «richtige» Südbairische übergeht, das in den österreichischen Bundesländern Kärnten, Steiermark und Tirol sowie im italienischen Südtirol gesprochen wird. Ober- und Niederösterreich gehören wieder zum Mittelbairischen. In Vorarlberg wird kein bairischer, sondern ein alemannischer Dialekt gesprochen.

Diese Einteilung ist nicht willkürlich, sondern sie beruht auf zahlreichen charakteristischen Merkmalen. Einige wichtige Besonderheiten des Nordbairischen lassen sich am besten im Kontrast zum Mittelbairischen darstellen. Charakteristisch für den Norden sind z. B. die sogenannten «gestürzten» Diphthonge. «Gestürzt» heißen sie deshalb, weil es den Anschein hat, als wären irgendwann die mittelbairischen Zwielaute *ua* (z. B. in *Kua* ‹Kuh›) und *ia* (wie im zugehörigen Plural *Kia*) bildlich gesprochen «gestürzt» worden, woraus sich *ou* und *äj* ergeben hätten. Mittelbairischem *Kua* und *Kia* entspricht nordbairisches *Kou* und *Käj*. Historisch gesehen sind diese «gestürzten» Diphthonge zwar nicht dadurch entstanden, dass die nordbairischen Sprecher irgendwann – aus welch dubiosen Gründen auch immer – das *ua* und das *ia* verkehrt herum gesprochen hätten. Aber der Terminus hat sich, weil er so schön bildlich ist, eingebürgert.

Die mittelbairischen Langvokale *ō* und *ē* haben als nordbairische Pendants Diphthonge, die den «gestürzten» vom Klang her ähneln. Deshalb entsprechen sich mittelbairisch *Oomd* ‹Abend› und nordbairisch *Oumd*, ebenso mittelbairisch *wee* (oder *wää*) ‹weh› und nordbairisch *wäj*. Diese Diphthonge zeigen ebenso wie die «gestürzten» innerhalb des nordbairischen Gebietes wiederum leichte artikulatorische Nuancen. Hörer von außerhalb, denen solche phonetischen Feinheiten leicht entgehen, nehmen die Wörter mit *ou* und *äj* als «typisch oberpfälzerisch» wahr und empfinden diese Diphthonge, weil sie in der Standardsprache oder in ihrem mittelbairischen Dialekt so nicht vorkommen, als irgendwie plump und hässlich (in Regensburg und Umgebung hat man für solches Sprechen die verächtliche Bezeichnung *gougeln*). Dazu besteht aber kein Anlass, denn auch das Englische hat massenhaft Wörter mit *ou*, z. B. *go*, *grow*, *soul* und viele andere. Ist es deswegen plump und hässlich?

Ein weiteres markantes nordbairisches Merkmal im Bereich der Konsonanten ist die *ch*-Aussprache von *g* nach Vokalen im Wortinneren und am Ende. ‹Tag› heißt deshalb *Dooch* (dagegen mittelbairisch *Doog*) und ‹Hosenträger› sind *Hosndrächa*. Ein häufig vorkommendes typisch nordbairisches Wort ist *niad* für ‹nicht›. Im Mittelbairischen sagt man *need*.

Gehen wir weiter in den nordmittelbairischen Übergangsraum. Auch hier behalten Wörter wie im Nordbairischen nach Vokal ein *l* und «vokalisieren» es nicht wie im Mittelbairischen. *Geld* heißt folglich *Göld*, der *Wald* ist der *Wold*, und *viel Gefühl* heißt *vl Gfl*, wobei das *l* fast schon vokalischen Charakter annimmt und den Wortakzent trägt. Im südlich angrenzenden Mittelbairischen, ungefähr im Gebiet zwischen Regensburg, Passau und Landshut, lauten diese Beispielswörter *Gäjd*, *Woid* und *väj Gfäj*. Im Süden des Mittelbairischen (ungefähr Oberbayern) wird sowohl *il* als auch *ul* zu *ui*. Folglich heißt es in München zumindest bei der dort noch vorhandenen Dialekt sprechenden Minderheit *vui Gfui*.

In zweisilbigen Wörtern, die im Mittelbairischen als Stammvokal *oa* (in der Standardsprache *ei*) aufweisen, liegt im Nordbairischen und in der nordmittelbairischen Übergangszone *oi* vor. Die *Eiche*, die im Mittelbairischen *Oacha(n)* heißt, ist im Nordbairischen und bis zu einer Linie, die teils südlich, teils nördlich der Donau verläuft, die *Oicha(n)*. Entsprechend stehen sich nord- und nordmittelbairisch *soicha* oder *soichn* und mittelbairisch *soacha* gegenüber (das heißt ‹pinkeln›). In einsilbigen Wörtern besteht kein solcher Unterschied. Hier gilt nord-, nordmittel- und mittelbairisch übereinstimmend *oa*. Deshalb legt die artgerecht gehaltene gesamtbayrische Henne pro Tag *oa Oa* ‹ein Ei›. Nur ein hormongedoptes Turbohuhn schafft *zwoa Oia* ‹zwei Eier›.

Mehrere der genannten nordbairischen Merkmale finden sich in dem Gedicht *Schnöl gäids* ‹Schnell geht's› von Eugen Oker (1919–2006):

de lenga zeid en mein leem
hoz awl ghoissn
haldd dei maal
du junga duddara
owa af ar amal
hod oina xagd zo mia wäi e a mei ka dreigem ho wöln
haldd dei maal
aldda däbb aldda
is fei koi langa wech niad
fo an junga duddara
zo an alddn däbbm

Übersetzung: ‹Die längste Zeit in meinem Leben hat es immer geheißen, halt's Maul, Milchbubi (*duddara* ist eigentlich nicht zu übersetzen; es leitet sich von *Duddn* ‹Mutterbrust› her). Aber auf einmal hat einer zu mir gesagt, als ich auch meine Meinung äußern wollte: Halt den Mund, alter Depp. Es ist wirklich kein langer Weg von einem Milchbubi bis zu einem alten Deppen.›

Inhaltlich soll das Gedicht nicht weiter kommentiert werden, obwohl man den Beobachtungen des Autors kaum widersprechen kann. Hier nur ein paar Bemerkungen zum Sprachlichen: Die Wörter *schnöl* ‹schnell›, *awl* ‹alleweil, immer›, *haldd* ‹halt›, *maal* ‹Maul›, *amal* ‹einmal›, *wöln* ‹wollen›, *aldda* ‹alter› zeigen den Erhalt von *l*, wo die mittelbairischen Wortentsprechungen infolge der «Vokalisierung» einen *i*-artigen Vokal hätten: *schnäi, oiwei, hoit, Mei, amoi, woin, Oida*.

Diphthongiertes langes *ē* haben wir in *gäids* ‹geht es› und *wäi* ‹wie›. In *ghoissn* und *oina* liegt das *oi* vor, dem im Mittelbairischen *oa* entspricht (hier hieße es *ghoassn* und *oana*). Das Wort *wech* zeigt *ch* für *g*, und das Negationswort lautet *niad*, nicht *need*.

Auch im lexikalischen Bereich unterscheidet sich das Nordbairische vom Mittelbairischen. Nur einige Beispiele: Einen Holzsplitter in der Haut nennt man hier *Spieß*, im mittelbairischen Raum *Schiefer* oder *Schiefling*. Das dunkle Brot mit eingebackenem Dörrobst nennt man im Mittelbairischen überwiegend *Klet-*

zenbrot (*Kletzen* sind getrocknete Birnen), im Nordbairischen
Stollen. Zum Ausspülen der vorher mit Lauge gewaschenen Wä-
sche sagt man im Mittelbairischen *schwoam* (nördlich der Donau
schwoim), im Nordbairischen *floodan.* Den mittelbairischen
Staunzen ‹Stechmücken› entsprechen die nordbairischen
Schnouggn. Wenn eine mittelbairische Muttersau Junge bekommt,
dann *fagglt* ‹ferkelt› sie. Die nordbairische Artgenossin *schitt*
‹schüttet›.

Das wohl markanteste Merkmal des Südbairischen ist die Lautung *kch* am Wortanfang und im Wortinneren. Ein Satz wie ‹das
Kind kann auf den Acker kommen› lautet *s Kchind kchan aufn
Okcha kchemen.* Im Mittelbairischen würde derselbe Satz *s Kind
ka aufn Ogga kema* lauten. Dass das Verbum *kchemen* die Endung
-en hat, ist zugleich ein weiteres Kennzeichen des Südbairischen
gegenüber dem Mittelbairischen, wo Verben (je nachdem, auf welchen Konsonanten der Wortstamm endet) im Infinitiv teilweise die
Endung *-a* haben. Es heißt mittelbairisch nicht nur *kema* (Stamm
auf *m*), sondern z.B. auch *saufa* (‹saufen›, Stamm auf *-f*), *zuadecka*
(‹zudecken›, Stamm auf *-k*) oder *kenna* (‹kennen›, Stamm auf *-n*).
Das Südbairische kennt diese Verbendung *-a* nicht.

Die Dialekte der südmittelbairischen Übergangszone stimmen
in diesem Punkt noch zum sonstigen Mittelbairischen. Wie das
Nordbairische, so kennt auch das Südbairische keine *l*-Vokalisie-
rung: Der Wald ist *da Wold* und nicht *da Woid*, die Milch heißt
Mülch und nicht wie in weiten Teilen des Mittelbairischen *Muich*.
Eine Kärntner (und teilweise steirische) Eigenheit ist die Dehnung
von Vokalen, die im sonstigen Bairischen kurz gesprochen werden,
die sogenannte Kärntner Dehnung, die dazu geführt hat, dass beispielsweise die Wörter ‹wissen› und ‹Wiesen› in *wiisn* und ‹offen›
und ‹Ofen› zu *oofm* lautlich zusammengefallen sind.

Im Westen des Südbairischen, auf deutscher Seite im Werdenfel-
ser Land, auf österreichischer in Tirol, erinnert manches bereits ans
Schwäbische, etwa die Aussprache von *st* als *scht* in Fällen, in denen im Mittelbairischen *st* gesprochen wird, z.B. *bischt, konscht,
beschte* für ‹bist›, ‹kannst›, ‹beste›.

So muess i verschtau, dass i weiter soll gau.
Bairisch und Alemannisch

Schon Venantius Fortunatus berichtet im 6. Jahrhundert, dass sich dem Pilger, der bei Augsburg den Lech überquert, «der Baier» in den Weg stellt (davon war bereits die Rede). Seit frühester Zeit galt der Lech als bairische Westgrenze. Doch ob der Fluss von alters her wirklich auch die Grenze zwischen einem bairischen und einem alemannischen Sprachraum markiert hat, ist mehr als fraglich. Möglicherweise hatte der fremdenfeindliche Bajuware am Ostufer des Lechs eine Sprache, die von der der Bewohner des Westufers kaum zu unterscheiden war. Die frühesten Sprachquellen aus dem bairischen und dem alemannischen Gebiet zeigen jedenfalls viel mehr Übereinstimmungen als Unterschiede. Auch die Archäologen können keine signifikanten Unterschiede zwischen beiden Stämmen ausmachen. Manches spricht sogar dafür, dass Gebiete östlich des Lechs vom Westen her besiedelt worden sind. Das heißt: Vieles, was man heute als «typisch schwäbisch» oder als «typisch bayrisch» empfindet und woran ein schwäbisch-bayrischer Gegensatz festgemacht wird, hat sich erst in jüngerer Zeit herausgebildet. Man kann aus Verhältnissen des Mittelalters und der Neuzeit keine Rückschlüsse auf prähistorische Stammesunterschiede ziehen, um dann in einem schönen Zirkelschluss genau diese vermeintlichen ethnischen Unterschiede wieder für Verschiedenheiten der Dialekte verantwortlich zu machen.

Einer der wenigen sehr früh greifbaren signifikanten Unterschiede zwischen dem Alemannischen und dem Bairischen zeigt sich allerdings bei den Varianten der Verben *gehen* und *stehen*. Schon in den ältesten Texten finden sich die alemannischen Formen *gân* und *stân* gegenüber den bairischen (und fränkischen) Varianten *gên* und *stên*. Dieser Gegensatz hat sich durch die Jahrhunderte erhalten. Noch heute fragt man im Schwäbischen *wo gaschtn na?*, was östlich des Lechs so viel heißt wie *wo gehstn hi?* (oder *wo gehschtn hi?*), im Standarddeutschen *wo gehst du denn hin?*

In einem schwäbischen Volkslied heißt es traurig:

so muess i verschtau
dass i weiter soll gau

‹so muss ich verstehen, dass ich weiter soll gehen›. Das Wort *verschtau* geht auf althochdeutsches *verstân* zurück, *gau* auf *gân.*

Die meisten schwäbisch-bairischen Gegensätze sind jedoch, wie gesagt, viel jüngeren Datums. Eines von mehreren lautlichen Kennzeichen ist zum Beispiel die Artikulation des Diphthongs *ei* in Wörtern wie *Eis, Zeit, weit, schreiben.* Die bayrische Aussprache entspricht weitgehend der standarddeutschen (in Österreich wurde daraus vielfach ein langes *ä*, also *Ääs, Zääd, wääd, schrääm*). Die schwäbische Aussprache hört sich so ähnlich an wie in englisch *take, late, save* (hat damit aber ursächlich natürlich nicht das Geringste zu tun). Man kann diese Lautung als *Äjs, Zäjt, wäjt* und *schräjba* wiedergeben. Bei manchen Politikern schwäbischer Herkunft – Namen tun hier nichts zur Sache – kann man diese *äj*-Aussprache sehr deutlich hören.

In anderen Wörtern mit standarddeutschem *ei*, beispielsweise *breit, heiß, Teig,* hört man in großen Teilen des Schwäbischen ein *oi*. Es heißt also *broit, hois* und *Doig.* Es sind dieselben Wörter, in denen das Bairische in Bayern den für fremde Ohren so charakteristischen Diphthong *oa* hat. Hier sagt man *broad, hoas* und *Doag.* Diese Gegensätze, schwäbisch *äj* gegenüber *ei* und schwäbisch *oi* gegenüber *oa,* haben sich ungefähr im 14. Jahrhundert herausgebildet. Das ist zwar lange her, aber doch nicht so lange, dass man daraus etwas für einen ursprünglichen alemannisch-bairischen Sprachgegensatz ableiten könnte.

Bairisch-schwäbische Gegensätze gibt es natürlich auch im Wortschatz. Dafür nur einige Beispiele: Dem mittelbairischen *Dirn* (bzw. *Diandl*) ‹Mädchen› entspricht je nach Gegend ein schwäbisches *Määdle, Määdla, Mälla* oder *Maala.* Eine lexikalische Besonderheit hat das Allgäu zu bieten. Hier gibt es im Dialekt auch das Wort *Feel,* das auf lateinisch *filia* ‹Tochter› zurückgeht.

Schwäbisch-bairische Einigkeit herrscht beim Wort *Bub*. Die Aussprache westlich und östlich des Lechs ist *Bua*. Innerhalb des Schwäbischen liegen allerdings auch einige *Kerle*-Inseln.

Wenn *Buam* das tun, was sich für *Diandln* und *Määdla* nach weitverbreiteter Meinung weniger gehört, nämlich raufen, dann nennt man das im Schwäbischen *haura* (was vom Wort für ‹Haare› abgeleitet ist). In Bayern heißt es je nach Gegend *raufa* oder *raffa*. Ist es nicht ernst, sondern eher spielerisch, dann heißt das in Bayern großenteils *scherzen*, im schwäbischen Dialekt *faiggen*. Wenn man jemanden darauf aufmerksam macht, dann sagt man im nördlichen Schwaben *gugg!*, weiter im Süden *luag!*, im angrenzenden Bayern *schau* oder *schaug*. Kurzum: Schwäbisch *luag, die Määdla faiggn*, wäre als *schaug, die Diandln scherzen* ins Bayrische zu übersetzen.

Was in Bayern *reden* oder *schmatzen* ist, das ist in Schwaben *schwätze*. In einer Übergangszone westlich des Lechs werden beide Wörter nebeneinander verwendet. Während man sich in Bayern *kampelt*, *sträält* man sich im Schwäbischen. Beides bedeutet ‹frisieren, kämmen›. Ein alter, aber auch heute noch gelegentlich zitierter Schlager aus der Zeit des bundesdeutschen Wirtschaftswunders hatte den Refrain *Schaffe, schaffe, Häusle baue und net nach de Mädle schaue…* Im Schwäbischen bedeutet *schaffe* also ‹arbeiten›. In Bayern sagt man dazu *oawan*, *oawadn* (oder ähnlich). Dass es kein bayrisches *oawadn, oawadn, Heisl bau und net noch de Diandl schau* gibt, liegt vermutlich auch, aber nicht nur am Sprachrhythmus.

Und schließlich: Dem bairischen *Oasch* oder *Oosch* ‹Arsch› entspricht im Schwäbischen das wesentlich zierlichere *Fiedle*.

Wos Bsunders und Aparti's.
Bairisch und Fränkisch

Nördlich und nordwestlich vom Bayrischen trifft man auf verschiedene fränkische Dialekte. Hier gibt es keinen Flusslauf, den man wie den Lech – zu Recht oder zu Unrecht – als Stammes- oder Dialektgrenze in Anspruch nehmen könnte. Der Main, der scherzhaft oft als *Weißwurstäquator* bezeichnet wird, ist in sprachlicher Hinsicht so gut wie bedeutungslos. Er durchläuft verschiedene ostfränkische Dialektgebiete. «Ostfränkisch» deshalb, weil das fränkische Gesamtgebiet auch das Rhein- und Moselfränkische umfasst, die außerhalb der bayrischen Staatsgrenzen liegen. In der Pfalz, die bis 1918 bayrisches Territorium war, wird ein südrheinfränkischer Dialekt gesprochen.

Das Ostfränkische – und nur dieses fränkische Teilgebiet spielt hier eine Rolle – unterscheidet sich phonetisch deutlich vom angrenzenden Bairischen. Die ostfränkische Aussprache beispielsweise des Zwielauts in Wörtern wie *Eis*, *Zeit*, *weit*, *schreiben* stimmt weitgehend mit der nordbairischen überein, doch werden die Wörter der Gruppe um *breit*, *heiß*, *Teig* (in denen das Nord- und Mittelbairische weithin *oa* hat) hier wieder anders ausgesprochen, nämlich mit einem langen *a*- oder *e*-Laut. In Nürnberg, Ansbach, Bamberg und Hof, also im Südosten des Ostfränkischen, gilt *braad*, *haas*, *Daag*. In Unterfranken, in den Gegenden um Würzburg, Schweinfurt und Coburg, sagt man *breed*, *hees*, *Deeg*. Die gesamtostfränkische Gemeinsamkeit besteht darin, dass der Stammvokal nicht ein Diphthong ist (mit welcher Färbung auch immer), sondern ein Langvokal.

Was das *Mädchen* betrifft, gehen die fränkischen Dialekte mit dem Schwäbischen konform. Man sagt je nach Gegend *Mädle*, *Madla* oder ähnlich, aber auf keinen Fall wie im Bairischen *Diandl*. Das ist ein bairisches Alleinstellungsmerkmal. Bei den *Buben* herrscht süddeutsche Einigkeit. Es gilt fast überall das Wort *Bub*, allerdings mit verschiedenen Lautvarianten.

Eine dialektgeographische Besonderheit stellt die Stadt Nürnberg mit ihrem Umland dar, denn hier befindet sich aufgrund verschiedener historischer Faktoren ein dialektaler Übergangsraum. Nürnberg war schon im Mittelalter eine mächtige und prosperierende Handelsstadt mit weiträumigen europäischen Beziehungen. Innerhalb des deutschen Sprachraums gab es sehr intensive Beziehungen ins obersächsische Leipzig, die sich nach der Einführung der Reformation eher noch verstärkten. Andererseits bestand natürlich alltäglicher Kontakt mit den kleineren (nordbairisch geprägten) Städten und Dörfern der näheren und weiteren Umgebung, denn von dort musste die Stadt ihre Nahrungsmittel und Rohstoffe beziehen. Das führte dazu, dass der Nürnberger Dialekt von heute zwar stark (nord-)bairisch geprägt ist, aber doch auch fränkische Merkmale aufweist.

Nordbairisch sind im Nürnberger Dialekt beispielsweise die «gestürzten» Diphthonge, von denen schon im Zusammenhang mit dem Nordbairischen die Rede war. Auch im Nürnberger Raum sagt man *Kou* ‹Kuh› und *Kej* ‹Kühe›. In weiten Teilen des sonstigen Ostfränkischen sagt man *Kuu* (Singular) und *Kii* oder *Küü* (Plural) mit einfachem Langvokal. Eine weitere Übereinstimmung mit dem Nordbairischen ist, dass die Langvokale *ā* und *ō* zu Diphthongen geworden sind. Gute Beispiele enthält die letzte Strophe eines Gedichts des Nürnberger Mundartdichters Johann Conrad Grübel (1736–1809). Es geht um das sensationelle Ende eines übergroßen Ochsen, bei dem eine große Menschenmenge zugesehen hat. Der Autor zieht so seine Schlussfolgerungen:

Mer mouß ba uns, dös siech i ei
Wos Bsunders und Aparti's sei.
Vielleicht so kröjgt mer nauch seim Taud
A Leicht, als wöi der Ochs dau haut.

Auf Hochdeutsch: ‹Man muss bei uns – das sehe ich ein – etwas Besonderes und Apartes sein. Vielleicht bekommt man dann nach seinem Tod eine Beerdigung, so wie sie dieser Ochse da hat.› In *mouß*, *kröjgt* und *wöi* liegen nordbairisch-nürnbergische gestürzte Diphthonge vor. Mittelbairisch hieße es *muaß*, *kriagt* und *wia*. Die Wörter *Taud*, *dau* und *haut* zeigen diphthongierte Langvokale.

Zum sonstigen Fränkischen (und somit nicht zum Bairischen) tendiert Nürnberg dagegen bei der Aussprache sogenannter Fortis-Konsonanten. Zwar stimmt es nicht, dass innerhalb Bayerns nur die Franken nicht zwischen *b* und *p*, *g* und *k* unterscheiden könnten, denn der Name *Peter* wird in ganz Bayern als *Beda* (o. ä.) ausgesprochen. Auch heißt der ruhmreiche 1. FC Nürnberg, der «Club», nicht nur in Nürnberg *Glub*, sondern auch bei Fans weiter südlich, z. B. in der Gegend von Regensburg. Anders liegen die Verhältnisse beim «scharfen» *s* (z. B. im Verbum *essen* oder im Komparativ *besser*). Hier unterscheidet sich der Dialekt von Nürnberg und Umland vom Bairischen: Gesamtfränkisch, also unter Einschluss von Nürnberg und Umland, wird *äsn* oder *esn*, *bäsa* oder *besa* gesprochen. In Bayern heißt es *ässn* oder *essn* bzw. *bässa* oder *bessa* mit «Fortis»-Aussprache des *s*-Lauts.

Für diese sehr grobe Skizze der dialektgeographischen Binnengliederung des Bairischen (vor allem innerhalb Bayerns) und der Grenzen zum Schwäbisch-Alemannischen sowie zum Fränkischen mussten einige ganz markante Phänomene ausgewählt werden. Deshalb könnten einige weiterführende Hinweise nützlich sein. Viele hochinteressante Informationen findet man in den gut kommentierten Karten im «Kleinen Bayerischen Sprachatlas» von Manfred Renn und Werner König. Diese beiden Autoren haben auch einen «Kleinen Sprachatlas von Bayerisch-Schwaben» erstellt (im Titel mit umgekehrter Namensnennung). Wer sich mit wissenschaftlicher Gründlichkeit für Feinheiten der in Bayern gesprochenen Dialekte interessiert, sollte allerdings die Bände des monumentalen «Bayerischen Sprachatlas» zur Hand nehmen. Ein Nebenprodukt davon ist der im Internet verfügbare «Sprechende Sprachatlas von Bayern», aufzurufen unter http://sprachatlas.bayerische-landesbibliothek-online.de. Einigen Exploratoren und

Gewährsleuten des «Bayerischen Sprachatlas» kann man auch zu-
hören und zusehen, und zwar unter http://www.br-online.de/br-
alpha/alpha-campus/dialekt-ober-und-niederbayern-bayern-
ID1207566764550.xml.

Bairischer Wortschatz: Wörterbücher

Es gibt grundsätzlich zwei Betrachtungsweisen, wie man sich den Wörtern einer Sprache oder eines Dialekts nähern kann. Man kann von den Wörtern selbst ausgehen und nach ihrer Bedeutung fragen. Was zum Beispiel bedeuten die bairischen Wörter *Ertag* und *Pfinztag*? Oder: Was ist mit *Bua* und *Dirndl* gemeint? Das ist die Blickrichtung der meisten herkömmlichen Wörterbücher. Die andere, gewissermaßen entgegengesetzte Richtung geht von der Sache zum Wort: Wie bezeichnet man in einer Sprache oder einem Dialekt den Dienstag oder den Donnerstag? Wie nennt man einen noch nicht erwachsenen Jungen und wie ein junges Mädchen? In den folgenden beiden Abschnitten werden ausgewählte Wortschatzfragen getrennt nach diesen beiden Aspekten behandelt. Es kann sich selbstverständlich nur um eine kleine Auswahl handeln. Deshalb sollen vorab die wichtigsten Wörterbücher des Bairischen vorgestellt werden, in denen man sich Wort für Wort über den Gesamtwortschatz mit all seinen Bedeutungs- und Aussprachenuancen, über die Herkunft jedes einzelnen Wortes, regionale Verwendungsweisen, Redensarten und auch realienkundliche Aspekte informieren kann.

Die entsprechenden Regale und Tische der Buchhandlungen in München und Regensburg, in Wien und Salzburg sind gut gefüllt mit Büchern, die über den regionalen oder lokalen Wortschatz informieren. Die Palette reicht von eher folkloristischen Schimpf- und Sprichwörtersammlungen bis zu Büchern mit wissenschaftlichem Anspruch. Hier sollen vier wichtige Handbücher kurz vorgestellt werden.

Johann Andreas
Schmeller
(1785–1852,
Gemälde von
Joseph Bernhardt)

Johann Andreas Schmeller
und sein «Bayerisches Wörterbuch»

Johann Andreas Schmeller (1785–1852) stammte aus ärmlichen
Verhältnissen. Er wurde in einem Dorf in der Nähe von Tirschenreuth in der Oberpfalz geboren. Als er noch keine zwei Jahre alt
war, übersiedelten die Eltern mit ihm und vier älteren Geschwis-
tern nach Rinnberg (im heutigen Landkreis Pfaffenhofen an der
Ilm in Oberbayern). Im nahen Pörnbach besuchte er die Volks-
schule, wo ein Dorflehrer die außergewöhnliche Begabung des
Jungen erkannte. Daraufhin wurde der Bub auf die Lateinschule
des Klosters Scheyern geschickt. Später wechselte er an Gymnasi-
en in Ingolstadt und München. Nach Wanderjahren, die ihn in die
Schweiz zu dem berühmten Reformpädagogen Heinrich Pes-
talozzi (1746–1827) und zum spanischen Militär führten, kehrte er

nach München zurück, wo er verschiedene wissenschaftliche Ämter und Würden bekleidete: Bibliothekar an der Bayerischen Staatsbibliothek, Universitätsprofessor für «Altdeutsche Sprache und Literatur» und Mitglied der Bayerischen Akademie der Wissenschaften. Trotz oder gerade wegen der für die damalige Zeit erstaunlichen Karriere vom Armeleutekind zum hoch angesehenen Wissenschaftler fühlte er sich zeitlebens den einfachen Leuten, besonders seiner Familie, verbunden. Geradezu anrührend ist, was der Sohn eines Korbflechters unter dem Stichwort *die Kürben* ‹Korb› zum Kompositum *Kürbenzäuner* notierte: «Der *Kürbenzäuner*, der aus Holz- und Wurzel-Schienen *Kürben* flicht, *zäunt*. (Unter allen Gewerben ist dieses unscheinbare dem Verfasser des b. Wörterbuches das ehrwürdigste, denn es ist das eines bald achtzigjährigen Ehrenmannes, dem er sein Daseyn und seine erste Erziehung verdankt)». In der ersten Auflage, für die Schmeller selbst verantwortlich zeichnete, fehlt dieser Eintrag allerdings. Er stand auf einem Notizzettel in seinem Nachlass und fand erst durch den Herausgeber G. K. Frommann Eingang in die zweite Auflage.

Johann Andreas Schmeller kann mit Fug und Recht als Begründer der wissenschaftlichen Dialektforschung gelten. Er verfasste neben vielem anderen eine bairische Dialektgrammatik mit dem Titel «Die Mundarten Bayerns, grammatisch dargestellt» (München 1821) und – sicher prominenter – das für viele Wortschatzfragen auch heute noch unentbehrliche «Bayerische Wörterbuch». Die Erstauflage erschien in vier Teilen 1827 bis 1837. Schmellers Schüler G.K. Frommann besorgte eine zweite, stark erweiterte Auflage, in die er Materialien aus Schmellers Nachlass einarbeitete. Sie erschien 1872 und 1877 in zwei Bänden. Davon sind auch einige Reprints erschienen. Über Schmellers monumentales Werk ist viel geschrieben worden. Mehrfach wurde es als billiger Steinbruch für Publikationen mit Titeln wie «Raritäten aus Schmeller's bayerischem Wörterbuch» oder «Den Bayern aufs Maul gschaut» ausgeschlachtet. Es lohnt sich aber durchaus, statt solcher zweifelhaften Exzerpte das Original zur Hand zu nehmen oder auf den

Bildschirm zu laden (http://daten.digitale-sammlungen.de/~db/ bsb00005026/images/). Der volle Titel lautet so: *Bayerisches Wörterbuch. Sammlung von Wörtern und Ausdrücken, die in den lebenden Mundarten sowohl, als in der ältern und ältesten Provincial-Litteratur des Königreichs Bayern, besonders seiner ältern Lande, vorkommen, und in der heutigen allgemein-deutschen Schriftsprache entweder gar nicht, oder nicht in denselben Bedeutungen üblich sind, mit urkundlichen Belegen, nach den Stammsylben etymologisch-alphabetisch geordnet.* Schon diese sehr ausladende Formulierung verrät einiges über das Konzept:

Wörter und Ausdrücke, das heißt: Schmeller nennt und kommentiert nicht nur Einzelwörter, sondern die Wortartikel enthalten auch feste idiomatische Wendungen und Anwendungsbeispiele. Zum Stichwort *brait* ‹breit› beispielsweise werden die Redensarten *Vom Braetn hernehmen* und *von Bradn leben* aufgeführt. Beides bedeutet ‹vom Ersparten leben›.

In der ältern und ältesten Provincial-Litteratur bedeutet, dass Schmeller nicht nur Wörter und Wendungen aus dem Bayrischen seiner Zeit verzeichnet, sondern dass er auch historisches Sprachmaterial aus alten Texten einarbeitet, die im bayrischen Raum verfasst worden sind. Dabei kam ihm zustatten, dass er hauptberuflich als Königlich-Bayerischer Bibliothekar an der Münchener «Hof- und Staatsbibliothek» (heute «Bayerische Staatsbibliothek») gewissermaßen an der Quelle saß: Seine Aufgabe war es, die aus allen Landesteilen eingehenden Handschriften der soeben säkularisierten Klosterbibliotheken zu sichten und zu katalogisieren. Schmeller begnügte sich nicht damit, einen kurzen Blick in die Codices zu werfen und kursorisch die Inhalte zu registrieren, sondern er studierte jede einzelne der Tausende von Handschriften. Dabei machte er sensationelle Funde. Unter vielem anderen entdeckte er bei seinen Katalogisierungsarbeiten das von ihm so benannte «Muspilli», ferner ein altsächsisches Bibelepos, dem er den Namen «Heliand» gab, und die überwiegend lateinischen, teilweise auch mittelhochdeutschen Vagantenlieder, die er als «Carmina Burana» publizierte. Der Name leitet sich vom Kloster Benedikt-

beuern her, aus dessen Bibliothek die Handschrift nach München gekommen ist. Diese heute berühmten Zeugnisse der deutschen Literatur des Mittelalters hatten jahrhundertelang in Klosterbibliotheken im Dornröschenschlaf gelegen, ehe Schmeller sie entdeckte und edierte.

Des Königreichs Bayern bezieht sich auf Schmellers «Zuständigkeitsbereich». Einbezogen wurden vor allem die Dialekte des damaligen bayrischen Territoriums. Das heißt: Österreich blieb weitgehend außen vor. Dafür berücksichtigte Schmeller die dialektal nicht zum Bairischen gehörende Pfalz und die nichtbairischen fränkischen Gebiete des damaligen Königreichs Bayern.

Wenn Schmeller im Titel weiterhin ankündigt, dass er Wörter behandelt, die *in der heutigen allgemein-deutschen Schriftsprache entweder gar nicht, oder nicht in denselben Bedeutungen üblich sind*, so bedeutet das, dass natürlich «reine» Dialektwörter wie z.B. *Ertag* und *Pfinztag* (um bei den schon genannten Beispielen zu bleiben) aufgenommen werden, daneben aber auch solche Wörter, die man als solche zwar auch außerhalb Bayerns kennt, die aber im Dialekt mit eigenen, besonderen Bedeutungen oder in spezifischen Verwendungsweisen vorkommen. Ein Beispiel war das Adjektiv *breit*. Es wird zwar in nahezu gleicher Bedeutung (wenn auch in unterschiedlicher Lautform) im ganzen deutschen Sprachraum gebraucht. Aber der bairische Dialekt kennt das Wort in besonderen phraseologischen Verbindungen, wie die aus Schmellers Wörterbuch zitierten Beispiele zeigen. Ein Großteil eines jeden Dialektwortschatzes besteht aus solchen Wörtern mit nur regional gültigen Bedeutungen und Verwendungen. Die dialektspezifischen Wörter, die sonst nirgendwo bekannt sind, machen stets nur einen vergleichsweise kleinen Teil aus.

Mit urkundlichen Belegen bedeutet, dass sich Schmeller Wörter und Wortbelege nicht selbst zurechtlegte, sondern dass er nach Möglichkeit auf Gewährsleute und schriftliche Quellen zurückgriff. Schon während seiner Militärzeit (als Oberleutnant in einem bayrischen Jägerbataillon und später als ein bei «Civilstellen practicirender Offizier») befragte er Soldaten aus allen Teilen des Königreichs. Natürlich waren auch seine persönlichen Kontakte zu anderen Gelehrten förderlich.

Nach den Stammsylben etymologisch-alphabetisch geordnet heißt, dass Schmeller keine strikte alphabetische Anordnung der Stichwörter, so wie heute beispielsweise im Rechtschreib-Duden oder jedem beliebigen Fremdsprachenwörterbuch üblich, vornimmt. Ausschlaggebend für die Reihung ist das Konsonantengerüst. Das hat seine guten Gründe, denn es sind in den bairischen Dialekten nicht nur, aber besonders die Vokale, die regionale oder lokale Schwankungen aufweisen. Die Konsonanten sind insgesamt stabiler. Ein weiterer und für Schmeller wohl der ausschlaggebende Grund war der, dass auf diese Weise Wörter in einem Artikel zusammengefasst werden oder nahe zusammenrücken, die etymologisch gesehen zusammengehören. So haben beispielsweise *graben*, *Grab*, *Graben*, *Begräbnis* und *Grube* dasselbe Konsonantengerüst *gr-b* und werden deshalb in relativer Nähe zueinander behandelt. Gleich bei den einfachen Wörtern werden auch Zusammensetzungen und Ableitungen geführt, unter *graben* auch *abgraben*, *begraben*, *eingraben*, daneben auch ein außer Gebrauch gekommenes *grueben* ‹durch Ziehen von Gruben abgrenzen›. Dieses Anordnungsprinzip ist für einen Benutzer anfänglich sicher gewöhnungsbedürftig, aber nach mehrmaligem Nachschlagen rasch und leicht durchschaubar. G.K. Frommann, der Herausgeber der 2. Auflage, hat ein benutzerfreundliches streng alphabetisches Register angefügt, das den Zugriff erleichtert.

Einzelne Wortartikel enthalten Angaben über etymologische Zusammenhänge weit über das Bayrische hinaus. Dabei kamen Schmeller seine umfassenden und für seine Zeit fast unglaublichen Sprachkenntnisse zugute. Latein und Griechisch beherrschte er schon von der Schule her. Im Selbststudium erwarb er sich solide Kenntnisse nahezu aller mit dem Deutschen verwandten germanischen Sprachen (Schwedisch, Dänisch, Norwegisch, Isländisch, Englisch, Niederländisch) samt ihren historischen Vorstufen einschließlich des Gotischen der Spätantike. Selbstverständlich sprach Schmeller um 1800 als gebildeter Mensch Französisch. Spanisch

und Portugiesisch lernte er, nachdem er 1804 in spanische Militär-
dienste getreten war. Hinzu kamen slawische Sprachen unter Einschluss des Altkirchenslawischen (Schmeller hat in einer aus Freising stammenden, wohl um das Jahr 1000 entstandenen Handschrift die ältesten Texte entdeckt, die überhaupt je in einer slawischen Sprache aufgezeichnet worden sind). Er verfügte zudem
über Kenntnisse des Irischen, Hebräischen, des Sanskrit und des
Ungarischen. In seinen letzten Lebensjahren versuchte er sogar
noch, sich ins Chinesische einzuarbeiten. Diese enormen fundier-
ten Sprachkenntnisse ermöglichten es Schmeller, viele Wörter in
weite etymologische Zusammenhänge einzuordnen (und nicht nur
wie bisweilen eine heute in Mode gekommene «linguistische Ty-
pologie» assoziative Spekulationen über angebliche Sprachuniver-
salien anzustellen).

Die Akademiewörterbücher des Bairischen in Bayern und Österreich

Zu Beginn des 20. Jahrhunderts stellte sich die Frage, ob das Bayrische Wörterbuch von Schmeller abermals aktualisiert, ergänzt
und erweitert werden sollte, nachdem Frommann schon in den
1870er Jahren die zweite, erheblich erweiterte Auflage besorgt hatte. Die Alternative war die Konzeption eines von Grund auf neuen
bairischen Wörterbuchs, in dem auch Österreich vollwertig vertreten sein sollte. Die nichtbairischen Gebiete Bayerns, Schwaben,
die fränkischen Bezirke und die bayrische Pfalz, sollten darin
unberücksichtigt bleiben und durch eigene Regionalwörterbücher
abgedeckt werden. Damit würde der gesamtbairische Dialektraum lexikographisch erfasst sein. Im Jahr 1911 fassten Vertreter
der Bayerischen und der Österreichischen Akademie der Wissenschaften den Beschluss, ein gemeinsames Bairisches Wörterbuch
in Angriff zu nehmen. Nachdem organisatorische Vorfragen
geklärt waren, wurde das bilaterale Vorhaben 1913 aus der Taufe
gehoben.

Nun kann sich freilich niemand an den Schreibtisch setzen und sich ein Wörterbuch aus den Fingern saugen. Deshalb stand am Anfang eine umfassende Phase des Materialsammelns. Zunächst wurde «systematisch» gesammelt. Das heißt: Man fragte Gewährspersonen im gesamten bayrisch-österreichischen Dialektraum zunächst nicht Wörter ab (die wollte man ja erst herausfinden), sondern man fragte von den Sachen zu den Wörtern. So wollte man beispielsweise wissen, wie man in den verschiedenen Unter- und Ortsdialekten zum Kopf, zu verschiedenen Kopfformen, zu Krankheiten und Verletzungen am Kopf, zum Gesicht, seinen Teilen usw. sagt. Nachfolgende Erhebungen thematisierten dann beispielsweise Haus und Hof oder die Fest- und Feiertage des Jahres. Mit weiteren Umfrageaktionen wurde das eingefahrene Wortmaterial nach und nach weiter ergänzt. Zusätzlich wurden schriftliche Quellen aus Geschichte und Gegenwart ausgewertet. Auf diese Weise kamen im Lauf der Jahr(zehnt)e in den Arbeitsstellen in Wien und München umfassende Archive mit Millionen von Zetteln und ausgefüllten Fragebogen zusammen. Zwei Weltkriege sowie schwierige Zwischen- und Nachkriegszeiten behinderten das Großprojekt allerdings und brachten es sogar an den Rand des Scheiterns. Nach dem Zweiten Weltkrieg kam es zur Aufspaltung des ursprünglich gemeinsamen bayrisch-österreichischen Vorhabens.

Der aktuelle Stand: Vom «Bayerischen Wörterbuch» (BWB) liegen die beiden ersten Bände (*A* bis *Bazi*, 2002, und *be-* bis *Bock*, 2011) vor. In den Buchstaben *B* sind aus phonetischen Gründen auch die Wörter mit *P*-Anlaut integriert (nicht nur *Bauer* und *Bruder* finden sich in diesen Bänden, sondern auch auch *Papst* und *Pfarrer*). Das «Wörterbuch der Bairischen Mundarten in Österreich» (WBÖ), das bereits 1963 die erste Lieferung herausbrachte, steht aktuell am Ende von *D/T*. Das heißt: Jeder Interessierte kann sich über bairische Dialektwörter im Anfangsbereich des Alphabets umfassend informieren. Der weitaus größere Teil des Alphabets harrt aber erst noch der lexikographischen Aufarbeitung. Um einzelne Informationen zu erhalten, kann man sich gegebenenfalls direkt an die Münchner und Wiener Arbeitsstelle wenden.

Die ausgearbeiteten und veröffentlichten Artikel beider Wörterbücher beginnen mit dem jeweiligen Stichwort, dem Lemma. Dann werden die Bedeutungen angegeben. Das Lemma ist in aller Regel standarddeutsch, was zum einen das Auffinden erleichtert und zum anderen den Vorteil hat, dass man nicht irgendeinen Teildialekt, etwa des oberbayrischen Voralpenlandes, zum Normalfall erklären muss. Die zahlreichen Varianten beispielsweise von *Ärmel* (*Eaml, Iaml, Iawl* u.a.) findet man am leichtesten unter dem Lemma *Ärmel.* Zusammengesetzte Wörter werden im Anschluss an die Grundwörter behandelt. Das heißt: Man kann sowohl im Bayerischen Wörterbuch als auch im Wörterbuch der Bairischen Mundarten in Österreich bereits Wörter behandelt finden, die auf Z- anlauten. Beim Stichwort *Arm* steht im BWB als letztes Kompositum das Wort *Zwercharm,* und das bedeutet ‹Querbalken des Kreuzes›.

Im Inneren der Artikel wird, da ja nicht jedes Wort immer genau eine Sache bezeichnet, nach Bedeutungen gegliedert. Beim *Arm* ist die erste Bedeutung natürlich ‹Arm, Körperteil des Menschen›. In manchen Gebieten bedeutet *Arm* aber auch ‹Hand›. Das ist Bedeutung 2. Weitere Bedeutungen sind ‹Ärmel›, ‹Wasserarm›, ‹Ast› und ‹armartiger Gegenstand› (z.B. an einem Wegweiser oder Wirtshausschild). Innerhalb dieser Einzelbedeutungen werden dann die Materialbelege aus den Sammlungen in einer vorgegebenen räumlichen und zeitlichen Ordnung zitiert. Meistens handelt es sich allerdings nur um eine Auswahl aus den archivierten Belegen. Wo es sich anbietet, werden auch feste Wendungen, Redensarten, Bauernregeln und Ähnliches zitiert. Am Ende der Artikel werden Etymologien und Lautformen dokumentiert, gegebenenfalls auch sachbezogene Angaben gemacht. Gelegentlich werden auch Abbildungen auf der Grundlage von Skizzen der Gewährsleute reproduziert.

Die beiden Großwörterbücher der bairischen Mundarten in Bayern und Österreich und angrenzenden Gebieten verzeichnen nicht nur den exklusiv bairischen Wortschatz, sondern, wie die Beispiele *Arm* und *Ärmel* zeigen, auch solche Wörter, die es in der

Standardsprache gibt. Der größte Teil der bairischen Lemmata ist ja nicht dialektspezifisch, sondern auch außerhalb der Mundarten vorhanden. Bei *Arm* beispielsweise wird unter «armartiger Gegenstand» als weitere Unterbedeutung ‹Führungsstange der Egge› oder ‹Hölzer am Vorderwagen oder Zugschlitten› angegeben. Die Standardsprache kennt diese Bedeutungen nicht. Wie das Beispiel *Zwercharm* zeigt, gibt es im Dialekt zusammengesetzte Wörter, die der Standardsprache fremd sind. Würde man *Arm* mit dem Argument weglassen, das Wort gebe es ja sowieso auch außerhalb des Dialekts, würden sowohl die besonderen Bedeutungen als auch die dialektspezifischen zusammengesetzten Wörter unter den Tisch fallen. Dass die Mundartlautungen nicht mit denen der Standardsprache übereinstimmen, versteht sich von selbst.

Ludwig Zehetner, Bairisches Deutsch. Lexikon der deutschen Sprache in Altbayern

Ist es die Zielrichtung des Bayerischen Wörterbuchs und des Wörterbuchs der Bairischen Mundarten in Österreich, den gesamten Wortschatz des bairischen Dialektraums in seiner historischen Tiefe und seiner ganzen geographischen Variantenbreite zu dokumentieren, so geht es Zehetner darum, den in Bayern in öffentlicher Kommunikation, mündlich und schriftlich verwendeten Gebrauchswortschatz zu verzeichnen, zu erläutern und von Fall zu Fall auch durch geeignete Zitate aus geschriebenen Texten, der Presse ebenso wie Texten bayrischer «Klassiker» zu belegen: Ludwig Thoma, Oskar Maria Graf, Lena Christ, Karl Valentin, ebenso zeitgenössische Autoren wie Carl Amery oder Herbert Rosendorfer, die beileibe keine Mundartdichter sind. Wie schon der Titel erkennen lässt, versteht Zehetner sein Buch also nicht als Sammlung exklusiver Mundartwörter (früher sagte man dazu «Idiotikon»), schon gar nicht als Raritätenkabinett, sondern als lexikographisches Handbuch einer regionalen Variante des Hochdeutschen (hier im sprachgeographischen Sinne): der heute im Gebiet Altbayerns geschriebenen Sprache und des aktuell gesprochenen Dialekts. Es deckt also ganz gezielt auch die «Grauzone» zwischen Dialekt, Umgangs- und Standardsprache ab.

Nur auf den ersten Blick mag es also verwundern, warum auch Fremdwörter wie *Domestik* oder *Saison* behandelt werden, die überhaupt nichts «Bayrisches» an sich haben. Der Grund ist, dass diese Wörter, wenn sie denn verwendet werden, eine vom Standard abweichende Aussprache zeigen: Das *i* in Domestik ist kurz, weshalb das *k* am Ende auch so ausgesprochen wird, als würde das Wort ähnlich wie *dick* mit *-ck* geschrieben. Französische Lehnwörter wie *Facon* und *Saison* weisen in der betonten Zweisilbe keine dem Französischen oder der deutschen Hochlautung entsprechende Nasalierung auf, auch kein ersatzweises *-ng*, sondern werden mit *-n* am Wortende gesprochen. Man sagt allgemein *Säsón* und *Fasón*. Ein weiterer Fall sind die Fremdwörter, die mit *Ch-* am Anfang geschrieben werden. In Bayern besteht zwar mittlerweile auch die Neigung, sich bei der Aussprache bestimmter Wörter der norddeutschen *Sch*-Lautung anzupassen. Beispiele sind *Chemie*, *China* und *Chirurg*. Die bairische Aussprache ist traditionell jedoch die mit *K-*. Einen triftigen Grund, sich in Bayern bei diesen Wörtern der norddeutschen *Sch*-Aussprache anzuschließen, gibt es nicht.

Ein wichtiges Anliegen von Zehetner ist es darüber hinaus, bislang (noch) gängige bayrische (und teilweise auch deutsche) Wörter wie z.B. *schauen*, *blasen*, *Atem*, *Semmel*, *Grantler*, *resch*, *Spengler* etc. gegen die mehr und mehr nach Süden vordringenden, ursprünglich norddeutschen Pendants *kucken*, *pusten*, *Puste*, *Brötchen*, *Miesepeter*, *kross*, *Klempner* zu behaupten. Solche Bedenken sind verständlich. Andererseits sind aber seit jeher norddeutsche Wörter auch ins Bairische «eingesickert», die man heute längst nicht mehr als solche empfindet und an denen folglich auch niemand Anstoß nimmt. Ein Beispiel ist das Adjektiv *echt*. Die bairische Entsprechung, wenn es sie noch gäbe, wäre *ehaft*. Dieses Wort hat in der Tat früher existiert und bedeutete ‹rechtmäßig›. Es wurde im Lauf der Zeit von *echt* verdrängt.

Plattdeutscher Einfluss, vermittelt durch die allgemeine deutsche Umgangssprache, ist es auch, wenn man in Bayern sagt, jemand habe einen anderen *aufm Kicker*. Mit Fußball hat das gar nichts zu tun. Es kommt von *Kieker* ‹Fernrohr›. Die Redensart *einen auf dem Kieker* (bzw. bairisch *Kicker*) *haben*, bedeutet, ‹jemanden permanent und genau im Auge haben, und zwar mit der Absicht, etwas zu finden, um den Betreffenden schlecht zu machen›. Kaum jemand in Bayern dürfte diese Redensart *auf dem Kicker* haben.

Und wenn – ein letztes Beispiel – dem Weiß Ferdl sein Schaffner im «Wagen von der Linie 8» singt

> *Die Menschen, die im Wagen drin*
> *Die wackeln hin und her ganz sacht,*
> *Da drin im Wagn der Linie acht*

dann verwendet selbst ein Münchner Volkssänger mit *sacht* ein plattdeutsches Wort. Die hochdeutsche und bairische Entsprechung dieses Wortes ist *sanft*. Wenn aber schon der Weiß Ferdl kein *echter* (und unverdächtiger) Bayer mehr ist, wer denn dann?

Von der Sache zum Wort

Unter «Sache» werden in den folgenden Abschnitten nicht nur konkrete, handfeste Gegenstände verstanden, sondern auch abstrakte Sachverhalte, Gegebenheiten und Tätigkeiten oder Zustände. Es geht also darum, für welche Bedeutungen welche Bezeichnungen verwendet werden. Dass hier wie auch in den Abschnitten unter der Überschrift «Vom Wort zur Sache» nur eine kleine und – zugegeben – subjektive Auswahl behandelt werden kann, versteht sich von selbst.

Und is a «Grüß Gott» gwen hinum und herum.
Gruß und Abschied

Unabhängig von der Tages-, ja sogar Nachtzeit, kann man im Bairischen *grüß Gott* sagen. Auch unabhängig vom Ort, wie das Beispiel von Kobells «Brandner Kaspar», der eigentlich nur einen kurzen Blick ins Paradies erhaschen wollte, beweist. Er wird von seinen verstorbenen Verwandten stürmisch begrüßt:

Und auf amal springa zwoa Burschn daher und juxn und ruafa: «Ja grüß Gott, Vater, Vater grüß Gott!» und er derkennt sein Girgl und sein Toni. «Jesses, meine Buabn», schreit er und fallt ihna um'n Hals, und da schau! sei Traudl kommt a daher und sei Vata und Muatta und a ganz Rudl vo seiner Freundschaft, und is a «Grüß Gott» gwen hinum und herum und a Freud, daß ihm [sich] der Petrus, der zuagschaut hat, d'Augen gwischt hat.

Auch am Paradiesestor begrüßt man sich also mit *grüß Gott*, und das offenbar in der höflichen Vollform des Ausdrucks. In der irdischen, mund(art)gerechten Praxis ist allerdings *griasgod* (mit langem *o*) das Normale. Man kann es aber noch knapper haben. Dann bleibt nur *sgod* übrig.

Gelegentlich bekommt man als Erwiderung auf *grüß Gott* von Leuten, die sich für besonders aufgeklärt und schlagfertig halten, vermeintlich witzige Erwiderungen wie *grüß ihn doch selber* oder *wenn ich ihn treffe* zu hören. Abgesehen von der offenbaren Dummheit solcher Äußerungen liegt auch ein sprachliches Missverständnis vor, denn *grüß* ist hier kein Imperativ (wie z.B. in *grüß die Oma!*), und *Gott* ist nicht das Akkusativobjekt. Vielmehr steht das Verb im Wunschmodus («Optativ»), und *Gott* ist Subjekt. *Grüß Gott* ist nämlich eine Verkürzung aus *Gott grüße dich* oder andersherum *grüß(e) dich Gott* (was man gelegentlich auch hören kann). Man muss zudem wissen, dass mittelhochdeutsch *grüezen*, das unserem *grüßen* zugrunde liegt, zwar vielfach mit derselben Bedeutung verwendet wurde, aber nicht darauf eingeengt war. Es konnte auch den weiter gefassten Sinn ‹sich jemandem zuwenden, jemanden ansprechen› haben. Die ursprüngliche Bedeutung von *grüß Gott* war demnach ‹Gott wende sich dir zu›, ‹beschütze dich› oder ‹segne dich›.

Man hat vermutet, dass dieser süddeutsch-bairische Gruß uralte irische Wurzeln habe und in jene ferne Zeit des 7. oder 8. Jahrhunderts zurückgehe, als Wandermönche aus Irland missionierend bei den Bajuwaren unterwegs waren. Diese Iren hätten eine Grußformel aus ihrer gälischen Muttersprache ins (bairische) Deutsche umgesetzt. Beweisen lässt sich das allerdings nicht, und frühe Zeugnisse für *grüß Gott* fehlen. Erst im mittelhochdeutschen «Wartburgkrieg» wird Wolfram von Eschenbach Folgendes in den Mund gelegt:

Ez kêrten schoene vrouwen dar mit liebe ir ougen süeze,
swenne er sich in die poinder flaht
und dur die ganzen schare brach mit sîner maht,
sô sprach manec rôter mundt: ‹daz dich got grüeze›

‹Es wandten schöne Frauen dorthin voller Liebe ihre Blicke, wenn er (die Rede ist von Titurel) sich in die (gegenerischen) Haufen warf und durch die ganzen Scharen brach mit seiner Stärke. Da sprach mancher roter Mund: dass dich Gott grüße›. Das ist natürlich noch kein mittelalterlicher Beleg für *grüß Gott* im heutigen Sinne. Aber es zeigt etwas ganz anderes: Der liebevolle Wunsch der *schoenen vrouwen* bedeutet ‹Gott möge dich beschützen›. Das könnte auch die ursprüngliche Bedeutung von *grüß Gott* im heutigen Sinne sein. Es hätte ja keinen Sinn, wenn die Damen, die aus der sicheren Distanz das Kampfgetümmel der Ritter verfolgen, Titurel grüßen würden. Er würde es wohl kaum hören. Es ist ein Segenswunsch, den man sowohl aus der Ferne äußern kann als auch im direkten Kontakt.

Man hat ferner argumentiert, dass der übliche Gruß in den meisten europäischen Sprachen dem deutschen *guten Tag* entspreche. Englisch *good day*, französisch *bonjour*, italienisch *bongiorno*, schwedisch *god dag* usw. scheinen das zu bestätigen. *Grüß Gott* sei europaweit die einzige Parallele zum irisch-gälisch-bairischen Gruß. In manchen Sprachen gibt es aber auch Segenswünsche als Grüße, man denke nur an lateinisch *salve*, was nichts anderes bedeutet als ‹sei gesund›. Ganz ähnlich im Isländischen: *vertu sæll* oder nur *sæll* bedeutet ‹sei gesund› oder ‹sei glücklich›. Wenn sich zwei unterschiedliche Sprachen in vergleichbaren Situationen ähnlicher Mittel bedienen, so lässt sich daraus nicht zwingend auf eine Abhängigkeit schließen.

Andere, etwas legerere Grüße, die man verwenden kann, wenn man sich begegnet, wenn man sich verabschiedet oder wenn beides zeitlich zusammenfällt, weil man nur aneinander vorübergeht, sind *habe die Ehre* (kurz *habadere*, noch kürzer *dere*) und *servus*, das sich, wie leicht zu erkennen ist, aus dem Lateinischen herleitet. Junge Leute (besonders männlichen Geschlechts mit sich andeutendem Bartwuchs) tendieren zur Aussprache *seawas* mit *a* in der zweiten Silbe und Dehnung des ganzen Wortes.

Der Morgengruß ist schlicht und lautet wie auch anderswo in Deutschland *guten Morgen* (oder *gumoing* oder *moing*). Um die

Mittagszeit und ursprünglich nur nach dem Tischgebet und bevor man mit dem Essen begann, wünschte man sich *gesegnete Mahlzeit* oder nur *Mahlzeit*. Mittlerweile hat sich das aber verselbständigt, und man grüßt sich nicht nur bei Tisch, sondern auch auf der Straße mit *Mahlzeit*. Aber nicht nur der räumliche Anwendungsbereich, sondern auch die zeitliche Toleranzzone hat sich erweitert. Spätestens ab 11 Uhr vormittags und mindestens bis 15 Uhr nachmittags grüßt man sich (zumindest im städtisch-bayrischen Beamtenmilieu) mit *Mahlzeit*, und zwar im Extremfall – wie tatsächlich geschehen – auch an solchen Örtchen, die mit dem Essen am allerwenigsten zu tun haben.

Der gebräuchliche Abendgruß ist *guten Abend* (oder *namd* oder *nomd*). In manchen Gegenden Bayerns sagt man das allerdings schon ab Mittag, mancherorts sogar schon am Vormittag. *Gute Nacht* bzw. *gua(d)nacht* hat demgegenüber etwas Endgültiges, denn man sagt es nur vor dem Schlafengehen oder wenn man nicht mehr erwartet, dem oder der Angesprochenen in derselben Nacht noch einmal zu begegnen. Was die Aussprache anbelangt, besteht ein hörbarer Unterschied zum Substantiv *Nacht*, das meistens als *Nocht* ausgesprochen wird. Ein entsprechendes *gua(d)nocht* mit *o* hört man kaum. Meistens heißt es *gua(d)nacht* mit *a*.

Eine Art Gegenstück zu *grüß Gott* ist *pfüat Gott*. Meistens wird es als *pfiagod* ausgesprochen oder mit einem kaum noch hörbaren Relikt des Pronomens *dich* in der Mitte als *pfiaddegod* oder noch knapper als *pfiaggod*. Die wörtliche Bedeutung ‹behüte dich Gott› liegt hier auf der Hand. Das *pf-* am Wortanfang ist dadurch zustande gekommen, dass die Vorsilbe *be-* zu *b-* gekürzt wurde und dieses mit *h* zusammentraf. Diese Konsonantenkombination führte zu *pf-*. Eine häufige Variante ist *pfiadde*.

Vor allem die formelhaften Abschiedsgrüße können in bestimmten Situationen auch mit einem ironischen Unterton verwendet werden, um eine Abneigung oder Befürchtung auszudrücken: *Ja* (oder *na*), *pfiaddegod* wird häufig so gebraucht. In dieser Verwendung unterscheidet es sich allerdings in der Intonation vom Gruß. Beim Abschied sagt man *pfiaddegód* mit der Betonung auf der letzten Silbe. Im anderen Fall wird eher vorne betont: *ja, pfiaddegod!* Ähnlich auch bei *guade Nacht*: Der nächtliche Abschiedsgruß wird *guade Nácht* betont. Der Ausruf des negativen Erstaunens ist eher *ja gúade Nacht!*. In Redensarten kommt es auch zu Erweiterungen wie *Pfiaddegod schene Beierin* ‹auf Wiedersehen, schöne Bäuerin› oder sogar reimend: *pfiaddegod Schnepf, morng wirst kepft* ‹auf Wiedersehen, Schnepfe, morgen wirst du geköpft›. Es macht auch kaum einen Bedeutungsunterschied aus, wenn man statt *pfiaddegod* in solchen Situationen *na servus* oder *na habadere* sagt. Letzteres kann darüber hinaus sogar als Quasi-Adjektiv verwendet werden: *I bin ganz habadere* heißt ‹ich bin vollkommen erschöpft›.

Das Basl, von dem ich hier erzähle. Familie und Verwandtschaft

Die Gruppe von Wörtern, mit denen man seine nächsten Verwandten bezeichnet, also *Vater, Mutter, Bruder* und *Schwester*, ist uralt und über Jahrhunderte, ja über Jahrtausende, stabil geblieben. Verändert haben sich zwar einzelne Laute, aber dass *Vater* und *Mutter* mit den lateinischen Wörtern *pater* und *mater* zusammengehören, ebenso *Bruder* und *Schwester* mit *frater* und *soror*, ist deutlich. Die Ähnlichkeiten sind nicht zufällig, sondern Folge davon, dass es einmal eine indogermanische Grundsprache gab, aus der später das Germanische (und damit das Deutsche mit seinen Dialekten), das Lateinische, die slawischen, keltischen und viele andere Sprachfamilien und Einzelsprachen hervorgingen. Für *Vater* und *Mutter* gibt es in vielen Sprachen, auch in den bairischen Dialekten, Kurz- und Koseformen wie *Pap, Papa, Dada, Mam* oder *Mama*. Das sind sogenannte Lallwörter, die kleine Kinder (meistens) als Erstes sprechen können.

Dabei ist *Pap(a)* bereits ein französisches Wort. Kleinkinder übernehmen natürlich nichts aus dem Französischen, aber im 18. und 19. Jahrhundert war es in adeligen und gehobenen bürgerlichen Kreisen Mode, wenn schon nicht ganz Französisch zu parlieren, so sich doch wenigstens ein paar französische Wörter anzueignen. Dazu gehören auch *Papá* und *Mamá* mit Betonung auf der zweiten Silbe. Da der deutsche Akzent in der Regel auf der ersten Silbe liegt, ergaben sich *Pápa* und *Máma*. Und daraus gingen dann die im Bairischen gebräuchlichen gekürzten *Pap* und *Mam* hervor. Über die Erwachsenensprache gelangten diese «Fremdwörter» in die Sprache der Kleinkinder. Der *Pap(a)* hat mittlerweile den älteren *Dad(a)* weitgehend verdrängt. Dessen Ähnlichkeit mit englischem *Dad* oder *Daddy* ist unverkennbar, aber hier handelt es sich anders als beim *Papa* nicht um eine Entlehnung. Die Übereinstimmung ist dadurch verursacht, dass Babys in Deutschland und England über dieselben sprachlichen Grundvoraussetzungen verfügen.

Die Wörter *Sohn* und *Tochter* werden in Bayern nur in formellen Zusammenhängen verwendet, wenn man ohnehin eher auf die Standardsprache umschaltet. In der Mundart sind *Bua* und *Dirndl* die gebräuchlichen Bezeichnungen: *I hob drei Dirndln und an Buam* heißt ‹ich habe drei Töchter und einen Sohn›.

Anders sieht es außerhalb der «Kernfamilie» aus. Hier gibt es im Laufe der Sprachgeschichte mancherlei Veränderungen und Verschiebungen und daher auch Unterschiede zwischen den Dialekten, die teilweise eigene Wege gegangen sind. Einige Beispiele:

Die Eltern der Eltern sind in der Standardsprache *Großvater* und *Großmutter*. Diese Wörter sehen zwar deutsch aus (sind es auch), aber zustande gekommen sind sie nach dem Muster von französischem *grand père* und *grand mère* (auch englisch *grandfather* und *grandmother* gehen auf diese französischen Vorbilder zurück). Bevor diese Wörter in Gebrauch kamen, bezeichnete man im Bairischen den Großvater und die Großmutter übereinstimmend als *Ahnl* (mit hellem A- wie in *As*), was nichts anderes ist als eine Verkleinerungsform von *Ahn(e)*, das es als Bezeichnung für die Vorfahren insgesamt auch in der Standardsprache gibt. Genau definiert war *Ahnl* aber nicht. Es konnte auf männlicher Seite alle älteren Vorfahren inklusive Schwiegervater bezeichnen, ebenso auf weiblicher Seite Schwiegermutter und auch Tante. Die Generationsverhältnisse konnten auch sozusagen umgedreht werden. Dann war *Ahnl* das Wort für den ‹Enkel›. Weil man aber den Großvater mit dem Enkel nicht verwechseln sollte oder wollte, bildete man zur Unterscheidung schon im Mittelhochdeutschen die Verkleinerungsform *enikel*. Daraus entstand unser *Enkel*, der also etymologisch nichts anderes ist als der ‹kleine Ahne›.

Etwas vertraulicher als *Großvater* und *Großmutter* sind *Großpapa* und *Großmama* oder die in der Kindersprache daraus gekürzten Wörter *Opa* und *Oma*, die auch im Dialekt verwendet werden. Dabei ist das *O-* der Vokal aus *Groß* und *-pa* bzw. *-ma* eine Silbe von *Papa* und *Mama*.

Onkel und *Tante* sind wieder direkte Entlehnungen aus dem Französischen. Damit bezeichnet man in der heutigen deutschen Standardsprache gleichermaßen einen Bruder bzw. eine Schwester von Vater oder Mutter. *Onkel* hat die älteren Wörter *Vetter* ‹Bruder des Vaters› und *Oheim* ‹Bruder der Mutter› verdrängt. Das Wort *Oheim* wird in der heutigen Standardsprache nicht mehr und in der Mundart nur noch sehr begrenzt an wenigen Orten verwendet. Ebenso hat *Tante* die älteren Wörter *Muhme* ‹Schwester der Mutter› und *Base* ‹Schwester des Vaters› verdrängt.

Die Wörter *Vetter* und *Base* (bzw. die Koseform *Basl*) haben im Dialekt zwar überlebt, aber mit den Verwandtschaftsverhältnissen wurde es nicht sonderlich genau genommen. *Vetter* kann ‹Cousin›, ‹Onkel›, ‹Neffe›, ‹Schwager› bedeuten, entsprechend *Bas* oder *Basl* ‹Cousine›, ‹Tante›, ‹Nichte›, ‹Schwägerin›. Beide Wörter können aber auch irgendwelche anderen entfernteren Verwandtschaftsverhältnisse bezeichnen. In einem sehr anrührenden Text von Oskar Maria Graf, dem *Denkmal für mein Basl Marei, selig* in den «Kalendergeschichten», heißt es: *Zwei Töchter sind auf die Welt gekommen, die Liesl und das Marei, meine Tante also, oder, wie wir sagen, das Basl, von dem ich hier erzähle.* Wenn Graf dann schreibt *Mein alter Vetter Kastenberger war ein gemütlicher, ruhiger und lustiger Mensch* und damit den Vater vom *Basl* meint, dann entspricht diese Relation der von *Großonkel* und *Großneffe*. In derselben Erzählung heißt es weiter: *Darum sagte der alte Simmeringer, ein weitläufiger Verwandter, gradheraus: «Noja, Vetter, bei enk is's ja net gfehlt! D'Marie konn sich ja mit ihrern Sach d'Hochzeiter raussuacha* ‹Nun ja, Vetter, bei euch ist ja alles bestens. Die Marie kann sich mit ihrem Besitz die Heiratskandidaten aussuchen.›

Ein Kapitel für sich ist die Heiratsverwandtschaft. In der deutschen Standardsprache ist das System ziemlich logisch und durchschaubar. Man setzt ein *Schwieger-* vor die jeweilige einfache Verwandtschaftsbezeichnung und bezeichnet damit ein «angeheiratetes» Verwandtschaftsverhältnis: Die *Schwiegertochter* ist nicht die eigene Tochter, sondern die Frau des Sohnes. Der *Schwiegervater* ist nicht der Vater in einem «leiblichen» Sinne, sondern der Vater des Ehemanns oder der Ehefrau usw. Man kann auch von einer *Schwiegertante* oder einem *Schwiegeronkel* sprechen, gegebenenfalls von *Schwiegeroma* oder *Schwiegeropa* usw. Dieses praktikable Benennungssystem ist weitgehend in die Mundart übernommen worden. Aber bis ins 20. Jahrhundert gab es zumindest in Randbereichen noch andere, ältere Benennungen. Im Mittelhochdeutschen und auch noch im älteren Neuhochdeutschen war der *sweher* (jüngere Form *Schwäher*) der ‹Schwiegervater› und die *swiger* (jünger *Schwieger*) die ‹Schwiegermutter›. Von diesem Wort leitet sich denn auch unser heutiges *Schwieger-* her, das nur noch in den genannten Zusammensetzungen, aber nicht mehr als selbständiges Wort vorkommt. In Randlagen des Bayrischen Waldes, im Gebiet um Wolfstein und Grafenau, hat sich *Schwieger* aber mancherorts noch bis ins 20. Jahrhundert gehalten. Dieselben Ortsdialekte haben auch das Wort *Schwäher* für ‹Schwiegervater› bewahrt. Für den ‹Schwiegersohn› verwendet(e) man dort *Oim*, das auf älteres *Eidam* zurückgeht, ein Wort, das ansonsten spätestens im 19. Jahrhundert aus der deutschen Allgemeinsprache verschwunden ist.

Ein merkwürdiges altes Wort für ‹Schwiegertochter› ist *Schnur* (mittelhochdeutsch *snuor*). Etymologisch entspricht es lateinischem *nurus* und sogar altindischem *snusa*. Das Wort ist damit ebenso archaisch wie *Vater* und *Mutter* mit ihren (prä-)historischen Vorformen. Mit der *Schnur* zum Binden hat es natürlich nichts zu tun. *Schnur* ‹Schwiegertochter› hat sich auch wieder ge-

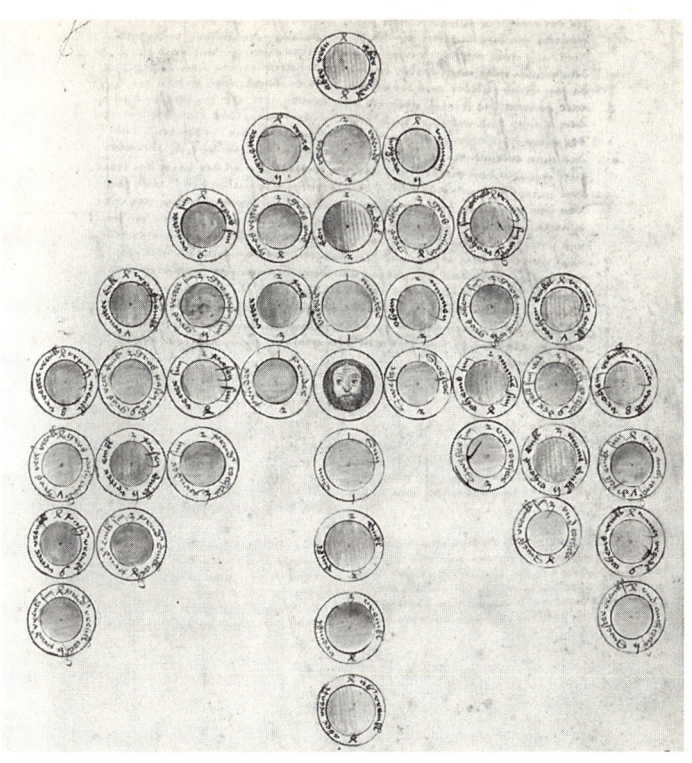

Verwandtschaftsbaum (15. Jh.)

nau dort halten können, wo man auch noch lange an *Schwieger*, *Schwäher* und *Oim* festgehalten hat.

Mittelalterliche Rechtshandschriften enthalten oft schematische «Verwandtschaftsbäume», die die alten Bezeichnungen dokumentieren. Verwandtschaftsrelationen waren seit jeher von Bedeutung für das Erbrecht. Die Abbildung auf dieser Seite zeigt einen solchen «Baum» aus einer heute in der Bayerischen Staatsbibliothek in München aufbewahrten Handschrift des 15. Jahrhunderts. Das Gesicht im Zentrum bedeutet «ich». Von hier ausgehend werden die Verwandtschaftsbezeichnungen in Medaillons eingetragen. Links von diesem bärtigen «ich» steht *pruder* ‹Bruder›, rechts *swester* ‹Schwester›. Auf dem Medaillon darunter steht *Sun* ‹Sohn›, noch eins weiter *Enikl* ‹Enkel›, wieder darunter *vrenikl* ‹Urenkel›. Die Kette endet beim *abervrenikl*, was man wörtlich als ‹Nochmal-Urenkel› wiedergeben kann. Gemeint ist ‹Ururenkel›. Im Medaillon über dem «ich-Kopf» steht links *vatter* und rechts *mueter*. Geht man weiter nach links, so liest man *pas* und *vetter* ‹Base› und ‹Vetter›. Das sind die Geschwister des Vaters. Rechts vom Eltern-Medaillon steht *ohem* und *mumen* ‹Oheim› und ‹Muhme› für den Bruder und die Schwester der Mutter. Über *vatter* und *mueter* steht *Een* und *Endel*. Das sind die alten, bis ins 20. Jahrhundert hinein verwendeten Bezeichnungen für Großvater und Großmutter, die, wie man sieht, bis ins Mittelalter zurückreichen. Eine weitere Ebene darüber befinden sich *vren* und *vrendel* ‹Urgroßvater› und ‹Urgroßmutter› und schließlich ganz oben *abervren* und *abervrendl*, die ‹Nochmal-Urgroßeltern›. Die weiteren Benennungen für indirektere Verwandtschaft sind durchwegs Zusammensetzungen mit *ur-* und *gros-*. Die Schreibweisen sind die in bairischen Texten der Zeit typischen.

Über dem Ganzen steht *Pawm der sipsal vnd frewntschaft* ‹Baum der Sippzahl und Verwandtschaft› (mit *frewntschaft* ist die Blutsverwandtschaft gemeint, nicht ‹Freundschaft› im heutigen Sinne). Am unteren Blattrand steht *s ist zu wissen das alle die zeil an dem pawm der frewntschaft von dem plut sind* ‹es ist zu beachten, dass alle Zeilen an dem Baum der Verwandtschaft sich nur auf die Blutsverwandtschaft beziehen›. Das heißt: Heiratsverwandtschaft ist nicht berücksichtigt. Deshalb fehlen in dem Schema auch *Schwieger* und *Schwäger*. Unter dem «ich-Gesicht» sind allerdings auch die Töchter und alle folgenden weiblichen Nachkommen weggelassen.

Eine besondere Art der Verwandtschaft ist die Patenschaft. Das zunächst nur im Niederdeutschen gebräuchliche Wort *Pate* leitet sich her vom lateinischen *pater spiritualis*, und das bedeutet ‹geistlicher Vater›. Es war zunächst auf den protestantischen Raum beschränkt, hat sich aber als standardsprachliche Bezeichnung im Laufe der Zeit auch in den katholischen Süden «vorgearbeitet». Nach traditionellem und kirchenrechtlichem Verständnis begründet eine Patenschaft ein Verwandtschaftsverhältnis, das es beispielsweise verbietet, dass Pate und Patenkind später einmal heiraten (dass Kinder mehrere Paten, «Patenonkel» und «Patentanten» haben, ist erst in der jüngeren Vergangenheit in Mode gekommen und widerspricht eigentlich dem ursprünglichen Verständnis).

Im Bairischen hat man für den Paten und die Patin aber ganz andere Bezeichnungen, nämlich *Ged* (oft auch *Göd* geschrieben) für ‹Pate› und *Gon* für ‹Patin›. Die Herkunft dieser Wörter ist nicht mit letzter Sicherheit geklärt. Aber schon im Althochdeutschen des 8. Jahrhunderts ist *gota* ‹Patin› bezeugt. Wahrscheinlich handelt es sich um ein noch älteres, wohl sogar heidnisches Wort mit der Bedeutung ‹Vertreterin Gottes› oder ‹gottähnliche Frau›. Der männliche *Ged* ist eine davon abgeleitete Wortbildung. Im Nordbairischen sagt man für ‹Pate› *Det* und *Dot*. Auch diese beiden Wörter sind alt und lassen sich schon für das Althochdeutsche nachweisen. Überliefert sind die althochdeutschen Formen *toto* und *tota*. Nicht ganz sicher, aber doch einigermaßen wahrscheinlich ist, dass es sich dabei um kindersprachliche Varianten von *Ged* und *Gon* (genauer gesagt deren älteren Vorformen) handelt. Zweimal *d* oder *t* in einem Wort ist einfacher zu artikulieren als *g* und *t*.

Im südöstlichen Niederbayern, zwischen Inn, Rott und Vils sowie im Lechrain-Gebiet werden daneben auch *Gevatter* und *Gevatterin* (Mundartlautung *Gfatta*, *Gfattaren* u. Ä.) verwendet, Wörter also, die es auch in der Standardsprache gibt. *Gevatter* ist eine Nachahmung von lat. *compater*, was ganz wörtlich ‹Mitvater› bedeutet, also jemanden bezeichnet, der für ein Kind in der Mitverantwortung steht, den Paten eben. *Gevatterin* ist das mit *-in* gebildete weibliche Pendant – eigentlich unlogisch, weil man auch von *Vater* kein Femininum *Vaterin* bilden kann. Die Sprecher hat das nicht gestört.

I geh grad amal hoa'gart'n.
Geselliges Beisammensein

Es soll einmal eine Zeit gegeben haben, da flimmerten abends noch
keine Fernseher und Flachbildschirme von Computern. Es gab
auch kein Internet, und man konnte auch nicht jeden Abend in eine
Pizzeria, auf eine Party oder ins Kino gehen. Deshalb traf man sich,
wenn Zeit war, in der Nachbarschaft, bei Verwandten oder Freun-
den. Für solche Geselligkeiten, bei denen oft nebenher auch noch
gearbeitet wurde, gibt es ganz unterschiedliche Bezeichnungen. In
Ober- und Niederbayern und bis hinüber ins Schwäbische wird
dafür das Wort *Heimgarten* verwendet, allerdings mit regionalen
Aussprachevarianten wie z. B. *Hoigoan*, *Hoagartn* oder *Hoagascht*
– letzteres im westlichen Oberbayern und im alten Gallien (siehe
oben).

Die ältesten alt- und mittelhochdeutschen Belege haben noch
eine etwas andere Bedeutung. Man meinte damit Versammlungen
im Freien (deshalb auch -*garten*). In einer Benediktbeurer Predigt-

sammlung des 12. Jahrhunderts liest man beispielsweise *Huotet iuch von den lûten; si verratent iuch an ir heingarten.* Das ist eine Übersetzung von Matthäus 10,17. Heute lautet diese Stelle aus dem Neuen Testament ‹Hütet euch aber vor den Menschen! Denn sie werden euch an Gerichte überliefern.› Die Bedeutung hat sich also im Laufe der Zeit von ‹(Gerichts-)Versammlung› zu ‹gemütliches Beisammensitzen› verändert. Vom Substantiv *Hoagarten* wurde auch ein Verbum *hoagarten* ‹einen Besuch machen› abgeleitet. Das verwendet z. B. der alte Schormayer in Ludwig Thomas Roman «Der Wittiber»: *i geh grad amal hoa'gart'n auf Hochakammer ummi* ‹ich gehe nur einmal auf einen *Hoagartn* nach Hohenkammer hinüber›.

Es gibt aber auch noch andere Bezeichnungen. Im Bayrischen Wald und teilweise im Rottal sagt man *Rockaroas.* Verhochdeutscht ergäbe das *Rockenreise,* aber so spricht natürlich niemand. Der Wortteil *Rocken-* meint den *Spinnrocken,* das Holz, auf das die Rohwolle gewickelt wird, die dann mittels Spinnrad zu Fäden verarbeitet wird, und *-roas* bedeutet ‹Reise›. Damit ist das Wort auch durchschaubar. Es bedeutet ‹Reise mit dem Spinnrocken›. Diese «Reise» hat man nicht mit Bahn oder Auto unternommen, sondern zu Fuß, denn es ging ja nur in die Nachbarschaft. Im Voralpenland sagt man neben *Hoagascht* auch *Gunkelstube. Gunkel* ist nur eine andere Bezeichnung für den Spinnrocken. Man hat Rocken und Spinnrad mitgenommen, denn auch diese Zeit musste genutzt werden. Deutlich wird das auch in der Bezeichnung *Federnschleißen.* Das ist eine Arbeit, die heftig in die Finger, vor allem in die Daumen geht. Von großen Gänsefedern musste der Flaum vom Kiel getrennt werden. Nebenher konnte man sich unterhalten und Geschichten erzählen. Weniger nach Arbeit klingt *Sitzweil,* das im nördlichen Bayrischen Wald gebräuchliche Wort. Es ist die ‹Zeit, in der man zusammensitzt›. Auch wenn dieses Wort zunächst nicht nach Arbeit klingt, hat man sicherlich auch in dem Gebiet um Cham und Viechtach nebenher Arbeiten, die man sitzend in einer Stube verrichten konnte, erledigt. In weiten Teilen der Oberpfalz sagt man *hutzen gehen. Hutzen* ist laut Schmeller eine Variante von *hurzen* und bedeutet ‹rennen› oder ‹herumstrolchen›. *Hoagarten, Sitzweil* und *Rockaroas* werden auch heute noch verwendet. Allerdings denkt dabei kaum noch jemand ans Arbeiten. Jetzt meint man eher nostalgische Heimatabende in einem Wirtshaus mit Lederhose, Hirschhornknöpfen und mehr oder weniger authentischer Volksmusik. Aber die Wörter klingen authentisch (zu den Verbreitungsgebieten der einzelnen Wörter vgl. die Karte im «Kleinen Bayerischen Sprachatlas» von Manfred Renn und Werner König, S. 120 f.).

Tuast da Erdöpfi her?
Die Bezeichnungen der Kartoffel

Bayrische Küche ohne Kartoffeln und daraus zubereitete Speisen ist kaum vorstellbar, dabei ist die Kartoffel hierzulande noch gar nicht so lange heimisch. Rückkehrer aus der Neuen Welt brachten verschiedene essbare unter der Erde wachsende Knollenfrüchte nach Europa, die man im 17. Jahrhundert unterschiedslos als *Tartufoli* oder *Tartoffel* bezeichnete. Die Wortform *Kartoffel* kam durch «Dissimilation» zustande. Das heißt: Sprecher neigen dazu, aus artikulatorischer Bequemlichkeit einen innerhalb eines Wortes doppelt vorhandenen Konsonanten einmal abzuändern. Im Fall der *Tartoffel* betraf das das erste *t*. *Kartoffel* ist um eine Nuance leichter auszusprechen. Dieses Wort ist aber im Bairischen (anders als die damit bezeichnete Frucht) kaum heimisch geworden.

Flächendeckender Kartoffelanbau setzte sich in Bayern erst im 19. Jahrhundert durch. Die neuartige Feldfrucht erhielt hier verschiedene Namen. Am weitesten verbreitet ist *Erdapfel: Grod fleißi oiwai, Sepp! Grüß di Good! Tuast da Erdöpfi her?* ‹Immer nur fleißig, Sepp! Grüß dich Gott! Pflanzt du hier Kartoffeln?› fragt der Lergler-Wiggl von Buchmoos, der als *Schmuser* (‹Heiratsvermittler›) unterwegs ist, in Oskar Maria Grafs Erzählung «Der harte Handel» den Amrainer-Sepp. Der Roman spielt in einem fiktiven Dorf in Oberbayern. In der westlichen Oberpfalz bis hinüber ins Mittelfränkische heißt die Kartoffel *Erdbirne*. Im Berchtesgadener Land sagt man dazu auch *Grundbirne*. Mundartlautungen sind *Gromben, Grumbra, Grumbian* u. Ä. Auch *Erdäpfel* konnte zu *Erpfe* zusammengezogen werden. Die Wortbestandteile sind dann nicht mehr zu erkennen.

Sogar die englischen *potatoes* und italienischen *patate* haben in regionalen Mundarten Bayerns Entsprechungen. In der Gegend von Nürnberg und vereinzelt auch bei Passau heißen die Kartoffeln *Patacken* (wieder mit *t-t*-Dissimilation, nur diesmal in anderer Reihenfolge). Dieses Wort ist aus dem Englischen entlehnt, denn englische Kolonisatoren brachten das Indianerwort *potato* aus Haiti nach Europa. Oder kurz gesagt: Die *Kartoffeln* kamen über Spanien aus Amerika, die *Patacken* über England. In einem kleinen Gebiet nördlich von Ingolstadt heißen die Kartoffeln *Bumser*, was auf französisches *pommes (de terre)* zurückgeht (eine kartographische Darstellung bieten Manfred Renn und Werner König im «Kleinen Bayerischen Sprachatlas», S. 238 f.).

Gniglt, gnaglt, gnaglt muaß sei.
Der bayrische Geschlechtsverkehr

Es gibt einen Zusammenhang zwischen Sprachtabu und sprachlicher Kreativität. Es ist nur scheinbar ein Widerspruch, dass es für Dinge, über die man am besten überhaupt nicht oder jedenfalls nicht offen redet, besonders viele bedeutungsgleiche oder -ähnliche Wörter und Umschreibungen gibt. Man denke nur an die Synonyme für ‹sterben› in der deutschen Umgangs- und Vulgärsprache: *abnippeln, abkratzen, die Kurve kratzen, Feierabend machen, den Arsch zumachen, hops gehen* und vieles mehr. Ein anderer Tabubereich ist die Sexualität. Die nicht-dialektale, sozusagen standarddeutsche Vulgärsprache kennt für den sexuellen Verkehr eine Reihe von Verben und Ausdrücken, die hier nicht aufgezählt werden müssen. Nachschlagen kann man sie im «Bornemann». Die bairischen Dialekte zeichnen sich durch einen mindestens ebenso großen Reichtum an Bezeichnungen aus, die man nicht nur alphabetisch auflisten, sondern – und das ist bemerkenswert – nach formalen und inhaltlichen Kriterien zu überschaubaren Form- und Inhaltsgruppen ordnen kann.

Zunächst zum Formalen. Viele der dialektalen Verben mit einschlägiger Bedeutung enden auf *-ln* oder *-rn*. Das sind – außerhalb des sexuell konnotierten Bereichs – im Deutschen Verben, die etwas bezeichnen, das in kurzen Intervallen immer auf gleiche Weise wiederholt wird (sogenannte iterative Verben). Also zum Beispiel *wedeln, wackeln, holpern* oder *klappern*. Mundartlich gebräuchliche Verben auf *-ln* und *-rn*, mit denen der Geschlechtsverkehr bezeichnet wird, sind beispielsweise *fockern, werkeln, mobern, mugeln, murkseln, nackeln, pimpeln, reiteln, schnackeln, schräufeln, stangeln, stickseln, stifteln, strampfeln, stutzeln, titschkern* oder *tüpfeln*. Als individuelle Wortschöpfungen können *schbambanadln, bimsbamsln* und *bimbrihanigln* gelten. Das in der gegenwärtigen bayrischen Sexualfolklore häufig verwendete *schnackseln* wurde in einer im Auftrag und in Diensten des Bayerischen Wörterbuchs durchgeführten Umfrage von Informanten nur vergleichsweise selten erwähnt (Grundlage dieses Abschnitts sind hauptsächlich die Sammlungen des Bayerischen Wörterbuchs bei der Bayerischen Akademie der Wissenschaften). Das Wort hat es zu einem gewissen Bekanntheitsgrad auch jenseits des bairischen Dialektraums gebracht, weil sich eine Dame des lokalen Regensburger Hochadels in einer Fernseh-Talkshow zu der Einlassung bemüßigt sah, Schwarze in Afrika würden eben oft und gerne *schnackseln* und seien deshalb einem höheren Aidsrisiko ausgesetzt als andersfarbige Bewohner gemäßigter Klimazonen (zum Beispiel Regensburg). Etymologisch gesehen ist das Wort nichts anderes als eine Reimschöpfung auf *kraxeln*. Eine erfolgreiche bayrische «Dixie»-Band erweiterte Karl Valentins *Ritter von Grünwald* um eine Reihe zotiger und deshalb bierzeltkompatibler Strophen. Eine davon begann so: *Wollt ein Ritter einmal schnackseln, muss er aus der Rüstung kraxeln.* Jeder wusste auf Anhieb, was damit gemeint war, auch wenn er das Wort *schnackseln* vorher noch nie gehört hatte. Mittlerweile weiß es jeder, denn Blaskapelle und Hochadel machten sich gleichermaßen um die Verbreitung dieses Wortes verdient.

Ein weiteres formales Muster sind Verben, die mit bestimmten Vorsilben (genauer gesagt «Präfixen») gebildet sind, wie *auf-bocken, auf-hocken, auf-nageln, auf-nahn* (wörtlich ‹aufnähen›), *auf-sitzen* und *nauf-haun, her-boßen, her-bürsten, her-nageln, her-nehmen, her-rammeln, her-stößen, her-werkeln, hin-nogln, hin-schleifen, zamm-packa, zamm-springa, zamm-haun, zsamm-stoßn.* Dieses *zamm-* ‹zusammen› am Wortanfang und *-ln* am Wortende können auch gemeinsam auftreten. Dann ergeben sich Verben wie *zamm-gnag-ln, zamm-gnack-ln* oder *zsamm-gnoug-ln.* Die Wortsegmente *-gnag-, -gnack-* und *-gnoug-* sind für sich genommen völlig sinnfrei. Die Wortbedeutung ergibt sich teils aus dem Redezusammenhang, teils aus dem Zusammenspiel von *zamm-* plus *-ln.*

Zum Inhaltlichen. Viele Verben und Ausdrücke, die dazu dienen, den Geschlechtsverkehr zu benennen, sind bildlich. Trotz der lexikalischen Vielfalt stammen die Metaphern nur aus wenigen Bereichen. Die häufigsten Bezeichnungen nehmen bildlich Bezug auf körperliche Arbeiten: *aufbocken, bögeln* ‹bügeln›, *außerbögln* ‹herausbügeln› (z. B. eine Falte), *bürste(l)n, buttern, dengeln, dangeln* (beides bedeutet ‹mit einem speziellen Hammer die Sense schärfen›), *mähen, (auf)nähen, bemsln* ‹pinseln›, *satteln, reiteln* (eigentlich ‹etwas mit einem Holzstab straffen›), *schraufen* und *schräufeln* (beides heißt ‹schrauben›), *zeiteln* ‹melken›. Beim Verbum *parasolen* steht vermutlich das Aufspannen oder Auseinanderspreizen eines Schirms metaphorisch im Hintergrund.

Häufigstes hierher gehöriges Verb ist *nageln.* Schon im 15. Jahrhundert hieß es in einem Fastnachtsspiel *Und nagelt sie zusamen mit eim zers* (‹Penis›), *Das es sich zusamen fugt.* Georg Queri (1879–1919) zitiert in seiner Sammlung «Kraftbayrisch» dazu folgende Liedstrophe:

heirat ich an Kramer
muaß ich aufs Land
heirat ich an Schinder
is's mir a Schand,
heirat ih an Naglschmied,

hab ih Tag und Nacht koan Fried –
Gniglt, gnaglt, gnaglt muaß sei.

Einige weitere Verben bezeichnen in normaler Verwendung besonders anstrengende Arbeiten, Kraft- oder gar Gewaltausübungen: *boußen* ‹klopfen, stoßen› (das Verbum steckt auch im Wort *Amboss* und ist etymologisch mit dem englischen *to beat* verwandt), *ducken, einidruckn, naufhaun, packen, zammpacken, schieben, schopfen* ‹an den Haaren ziehen›, *stangeln, stemmen, stopfen, stoßen, stößen, stößeln, herstoßen, tüpfeln, umlegen, zammhaun.* Etwas weniger zahlreich, aber durchaus gebräuchlich sind Verben aus der Musik wie *geigen* oder *orgeln.* Sogar aus dem kirchlichen Bereich werden gelegentlich Anleihen genommen, denn auch Verben oder Ausdrücke wie *kommunizieren* und *die Messe lesen* sind als Bezeichnungen für den Geschlechtsakt nachzuweisen. Bei Queri finden sich weitere Redewendungen: *Er hat ihr an Oarstock aufgrieglt* ‹den Eierstock aufgeriegelt›, *an Dacht eiführn* ‹einen Docht einführen›, *a Hemad ohmessn* ‹ein Hemd anmessen› und manches andere.

Nicht alle Dialektsprecher in allen Teilen Bayerns kennen oder verwenden Wörter und Ausdrücke wie die genannten. Selbstverständlich unterscheiden sich männlicher und weiblicher Sprachgebrauch. Und ebenso selbstverständlich werden diese Wörter nicht in allen Bevölkerungsschichten und in allen Gesprächskonstellationen in den Mund genommen. Manches wird wohl auch nur im derben Scherz ad hoc gebraucht. Auffallend ist die regionale Verbreitung einiger Ausdrücke. *Aufhocken* zum Beispiel ist eher oberbayrisch, *aufsitzen* eher niederbayrisch. Das Verbum *boußn* in sexuell-metaphorischer Verwendung scheint eher in der Oberpfalz und im nördlichen Niederbayern beheimatet zu sein, *mugeln* in Teilen des Bayerischen Waldes.

Diese Beispiele dokumentieren bei weitem nicht die ganze Breite und Tiefe des bairischen sexualfolkloristischen Wortschatzes. Eine eingehende wissenschaftliche Untersuchung dieses Themenbereichs steht noch aus.

Das schwarze und das weiße Weib. Berufsbezeichnungen. Zum Beispiel die Hebamme

Die Bezeichnungen alter Berufe zeigen in den deutschen Dialekten große Vielfalt: Dem süddeutschen *Metzger* beispielsweise entsprechen der norddeutsche *Schlachter* und der ostdeutsche *Fleischer*. Dem süddeutschen *Wagner* (mit der fränkischen Variante *Wehner*) steht in weiten Teilen Norddeutschlands der *Stellmacher* gegenüber. In Teilen Niedersachsens, Mecklenburgs und Schleswig-Holsteins spricht man vom *Radmaker* oder *Rademaker* und weiter Richtung Westen im Emsland von *Wagenmaker*. Ähnliches ließe sich noch für zahlreiche andere Berufe zeigen. Eine ganz beträchtliche Palette von Bezeichnungen schon innerhalb Bayerns gibt es für die Hebamme, was sicher damit zusammenhängt, dass die Tätigkeit dieser Frauen mit Gesundheit und Krankheit, ja sogar mit Leben und Tod zu tun hatte, und dass Hebammen auch Einblicke und Eingriffe in Lebens- und Körperbereiche hatten, die im normalen Alltag eher tabuisiert waren. Das führte dazu, dass teilweise verhüllende, teilweise natürlich auch scherzhafte Bezeichnungen für diesen Beruf ersonnen worden sind.

Das Wort *Hebamme* selbst ist im gesamten bairischen Gebiet bekannt und in Verwendung. Dabei ist eine *Hebamme* nicht etwa, wie man meinen könnte, eine *Amme*, die das neugeborene Kind *(hoch)hebt*. Das Wort hat zwar sicher etwas mit *heben* zu tun, aber nichts mit der *Amme* (schließlich wird ein Kind von der Hebamme ja nicht gestillt). Die ältesten Formen des Wortes, *hevianna* und *hevanna* aus dem 9. Jahrhundert, bestätigen das zusätzlich. Erst im Laufe der Zeit erfolgte die Anpassung an das Wort *Amme*. Vor allem in Niederbayern und im angrenzenden nördlichen Oberbayern gilt auch die Variante *Hefang*. Hier ist die Anpassung nicht an *Amme* erfolgt, sondern an *fangen*, und zwar wohl deshalb, weil die *Hebamme* das Kind bei der Geburt auffängt.

Häufig sind Zusammensetzungen oder Wortfügungen mit *Weib* wie *Krückerlweib*, *Krebsenweib* oder *Grifferlweib*, dazu *schieches* (‹hässliches›) *Weib*, *böses Weib*, *grobes Weib*, *schwarzes Weib*, aber auch *weißes Weib*, *wildes Weib*. Vielerorts sagte man nur *Weib* und wusste aus der Situation heraus, welches gemeint war. Allein auf weiter bayrischer Flur steht *schönes Weib*. Auch Zusammensetzungen und Fügungen mit *Frau* waren gebräuchlich: *Ammfrau*, *böse Frau*, *grobe Frau*, *schieche Frau*, *schwarze Frau*, *weiße Frau*, *wilde Frau*, außerdem Komposita mit *Weh-* wie *Wehfrau*, *Wehmutter*, *Wehweib* (über die genaue Verteilung dieser Synonyme gibt die Karte S. 346 im 1. Band des Bayerischen Wörterbuchs Aufschluss).

Vom Wort zur Bedeutung

Es gibt eine unüberschaubare Menge bairischer Dialektwörter mit spannenden und interessanten Etymologien und Bedeutungsentwicklungen. Hier kann nur einiges zur Sprache kommen. Auswahlkriterium ist die Nachfragehäufigkeit. Denn jemandem, dem nachgesagt wird, er wisse einigermaßen über Dialekt und Dialektwörter Bescheid, werden immer wieder gleiche oder ähnliche Fragen gestellt.

Gel, tu di fei net volaafa, Kind!
Das Wörtchen *fei*

Ganz oben in der Häufigkeitsliste solcher Fragen steht seltsamerweise ein völlig unscheinbares Wort: kein Substantiv, kein Verb, kein Adjektiv, sondern eine «Partikel», ein unveränderliches Wort, dessen Bedeutung schwer zu fassen ist, nämlich *fei*. Man kann damit einer Aufforderung oder Bitte besonderen Nachdruck verleihen: *Gel, tu di fei net volaafa, Kind!* ‹Gelt, tu dich nur nicht verlaufen, Kind!› (Lena Christ, «Erinnerungen einer Überflüssigen»). Das Wörtchen *fei* kommt nicht nur in Bitten oder Aufforderungen vor, sondern auch in Aussagesätzen, in Bewertungen wie *Des is fei gscheit deia* ‹das ist aber sehr teuer› oder in nachdrücklichen Feststellungen wie *Morng is fei Sunda* ‹morgen ist – ich erinnere dich nur daran – Sonntag›. Diese Beispiele, die längst nicht die ganze Funktionsbreite dieses kleinen Wörtchens veranschaulichen, zeigen bereits eines: Es gibt überhaupt keine genaue standarddeutsche Wortentsprechung für bairisches *fei*. Gerade das aber dürfte es so interessant machen.

Aber woher kommt das Wörtchen *fei* nun eigentlich? Es ist ursprünglich nichts weiter als eine mundartliche Variante von *fein*, das in der Standardsprache als Adjektiv verwendet werden kann, z.B. *eine feine Gesellschaft*, aber auch als Adverb, z.B. *bleib fein im Haus, weil es draußen regnet*. Diese zweite (adverbiale) Verwendungsweise geht aber schon in Richtung «Partikel», und sie liegt dem bairischen *fei* zugrunde. In dem Beispielsatz *bleib fein im Haus, weil es draußen regnet* kann *fein* noch «wörtlich» verstanden werden: *fein* bedeutet dann ungefähr so viel wie ‹brav› oder ‹klug› oder beides zusammen. Es kann aber bereits als bloße Verstärkung der Aufforderung verstanden werden.

Ein vergleichsweise früher Beleg für die verstärkende Partikel *fein* findet sich in einer Quelle aus Dießen am Ammersee von 1642. Darin geht es um wirtschaftliche Belange des Klosters. An einer Stelle heißt es, *es beschicht manches mahl, daß man fein allgemach unvermörkht umb grundt und boden, recht und gerechtigkheit ... khumen thet* ‹es geschieht manchmal, dass man – und darauf sei ausdrücklich hingewiesen – plötzlich unbemerkt um Grund und Boden, Recht und Gerechtigkeit kommt› (eigentlich ‹kommen tut›). Ein so verwendetes *fein* hat bedeutungsmäßig mit dem Adjektiv nichts mehr zu tun. Der Verfasser des Textes will auf etwas seiner Ansicht nach Wichtiges, ein latentes Risiko, hinweisen.

Geh, Vata, iß dennerscht wos. Das merkwürdige Wort *denner(sch)t*

Auch dieses Wort, das in mehreren Aussprachevarianten vorkommt, ist in seiner Bedeutung schwer zu fassen. In einem Satz wie *des gibt's ja denerst net* dient es beispielsweise dazu, die gesamte Aussage besonders zu betonen. Am ehesten könnte dieser Satz mit ‹das gibt es ja wirklich nicht› wiedergegeben werden, aber auch das trifft die Nuance des bairischen Wortes nicht genau. Eine Aufforderung *Geh, Vata, iß dennerscht wos* (Ludwig Thoma, «Der Wittiber») wäre am ehesten wiederzugeben als ‹jetzt komm, Vater, iss doch etwas›. Aber das standarddeutsche *doch* ist etwas schwächer als das bairische *dennerscht*. Auch in diesem Fall gibt es also kein exaktes Pendant in der Standardsprache.

Woher kommt nun dieses *dennerst*? Etymologisch gesehen ist es nichts anderes als *dennoch*. Das *-t* am Wortende ändert daran nichts, denn es gibt eine Reihe von Dialektwörtern, bei denen sich am Ende ein «epithetisches» *-t* anlagert, das dort «eigentlich nichts zu suchen» hat, z. B. *anders-t*, *Senf-t* oder *Leich-t* ‹Beerdigung›. Im Ergebnis entstand dadurch eine Form *dennocht* oder die Variante *dannocht*. Belege dafür lassen sich schon im 16. Jahrhundert nachweisen. In einem Kurbayrischen Protokoll vom Jahr 1578 findet sich beispielsweise ein Satz *damit aber dannocht daz werckh weitter nit gehindert werde, so thue er diesen fürschlag* ‹damit aber trotzdem (oder ‹wenigstens›?) das Werk nicht weiter aufgehalten werde, so mache er diesen Vorschlag›. Im weiteren Verlauf wandelte sich die Konsonantengruppe *-cht* am Wortende zu *-rt*. Auch dafür gibt es Parallelen, z. B. die Aussprache von *töricht* als *torert* (oder *dorat*), *spitzicht* als *(g)spitzert* (oder *(g)spitzat*) usw. Die Entwicklung von *-rt* zu *-rst* oder *-rscht* ist möglicherweise in Analogie zum Superlativ bei Adjektiven und Adverbien erfolgt. So viel zur äußeren, d.h. zur lautlichen Seite.

Etwas anderes ist die inhaltliche Seite. Das Adverb *dennoch* drückt in der heutigen Standardsprache einen Gegensatz oder Widerspruch aus. Beispiel: *Es ist schlechtes Wetter. Die Kinder spielen dennoch draußen.* In entsprechender Bedeutung wurde *dennoch* (oder eben die Variante *dannoch*) schon in mittelalterlichen Quellen verwendet. In Veit Arnpecks «Bayrischer Chronik» beispielsweise heißt es *In der zeit lag herzog Ruprecht mit vil volks zu Dinglfing, aber im was herzog Albrecht dannoch zu stark*. Man kann das natürlich ganz einfach übersetzen mit ‹in der Zeit lag Herzog Ruprecht mit einem großen Heer bei Dingolfing, aber ihm war Herzog Albrecht trotzdem zu stark›. Eine Alternative wäre es aber, dieses *dannoch* so aufzufassen, wie es im heutigen Dialekt verwendet wird, nämlich als Betonung der Gesamtaussage, für die es wie gesagt keine exakte Entsprechung im Standarddeutschen gibt, in etwa so wie in einem Satz *der Kaffee is mir denerst z'stark* ‹der Kaffee ist mir – *denerst* – zu stark›. Das Wort, auf das es ankommt, ist beim besten Willen nicht exakt zu übersetzen. Es muss mundartlich stehen bleiben.

Und weil sich das Adverb *dennoch* im Bairischen zur Partikel *denert*, *denerst* oder *denerscht* gewandelt hat, kommt es in der Funktion von standarddeutschem *dennoch* nicht (mehr) vor. Die dialektale Entsprechung dazu ist *zamtden*. Beispiel: *Renga duats, oba d'Kinda sand zamtden draust.*

Lustih is's Buamasei.
Vom *Bua* und vom *Dirndl*

Den bairischen Dialekten sind die Wörter *Junge* und *Mädchen* fremd, auch wenn sie unaufhaltsam in – nennen wir es einmal so – pseudodialektalen Gesprächssituationen zu hören sind. Dialektal sind *Bua* und *Dirndl*. Die beiden Wörter, die ein Begriffspaar bilden wie *Mann* und *Frau* oder *Vater* und *Mutter*, haben aber eine lange Geschichte hinter sich. Doch in älterer Zeit gehörten sie keineswegs zusammen.

Das Wort *Bub* geht zurück auf mittelhochdeutsches *buobe*, das erst seit dem 13. Jahrhundert belegt ist. Für das vorausgehende Althochdeutsche fehlen schriftliche Belege. Nachweisbar ist nur der sehr alte Eigenname *Buobo*, der zwar lautlich dazu passen würde, weil nach allen Regularitäten daraus mittelhochdeutsches *buobe* und schließlich *Bub* mit der mundartlichen Variante *Bua* werden musste. Aber dennoch bleibt die Frage, wie es vom Personennamen zum «normalen» Substantiv kommen konnte. Eine Erklärungsmöglichkeit bestünde in der Annahme, dass der alte Personenname seinerseits schon die Bedeutung des Substantivs *buobo* hatte. Aber welche sollte das gewesen sein? Denn als das Wort *buobe* in mittelhochdeutschen Quellen auftauchte, hatte es (nach Ausweis des Mittelhochdeutschen Wörterbuchs) mehrere Bedeutungen, die aber allesamt nicht dazu angetan waren, einen Sohn so zu taufen, nämlich ‹Knecht, Diener für niedere Tätigkeiten›, ‹Unzurechnungsfähiger›, ‹zuchtloser, ehrloser Mensch› und ‹Jammergestalt›. Wer würde schon seinem Sohn einen Namen geben, bei dem solche Bedeutungen mitschwingen? Die noch ältere Geschichte des Wortes liegt im Dunkeln. Sicher ist allerdings, dass dieses mittelhochdeutsche *buobe* die Grundlage von *Bub* und *Bua* (nordbairisch *Bou*) ist. Ausgangspunkt kann nur die erste der genannten Bedeutungen, ‹Knecht, Diener›, gewesen sein. Daraus hat sich im Laufe der Zeit die Bedeutung ‹junger Mann, Junge› entwickelt.

Der Gegensatz von *Bua* muss nicht immer *Dirndl* sein. Es kann auch *Ma* oder *Mo* ‹Mann› sein, und zwar im Sinne des Gegensatzes ‹Junggeselle› und ‹verheirateter Mann›:

Lustih is's Buamasei
ich tausch mit koan Moh;
wann mih's Deandl nimma gfreut,
geh ich wieda davoh.

‹Lustig ist das Junggesellenleben. Ich tausche mit keinem (verheirateten) Mann. Wenn ich mit dem Mädchen keine Freude mehr habe, dann gehe ich wieder fort› (Georg Queri, «Kraftbayrisch»).

Das bairische *Dirndl* oder *Deandl* ist eine Verkleinerungsform von *Dirn*. Dieses Wort geht zurück auf althochdeutsches *diorna* ‹Mädchen, Jungfrau›. Im Laufe der Zeit nahm es aber die Bedeutung ‹Dienstmagd› an. In Lena Christs Roman «Madam Bäurin» heißt es beispielsweise *Draußen auf den Wiesen werkt* (‹arbeitet›) *der Schiermoser mit den Knechten und Dirnen*. Bis zur heutigen mundartlichen Verwendungsweise hat sich also wenig geändert: *Dirn* heißt ‹Magd›, und die Verkleinerungsform *Dirndl* bedeutet ‹Mädchen›.

Dass das entsprechende standarddeutsche Wort *Dirne* ‹Prostituierte› bedeutet, hängt damit zusammen, dass für diesen Beruf seit jeher beschönigende Bezeichnungen verwendet werden, um das «direkte» Wort *Hure* zu vermeiden. Deswegen sagt man heute in der Umgangssprache auch nicht mehr *Dirne*, sondern hat sich neue Umschreibungen wie z. B. *Freudenmädchen* ausgedacht.

Dirndl im Sinne von *Dirndlkleid* ist lediglich eine Verkürzung (wie beispielsweise auch *Pelz* für *Pelzmantel*).

Sepp, Depp, Hennadreck.
Einiges zu *Depp* (und *damisch*)

Das Bairische ist, wie man weiß, ungemein reich an Schimpfwörtern. Das prototypische, häufigste (und wohl harmloseste) Schimpfwort ist *Depp*. Es gehört zu denjenigen Wörtern, die auch außerhalb des bairischen Dialektgebietes auf jeden Fall verstanden und gelegentlich auch verwendet werden. Etymologisch gesehen gehört *Depp* zu der Wortfamilie von *tappen* ‹tastend, ungeschickt gehen› und *täppisch* ‹ungeschickt›. Letzteres dürfte auch die direkte Grundlage sein. Da es Wortpaare gibt wie *kindisch – Kind, diebisch – Dieb, schurkisch – Schurke* und andere, bei denen sich immer ein Adjektiv von einem Substantiv herleitet, wurde zu *täppisch* (das eigentlich von *tappen* kommt) analog, sozusagen in einem «Umkehrverfahren», ein Substantiv *Täpp* ergänzt. Die dialektale Aussprache und in der Folge davon die gängige Schreibweise führten zu *Depp*. Die frühesten Belege datieren ins 15. Jahrhundert. Ob zur Verbreitung des Schimpfwortes der Reim mit *Sepp* (bekanntlich ein in Bayern nicht gerade seltener Vorname) beigetragen hat, bleibe dahingestellt. Man vergleiche folgenden Vers aus einem Kinderlied:

Sepp, Depp, Hennadreck (‹Hühnerdreck›).
Schneids da Katz es Schwanzerl weg.
Lasst's ihr no a Stutzerl (‹Stummelchen›) *dran,*
dass's da Teufel packn kann.

Oft wird in Verbindung und Tateinheit mit *Depp* das Adjektiv *damisch* verwendet. Auf den ersten Blick mag es den Anschein haben, als habe das etwas mit *Dame* zu tun. Das stimmt aber nicht. Wahrscheinlich geht *damisch* auf das mittelhochdeutsche Wort *toum* ‹Nebel, Dunst, Rauch› zurück. Die Entwicklung von mittelhochdeutschem *ou* zu bairischem *a* vor dem Konsonanten *m* ist ein ganz normaler Vorgang, wie *troum* ‹Traum› zu *Dram* und *boum* ‹Baum› zu *Bam* zeigen. Die ursprüngliche Bedeutung von *damisch* ist demnach ‹benebelt›.

Aber beim Taroggen versteh ich keinen Spas.
Schafkopf, Watten und Tarock

An bayrischen Wirtshaustischen dominieren drei Kartenspiele (auch wenn Poker, Skat und andere Importe auf dem Vormarsch sind): *Schafkopf*, *Watten* und *Tarock*. Um es gleich ehrlich zu sagen: Woher *Schafkopf(en)*, die Bezeichnung des heute wohl populärsten bayrischen Kartenspiels, kommt, weiß man nicht. Die Theorien, die dazu im Umlauf sind, überzeugen nicht. Dass *Schafkopf* eigentlich *Schaffkopf* sei, weil man früher auf dem Deckel (gewissermaßen dem «Kopf») eines Fasses («Schaff») gespielt habe, scheint ziemlich an der Haaren herbeigezogen. Auch die Hypothese, dass man ursprünglich nicht nach jedem einzelnen Spiel bezahlt habe, sondern eine eigenartige Strichliste geführt habe, die am Ende den Umrissen eines Schafskopfes geähnelt habe, ist wenig einleuchtend.

Sicheren Boden hat man dagegen beim *Watten* unter den Füßen (allerdings nur in sprachlicher Hinsicht, nicht beim Spiel selbst!). Das Wort leitet sich ganz einfach von italienischem *battere* her, und das heißt ‹schlagen, klopfen›. Älter als das *Schafkopfen*, das normalerweise zu viert und nur im Notfall in einer reduzierten Variante zu dritt gespielt wird, ist *Tarock* grundsätzlich ein Spiel für drei Teilnehmer. Auch hier liegt ein italienisches Wort zugrunde, nämlich *tarocco*. Dieses ist etymologisch verwandt mit französischem *Tarot* ‹Wahrsagen aus Karten›, das aber der Sache nach mit *Tarock* nichts zu tun hat. Da übrigens auch *Skat* aus dem Italienischen kommt (*scarto* bedeutet ‹abgelegte Karten›), sollte man sich bei der Suche nach der Etymologie von *Schafkopf* vielleicht einmal in Italien umsehen. Dort ist beispielsweise ein Kartenspiel namens *scopa* weit verbreitet. Das wird meistens zu zweit gespielt. Die Variante zu viert heißt *scopone*. Zufällige Lautähnlichkeit?

So *seye der teuffel enckher selnsorger.*
Die Pronomina *es, enk* und *enker*

Dialektsprecher, die (noch) gegen die standardsprachlichen Pronomina *ihr, euch* und *euer* resistent sind, gebrauchen an deren Stelle *es, enk* und *enker.* Dass es sich hierbei um völlig andere Wörter handelt, ist leicht zu erkennen. Das heißt: *es, enk* und *enker* sind nicht einfach Lautvarianten von *ihr, euch* und *euer.*

Man hat diese Wörter offenbar schon vor Jahrhunderten als typisch bairisch erkannt. So konnte sich der Elsässer Jacob Frey, seines Zeichens Stadtschreiber in Maursmünster (heute Marmoutier), der 1556 in Straßburg unter dem Titel «Die Gartengesellschaft» eine Sammlung unterhaltsamer, teilweise auch recht zotiger Schwankerzählungen drucken ließ, über einen «armen, ungelehrten Pfaffen» im niederbayrischen Osterhofen lustig machen, indem er den dortigen Dialekt parodierte und dazu genau diese drei merkwürdigen bairischen Fürwörter benützte. Diese Schwankerzählung aus dem 16. Jahrhundert lautet wie folgt:

Zu Osterhoven im Bayerland da ware ein gar armer ungelerter pfaff; sein narung warde im sauer zů bekomen. Uff ein zeit wollte er predigen, klagt sein not, ward gantz und gar unlustig, sagt: «Lieben kinder Christi, ich solt enckh (!) das wort gottes verkünden; so seit es (!) so schantlich böß bawrn, es (!) wölt nichtz bettn, nichtz faßtn, nichtz opffern auffn altar und nichtz durch gotzwilln gebn. Nempts (!) war, über nacht so stürb ich und far von mund auff (‹sogleich›) zů dem almechtign ewign got. So spricht er zů mir: ‹Seidt mirs gotwilkhem, herr Hans!› So zeuch ich mein baretlin ab und sprich: ‹Gnad, herr›. Alßdann sagt der allmechtig ewig got:

‹*Sihe, mein herr Hans, wo habt es* (!) *enckhere* (!) *schäfle, die es* (!) *gewädnet haben auffm erdtreich herunden? Lieber herr Hans, wo sends enckhere* (!) *arme leut?*› *Sihe mein, so steh ich vor dem allmechtign, ewign gott, als wer mir in dhend gschissn; der teufel hat sie alle hinter rucks mir hinweg. Darumb will ich enck* (!) *endtlich sagn, wann es kain andter weiß wölt habn, so seye der teuffel enckher* (!) *selnsorger unnd pfarherr! Und will hiemit urlaub gnomen haben.»* Also zohe er von der pfründen und kam gehen Filtzhoven, da ist er noch.

Der kurze Text ist insofern aufschlussreich, als er zeigt, was man im 16. Jahrhundert im fernen Elsass über die Auffälligkeiten des niederbayrischen Dialekts wusste. Markantestes Merkmal waren offenbar wirklich die stereotyp wiederholten Pronominalformen *es*, *enk* und *enker*. Die Schreibung mit *ckh* deutet darauf hin, dass Frey vermutlich an eine Lautverbindung aus *k* und *ch* dachte, wie man sie noch heute im südbairischen Raum hören kann. Weitere Dialektmerkmale, die der Elsässer in seinen Text einbaut und irgendwoher gekannt haben muss, sind das Fehlen des Umlauts (*schantlich*) und des *e* in Verbendungen (*bettn*, *faßtn* statt *beten*, *fasten*), die *e*-Variante von *kommen* (in *gotwilkhem* ‹Gott willkommen›), außerdem der Abfall von *-e* am Wortende (*böß bawrn*, *der allmechtig ewig got*), die Wortverschmelzung *dhend* für *die Hände* und anderes.

Woher kommen nun aber diese merkwürdigen *es*, *enk* und *enker*, die der Elsässer dem Osterhofener Pfarrer namens *Hans* in den Mund legt? Es handelt sich um Pronomina, mit denen ursprünglich – und das heißt im Germanischen – die Zweizahl (der «Dualis») ausgedrückt wurde. Das Germanische unterschied nämlich bei den Personalpronomina (und auch bei den Verben) Einzahl, Zweizahl und Mehrzahl; erst ab «drei» galt also der Plural. Das germanische Wort, auf das unser *es* in der Bedeutung ‹ihr› zurückgeht, bedeutete ursprünglich ‹ihr beide›. Entsprechend geht *enk* auf ein Wort zurück, das bei den Germanen ‹euch beide› bedeutete, und *enker* auf ein germanisches Pronomen mit der Bedeutung ‹euer beider›. Der Dualis wurde später von den meisten Sprachen, die aus dem Germanischen hervorgegangen sind (z.B. Deutsch, Englisch, Niederländisch, Dänisch), aufgegeben, und das Pluralpronomen wurde auch für die Zweizahl «zuständig». Im Bairischen war es umgekehrt: Hier haben die Dualis-Pronomina die Pluralpronomina verdrängt. Eine vergleichbare Entwicklung hat auch im fernen Island stattgefunden.

Wer heute im Dialekt sagt *wia geht's eich denn?* oder *is des eier Auto?* oder *seids ihr narrisch?* verwendet bereits (allenfalls lautlich angepasste) standardsprachliche Formen, die den alten Pronomina weitgehend den Garaus gemacht haben. Ein letztes Relikt von *es* in der Bedeutung ‹ihr› ist allerdings das *-s*, das in Sätzen wie *seids ihr narrisch?* hartnäckig am Verb hängen bleibt, und zwar auch dann, wenn das Pronomen *ihr* verwendet wird.

Der Bayer, jetzt erst recht grantig.
Das Adjektiv *grantig*

Eine Eigenschaft, die den Bayern immer wieder nachgesagt wird, und zwar geradezu als prägendes Merkmal des Volkscharakters, ist das *grantig*-sein oder kurz: der *Grant*. Die sozialpsychologische Tiefe dieses mitunter kollektiven Gemütszustandes auszuloten kann hier nicht geleistet werden. Stattdessen sei Herbert Rosendorfer zitiert. Er weiß in seinem «Königlich bayrischen Sportbrevier» über die innere Einstellung des Bayern zur Institution des Volksfestes Folgendes mitzuteilen:

Während man anderwärts zu einer bestimmten Zeit auf ein Volksfest geht, mit dem Vorsatz sich zu amüsieren, sich dort vielleicht amüsiert und danach in den häuslichen Alltag zurückkehrt, empfindet der Bayer ein Volksfest total. Er stürzt sich in das Vergnügen – nicht mit dem Vorsatz, sich zu vergnügen, sondern mit dem Schutzschild «Grand» gewappnet –, er wirft seine Persönlichkeit voll und ganz dem Volksfest in den Rachen, hält sich, stetig noch grantiger werdend, in demselben fest und klammert sich auch dann noch an das Vergnügen und insbesondere an den Maßkrug, wenn das Volksfest längst begonnen hat, seine Kinder auszuspucken. Erst wenn der abgeräumte Festplatz eine Wüste ist, kriecht der Bayer, jetzt erst recht grantig, auf allen vieren von dieser Wüste, innerlich selbst eine solche.

Natürlich ist *grantig* keine bayrische Volkseigenschaft, die sich ausschließlich im Zusammenhang mit einem Volksfestbesuch Bahn bräche, sondern es kann sich – bei manchen Individuen zumindest – um eine fundamentale Grundstimmung, förmlich um eine Lebenseinstellung handeln.

Aber es geht hier nicht um Volkspsychologie, sondern um Etymologie. Eine immerhin plausible Erklärung ist die, dass *grantig* zu dem Verbum *greinen* ‹weinen, jammern, meckern› zu stellen ist. Ein direkter und einfacher Weg vom Verbum zum Adjektiv lässt sich allerdings nicht aufzeigen, denn sowohl das *ei* als auch das *t* stehen einer einfachen Rückführung von *grantig* auf *greinen* im Weg. Eine Erklärungsmöglichkeit (die aber nicht bewiesen ist) böte die Annahme, dass andere Adjektive, nämlich *hantig* ‹bitter› oder *antig* ‹traurig, wehmütig, übel gelaunt› oder beide mit hereinspielen. Auf der Grundlage von *greinen* könnte ein Reimwort zu diesen beiden Adjektiven neu gebildet worden sein. Darauf deuten zumindest reimende Doppelformeln wie *hantig* und *grantig* oder *antig* und *grantig* hin, wie sie schon Schmeller im Bayerischen Wörterbuch aufführt. Und *hantig* und *antig* sind wesentlich früher nachweisbar als *grantig*: Ein Adjektiv mit den Varianten *hantag* und *hantig* ist schon im frühmittelalterlichen Althochdeutschen belegt und lässt sich zusammen mit vergleichbaren Wörtern des Griechischen und Lettischen sogar auf eine archaische indogermanische Grundform mit der Bedeutung ‹spitz› zurückführen. Eine Vorform von *antig* ist althochdeutsches *andig* ‹zornig›. Für *grantig* fehlen hingegen historische Nachweise. Ganz alt kann es wohl nicht sein. Fazit: Letztlich ist die Herkunft des Wortes *grantig* mit seinen Abkömmlingen *granteln* und *Grant* ebenso undurchsichtig wie die damit bezeichnete angeblich typisch bayrische Seelenverfassung.

Und das Schnauferl ist immer langsamer g'fahrn und g'hupft wie ein Bock. Neue Dialektwörter

Das Wort *grantig* hat es bereits deutlich gemacht: Auch in Dialekten entstehen offenbar neue Wörter. Dennoch wird die Frage nach Wortschatzinnovationen in den Mundarten kaum einmal gestellt. Vielmehr wird das Aussterben von Wörtern je nach Standpunkt sachlich konstatiert oder gefühlvoll betrauert. Dabei wäre es nicht uninteressant zu fragen, ob (und falls ja, in welchem Umfang) die Dialekte, das Bairische zumal, noch in der Lage sind, neue Wörter hervorzubringen, und zwar nicht nur vereinzeltes *grantig*. Schließlich ist die Entstehung von neuen Wörtern ja nichts weniger als ein Lebenszeichen für Sprachen und natürlich auch Dialekte. Tote atmen nicht mehr, und tote Sprachen erweitern ihren Wortschatz nicht mehr. Eine Ausnahme ist vielleicht das künstlich beatmete vatikanische Kirchenlatein, für das eine Behörde Bezeichnungen für neuzeitliche Errungenschaften wie Atombombe, Streikrecht oder Kondom ersinnt. Aber sonst gilt: Sprachen erweitern ihren Wortschatz lebenslänglich, und zwar vor allem dadurch, dass sie entweder aus vorhandenen «Bausteinen» neue Wörter komponieren oder aus Kontaktsprachen Anleihen nehmen.

Zur Illustration vorab ein paar Beispiele aus der Standardsprache: Aus vorhandenen Bausteinen komponiert sind beispielsweise *Umweltschutz* oder *zeitnah* (ein gräßliches, erst seit wenigen Jahren vor allem im Bürokratendeutsch verwendetes Adjektiv). Die «Bausteine» *um*, *Welt* und *Schutz* gab es im Deutschen seit jeher, ebenso *Zeit* und *nah*. Nur eben kein daraus zusammengesetztes *Umweltschutz* bzw. *zeitnah*. Zu neuen Wörtern «montiert» wurden diese Komponenten erst vor relativ kurzer Zeit. Standardsprachliche Beispiele für die zweite Möglichkeit, die Anleihe aus anderen Sprachen, wären *Computer*, *User*, *Update* oder *Hedgefonds*. Weil sich die Dialekte ganz selbstverständlich, einfach und sozusagen kostenlos auch aus dem Wortvorrat der Standardsprache «bedienen» und natürlich auch aus dem Vorrat der dort ver-

wendeten Fremdwörter, müssen dafür keine neuen Mundartwörter geschaffen werden. Oder anders gesagt: Auch das Bairische ist
update-fähig.

Ein weiterer Grund dafür, dass es in der Mundart längst nicht so
viele Neuwörter wie in der Standardsprache gibt, ist der, dass Dialekte eine geringere «Kommunikationsreichweite» haben als die
Standardsprache. Die notgedrungen überregionale Sprache der
Technik, der Wissenschaft, auch der Medien und der Politik ist nun
einmal das Standarddeutsche. Dialekte werden vor allem in der alltäglichen «Nahkommunikation» verwendet. So sind es denn auch
vor allem Wörter des Alltagslebens, die neu gebildet werden. Lebensmittel gehören beispielsweise in diesen Bereich. Eine Reihe
von Getränken etwa, die man bis vor kurzem noch nicht kannte,
mussten neu bezeichnet werden: *Radler* oder *Gwasch* (beides bezeichnet eine Mischung aus Bier und Limonade), *Spezi* (Mischung
aus Limonade und Cola) sind Beispiele. *Goaßmass* und *Russenmass* unterscheiden sich regional und lokal nur durch die Zutaten.
Beides bezeichnet jedenfalls eine Mischung aus Bier jeder Couleur,
Cola oder Limonade und gegebenenfalls irgendwelcher hochprozentigen Spirituosen. Etwas älter ist schon die Bezeichnung
Kracherl für Limonade.

Erst im 20. Jahrhundert kamen Sandalen in Mode und verdrängten die herkömmlichen Holzschuhe mit Lederüberzug. Im Dialekt
heißen diese neuen «Schuhe» *Klapperl*. Benennungsmotiv ist vermutlich das Geräusch, das sie beim Gehen verursachen.

Kreativ ist der Dialekt auch dann, wenn es um scherzhafte Benennungen neuer Errungenschaften geht. Die Mundharmonika,
im Unterschied zu Geige, Trommel und Flöte kein besonders altes
Instrument, wird auch als *Fotzhobel* bezeichnet, der BH (ein vergleichsweise modernes Kleidungsstück und jünger als das althergebrachte Mieder) als *Duttengschirr*. Der spezialisierte Zahnarzt,
der erst im späteren 19. Jahrhundert den für alles Mögliche, auch
für defekte Zähne, zuständigen Dorfbader ersetzt hat, heißt
scherzhaft *Fotzenspangler*. Mopeds bezeichnet man örtlich nach
wie vor als *Hennasprenger* (dabei muss man wissen, dass *sprengen*

im Dialekt ‹wegscheuchen› bedeutet, wozu man im Falle von Hühnern nicht unbedingt Dynamit braucht). Noch gebräuchlicher als dieses Wort ist allerdings *Schnauferl*. Verwendet wird es vorzugsweise für knatternde Mopeds, aber auch für kleine Autos mit vergleichbaren akustischen Eigenschaften: *die anderen Autofahrer, wo mich überholt haben, haben schon so komisch g'schaut – und ich sitz da herin in mei'm Schnauferl, und das ist immer langsamer g'fahrn und g'hupft wie ein Bock* (Rosendorfer, «Die Kellnerin Anni»).

Was das Bairische betrifft, kann man also zusammenfassend sagen: Noch *schnauft* es.

Der Bürgermeisterin ihr Fotzn.
Falsche bairisch-deutsche Freunde

Als «falsche Freunde» bezeichnet man Wörter zweier Sprachen, die auf den ersten Blick gleich oder sehr ähnlich aussehen, vielleicht sogar gemeinsame etymologische Wurzeln haben, aber ganz Unterschiedliches bedeuten. Ihre kurzschlüssige Verwechslung ergibt einen völlig anderen Sinn als den vom Sprecher beabsichtigten. Das wäre der Fall, wenn man z.B. in einem englischen Restaurant oder an einer Fleischtheke sagen will ‹ich bekomme bitte ein Steak› und das umsetzt in *I would like to become a steak*. Die Folge wären – im besten Fall – ungläubige Blicke seitens des Metzgers. Dem deutschen *bekommen* entspricht englisches *become* zwar etymologisch, aber nicht semantisch. Beispiele für «falsche Freunde» gibt es auch im Verhältnis von Standardsprache und Dialekt, und zwar reichlich. Hier nur einige Beispiele.

Bein existiert in der mundartlichen Form *Boa*, Plural *Boana* (regional auch *Boina*). Oft wird es auch in der Verkleinerungsform verwendet. Der Tod wird respektlos als *Boandlkramer* bezeichnet, wie jeder weiß, der den «Brandner Kaspar» von Franz Kobell gelesen (besser!) oder im Kino gesehen hat (die weniger gute Variante). *Boa* oder *Boandl* bezeichnen aber nicht dasselbe wie *Bein* in der Standardsprache, also nicht die unteren Extremitäten, sondern vielmehr die Knochen. In der Standardsprache ist diese alte Bedeutung, die im Dialekt bis heute fortlebt, nur noch in Redensarten wie *das geht mir durch Mark und Bein* und in Zusammensetzungen wie *Steißbein* oder *Jochbein* erhalten.

Andererseits reicht im Bairischen der *Fuaß* von der Sohle bis zum Hintern. Wade, Schienbein, Knie und Oberschenkel eingeschlossen: *Dazu kam noch der eisgraue Raminger-Loisl, der sich beim Ausholzen mit dem Beil das Knie auseinandergeschlagen hatte und seither einen lahmen Fuß hatte* (Graf, «Kalendergeschichten»).

Zusatzbemerkung: *Boa* kann auch noch in eine andere Richtung falsch verstanden werden, denn ein *Bayer* wird vor allem in Österreich als *Boa* bezeichnet. Ein Satz wie *da Hund beißt auf an Boa umanand* könnte deshalb zumindest in Österreich missverständlich sein. In Bayern selbst sagt man zwar für *bayrisch* vielfach *boarisch*. Sich selbst bezeichnet aber kaum einer als *Boa*.

Fotzn (feminin) oder *der Fotz* (maskulin) ist im Bairischen kein unanständiges Wort für das primäre weibliche Geschlechtsorgan, sondern meint entweder ‹Mund›, ‹Mundwerk› oder ‹Gesicht›. Max Peinkofer schildert z. B. in einer Folge von humoristischen Gedichten Begebenheiten von der Passauer Maidult. In einer dieser Szenen will sich eine Frau *afan Poratee* ‹auf einem Porträt› verewigen lassen. Sie fragt ihren Mann: *Soit ön breutn oder gspitzn, ha mein Fotz?* ‹Soll ich ihn breit ziehen oder spitzen, meinen Mund?› Worauf der Mann erwidert: *So gspitzn na!* ‹Dann spitze ihn eben.› Von der Bedeutung ‹Gesicht› ist es nicht weit zu ‹Ohrfeige›. Auch das ist eine Bedeutung des Dialektworts *Fotzn*, das dann aber stets als Femininum *d'Fotzn*, *a Fotzn* oder *a poa Fotzn* verwendet wird. Hier liegt «Metonymie» vor. Nahezu gleichbedeutend ist *Watschn*. Ein Unterschied zwischen *Fotzn* und *Watschn* besteht allenfalls im Intensitätsgrad: *Und ob das mit dem Fröscheprellen wirklich eine Gemeinheit ist? Ich habe mir zwar deswegen mehrmals ein paar Fotzn eingehandelt, aber dem Frosch selber ist es nicht zugute gekommen* (Polt, «Hundskrüppel»).

Das sehr ähnliche «unanständige» Wort der deutschen Vulgärsprache, nämlich *Fotze*, ist eine jüngere Nebenform von *Fud*, das es
in dieser Form auch im Bairischen gibt. Über deren Wirkung und
optimale Beschaffenheit gibt schon ein bairisches Gedicht aus dem
15.Jahrhundert detailliert Aufschluss. Darin heißt es unter anderem:

ain gutü fud machet esel wyen,
ain gutü fud machet vogel schryen,
ain gutü fud machet hüglich pfawen,
in gutü fud machet kazen rawen,
ain gutü fud machet frisch heut,
ain gutü fud raizt vich und leut

‹Eine gute *Fud* bringt Esel zum Wiehern, Vögel zum Schreien,
macht Pfauen stolz, bringt Katzen zum Miauen, sie verleiht eine
frische Haut und reizt Tier und Mensch› (usw.). Dieses Wort lässt
sich mindestens bis ins Germanische zurückverfolgen. Die bairische *Fotzn* in den zuvor genannten Bedeutungen hat damit allerdings überhaupt nichts zu tun. Möglicherweise ist es zu dem französischen Wort *face* oder zu lateinischem *facies* – beides bedeutet
‹Gesicht› – zu stellen. Abgeleitet von der Zweitbedeutung ‹Ohrfeige› ist auch ein Verbum *fotzen*, erweitert zu *abfotzen, herfotzen*
oder *zammfotzen*. Alles das bedeutet ‹heftig ohrfeigen›. In einem
nicht mittelalterlichen, sondern neuzeitlichen Gedicht mit dem Titel *familienlem* ‹Familienleben› von Carl-Ludwig Reichert und
Michael Fruth heißt es:

da feanseh laffd da nachba blead
und fozzd sei oide zamm
do wissma glei wia guads uns ged
und wia zinfti dasmas hom

‹Der Fernseher läuft, der Nachbar plärrt und ohrfeigt seine Alte
nieder. Da wissen wir sofort, wie gut es uns geht und wie gemüt-
lich wir's haben.›

Hafen. In jedem *Hafen* entlang der norddeutschen Küste legen Schiffe an oder sie machen sich von dort aus auf die Reise. Es gibt aber auch entlang der Donau einige *Häfen*, beispielsweise in Passau, Straubing und Regensburg, die es allerdings an Größe und Umschlagkapazität mit Hamburg und Bremen nicht ganz aufnehmen können. Im Bairischen versteht man aber unter *Hafen* (dialektal *Hoofn*) ohnehin meistens etwas ganz anderes, nämlich große, eher schlichte und schmucklose irdene Gefäße: *Wie er frühmorgens seine Kaffeesuppe trank, kam auch die Zenzi herein, und die Ursula schob ihr den Hafen hin, wie man keinem Hund das Fressen vorsetzt* (Thoma, «Der Wittiber»).

Die Verkleinerungsform *Haferl* ist dann so etwas wie eine größere Tasse. Dieses Wort kann darüber hinaus auch für einen anderen (vor allem zur Nachtzeit) sehr nützlichen Gegenstand verwendet werden, der jedoch weitgehend aus der Mode gekommen ist, seit der bayrische Mensch auf dem Lande nicht mehr gezwungen ist, nächtens abseits des Wohnhauses, in Kälte und Dunkelheit, einem eventuellen Bedürfnis nachzugehen. Nur kleine Kinder setzt man noch aufs *Haferl* oder *Nachthaferl*. Lena Christ erzählt in ihren «Erinnerungen einer Überflüssigen», dass ihren Großeltern, bei denen sie als kleines Mädchen lebte, eines Nachts ein siamesisches Zwillingspärchen vor die Haustür gelegt worden war. Jemand klopfte ans Fenster und war sogleich wieder verschwunden. Die Kinder wurden aufgenommen, und der Großvater *verfertigte ihnen ... ein eigenes Stühlchen, sowie ein Bänklein mit einer runden Lehne, in das er zwei Löcher schnitt ... Darunter stellte die Großmutter bei Bedarf zwei Nachthäflein.*

Das Wort *Hafen* im Sinne von ‹Anlegeplatz für Schiffe› hat selbst eine lange Reise hinter sich. Es kommt ursprünglich aus Skandinavien, aus Dänemark oder Schweden, wurde dann ins Niederdeutsche übernommen und erst in der Neuzeit, als die einfachen Anlegeplätze entlang der Flüsse zu Binnenhäfen ausgebaut wurden, auch in Süddeutschland übernommen. Es ist folglich viel jünger als die gleichlautende Gefäßbezeichnung, die schon im 8. Jahrhundert in der Schreibform *havan* belegt ist. Dass die beiden

Wörter, die ursprünglich nichts miteinander zu tun hatten, dennoch kollidieren können, zeigt sich beim Kompositum *Glückshafen*. Heute assoziieren wohl die meisten damit den *Hafen*, in dem Schiffe landen. Im *Glückshafen* kann eben das Glück landen (oder starten). Die ursprüngliche Bedeutung von *Glückshafen* ist aber ‹Lostopf›. Zu welchem der beiden *Hafen* sachlich und etymologisch gesehen der *Ehehafen* gehört, bleibe an dieser Stelle dahingestellt.

Heimat ist in der Standardsprache ein Femininum, *das Hoamat* im Dialekt ist ein Neutrum (der Dialekt ist auch hier beim alten Genus geblieben). Der entscheidende Unterschied liegt aber in der Bedeutung: Während *Heimat* in der Standardsprache und in der mehr oder weniger hochsprachlichen Literatur ein relativ abstrakter Begriff ist, über dessen Definition und Semantik sich Philosophen, Psychologen und Vertreter der gegenwärtig ins Kraut schießenden «Kulturwissenschaften» den Kopf zerbrechen, ist *Hoamat* im Bairischen etwas sehr Konkretes und Greifbares. Deshalb kann man das Wort *Hoamat* anders als sein Pendant *Heimat* auch verkleinern: *s Hoamatl.* Gemeint ist das eigene Haus oder der eigene Hof, auf dem man geboren ist, wo man lebt oder von dem man abstammt. Ludwig Thoma lässt seinen «Helden» Schormayer im «Wititber» auf dem Nachhauseweg vom Wirthaus singen:

Voda, wann gibst ma denn's Hoamatl,
Voda, wann laßt ma's denn schreib'n?
's Dirndl wachst auf wia'r a Groamatl,
Ledi will's aa nimma bleib'n

‹Vater, wann gibst du mir denn den Hof, Vater, wann lässt du ihn mir überschreiben? Das Mädchen wächst (schnell) auf wie ein Grummet. Ledig will sie auch nicht mehr bleiben.›

Hirn bezeichnet in der Standardsprache nur den mehr oder minder funktionstüchtigen Kopfinhalt. Es ist nahezu gleichbedeutend mit *Gehirn.* Diese Bedeutung gibt es im Bairischen selbstverständlich auch, aber meistens meint man mit *Hirn* die Stirn: *Dem*

Wastl trieb es direkt den Angstschweiß aus dem Hirn (Graf, «Das bayerische Dekameron»).

Krampf bedeutet in der Standardsprache ‹schmerzhafte Muskelkontraktion›. Auch das kommt selbst in bairischen Waden vor und wird dann auch so bezeichnet. Aber eine viel häufigere Bedeutung von *Krampf* ist ‹Unsinn, Quatsch›. *Verzähl ma doch koan Krampf* heißt also nicht ‹erzähle mir nichts von Muskelschmerzen›, sondern ‹rede mir keinen Blödsinn vor›. Ein bayrischer Ministerpräsident konnte vor einigen Jahren eine Oppositionspolitikerin als *Krampfhenn* bezeichnen. Ungestraft, denn es geschah am Aschermittwoch in Passau und war somit a priori *Krampf*.

Krüppel ist ein mittlerweile nicht mehr politisch korrektes Wort mit der Bedeutung ‹Körperbehinderte(r)›. Trotzdem ist es bekannt und wird nicht-öffentlich auch verwendet. Bairisches *Gribbl* oder *Gribbe* (so die dialektalen Aussprachevarianten) ist ein gängiges Schimpfwort für einen Übeltäter oder einen missliebigen, frechen Kerl, und zwar unabhängig von dessen körperlicher Verfassung: *'s Mai brauchst ma it ohänga, Krippi windiga ... I hob dir no nia koan Sautreiba ogebn!... Krippi hundsheiderner! Hund nackerter! plärrte der Anderl* (Graf, «Das bayrische Dekameron»). Das ist eigentlich nicht übersetzbar. Es kann nur sinngemäß ungefähr so wiedergegeben werden: ‹werde ja nicht frech zu mir, du Dreckskerl, du windiger. Im Vergleich zu dir bin ich noch lange kein Sautreiber, elender Dreckskerl, nackter Hund!, plärrte der Anderl›.

Als Schimpfwort hat *Gribbl* eine geradezu natürliche Affinität zu steigernden Zusammensetzungen. Sehr gebräuchlich sind beispielsweise *Saugrippl, Mistgrippl* und *Hundsgrippl*. Die Jugenderinnerungen des weit über Bayern hinaus bekannten Kabarettisten Gerhard Polt, der sich wie die «Biermösslblosn» um die Verbreitung bayrischer Kultur und bayrischen Wortschatzes im norddeutschen Ausland sehr verdient gemacht hat, lautet «Hundskrüppel: Lehrjahre eines Übeltäters».

Das Wort kann aber – wie noch viele andere Schimpfwörter im Bairischen – auch anerkennend gemeint sein. *Bist fei scho a Grippl* kann durchaus als Kompliment gemeint sein und bedeuten ‹du bist wirklich enorm schlau›. Es schwingt aber immer auch die Bedeutungskomponente ‹trickreich, gerissen› mit.

Eine *Leiche* in der deutschen Standardsprache ist ein lebloser Körper. Bairische Dialektsprecher können auch *auf d' Leich geh(n)*, was aber nicht bedeutet, dass pietätlos auf einem Toten herumgetrampelt würde, sondern mit *Leiche* bezeichnet man im Bairischen das Begräbnis: *Am Totenbett und auf der Leiche sind denn auch bloß der alte Kastenberger und die Marie gewesen* (Graf, «Kalendergeschichten»).

Maul hat die mundartlichen Entsprechungen *Mäu, Maj* oder *Maal*. Nach standarddeutschem Verständnis haben Tiere ein solches. Wenn man *Maul* auf einen Menschen anwendet, ist es beleidigend, denn Menschen sprechen und essen mit dem *Mund*. Im bairischen Dialekt gibt es das Wort *Mund* eigentlich gar nicht. Wenn es dennoch verwendet wird, ist es eine Anleihe aus der Standardsprache. Im Dialekt kann *Mäu, Maal* u. ä. von Mensch und Tier gleichermaßen gesagt werden. So schreibt der Zentrumsabgeordnete Josef Filser über seine ersten Erlebnisse im Münchner Landtag, dem *Barlamend*, an seine Marie zu Hause: *Es sind viele geischtlinge Herren dagewesen, die wo gesagt haben, mir brauchen blos das Maul halden und sie machen es schon. Libe Mari, ich bin froh, das ich keine Rede nicht halden brauch, sondern das Maul* (Thoma, «Filser-Briefe»).

Und Lena Christ erzählt in ihren «Erinnerungen einer Überflüssigen», wie sie als kleines Mädchen vom Großvater zu ihrer leiblichen Mutter nach München gebracht wurde. Mit der Pferdetram fuhren sie über den Marienplatz, wo ein riesiger Brunnen steht, in den mächtige Fische Wasser speien. *Großvatta, do schaug hera, wie dö Fisch's Mäu aufreißn!* Entsetzt wandte meine Mutter sich ab, während mein Großvater mich am Ärmel ergriff und mir zuflüsterte: *Bscht, sei stad, Dirnei! Mäu derf ma jatz nimma sagn, Mund hoaßts do jatz* ‹Großvater, da schau her, wie die Fische das Maul aufreißen ... Sei ruhig, Kleine! Maul darf man jetzt nicht mehr sagen, Mund heißt es hier jetzt.›

Sauber ist in der Standardsprache das Gegenteil von *schmutzig* oder *unrein*. Im Bairischen gibt es diese Bedeutung zwar auch. Aber wenn man bei einem bayrischen Schriftsteller folgenden Satz liest: *Sauber war ja die Kastenberger-Tochter nie gewesen* (Graf, «Kalendergeschichten»), dann könnte man auf völlig falsche Gedanken kommen: War sie unreinlich? Unappetitlich? Oder vielleicht sogar moralisch verkommen? Das alles ist nicht der Fall. Das Mädchen, um das es geht, die *Kastenberger-Tochter* namens *Marei*, eine Tante des Autors, war nicht besonders attraktiv, und eigentlich erklärt das dann Folgende dies besser als jede theoretische Begriffsbestimmung: *Und auf das, was sie für ein Bild macht, ist ihr nie der Sinn gestanden. Da ist sie gesessen neben ihrem Vater, den runden grünen Hut wie auf den Kopf gepappt, ein wenig engbrüstig und klein, mit großen Ohren und Händen, hinter den starken Backenknochen grundgute, kleine Augen – alles so halbwegs hilflos und beinahe alt.* Das ist gemeint. So jemand ist kein *saubers Dirndl*, jedenfalls nicht vom äußeren Eindruck her. Anders gewiss. Aber das erzählt die Geschichte.

Schelten oder *ausschelten* bedeutet in der Standardsprache so viel wie ‹zurechtweisen, tadeln›. Kinder, die etwas verbockt haben, werden *(aus)gescholten*. Im Bairischen bedeutet *schelten* jedoch nur ‹fluchen› und wird deshalb nur ohne Akkusativobjekt verwendet: *Da fing der Mann an zu schelten, und ich stand traurig und wußte nicht, was anfangen* (Lena Christ, «Erinnerungen einer Überflüssigen»). Der Mann, von dem in dieser autobiographischen Erzählung die Rede ist, hat das kleine Mädchen nicht ausgeschimpft, sondern er hat vor sich hin geflucht. Dem standardsprachlichen *schelten* entspricht im Bairischen *schimpfen*.

Schmatzen heißt im Deutschen außerhalb des Bairischen ‹mit vernehmlichen Begleitgeräuschen essen›. In Teilen Bayerns, vor allem Niederbayerns, ist es jedoch das normale Verbum für ‹reden›, allenfalls mit einem leicht abschätzigen Unterton. Beides hat etymologisch nichts miteinander zu tun. *Schmatzen* im standardsprachlichen Sinne ist eine Zusammenziehung aus *schmacketzen* und gehört zum selben Wortstamm wie *schmecken* und *Ge-*

schmack. Das bairische *schmatzen* im Sinne von ‹reden› geht zurück auf mittelhochdeutsch *smetzen*. Das heißt eigentlich ‹nutzlos reden› oder ‹Unsinn reden›. In einem im Jahr 1472 aufgeschriebenen Osterspiel in einer Wiener Handschrift fordert der «Praecursor», der vorab das Publikum auf das Stück einstimmt, die Leute auf:

Ir jungen und ir alde,
Horet zu also balde
Und ir alten vlattertaschen
Ir kunnet vil smetzen und waschen

‹Ihr Jungen und Alten, hört nun gleich zu! Und ihr alten Plaudertaschen, ihr könnt viel tratschen und Gewäsch reden.›

Und in Max Peinkofers Einakter «Weibertratsch» stehen *Fräulein Dorothee* und *Frau Hinterdobler*, die eigentlich in die Kirche gehen wollten, draußen vor der Kirchentür. Als drinnen die Messe fast gelesen ist, bemerkt die eine *Ha, iatz kinn ma d'Mess versaama, haben ma kam an Augnblick gschmatzt* ‹O, jetzt können wir die Messe bleiben lassen, dabei haben wir doch kaum einen Augenblick geredet.› Ihr *Schmatzen* hat schätzungsweise eine Stunde gedauert.

Schmecken ist in der Standardsprache das Verbum, mit dem man die Sinneswahrnehmung bezeichnet, die mit Zunge und Gaumen erfolgt. Im Bairischen *schmeckt* man aber auch (und vor allem) mit der Nase. *Schmecken* bedeutet also ‹riechen›. Von jemandem, der sich selber für ganz besonders klug hält, sagt man in Niederbayern *der schmeckt an Schoas in der Finstern* ‹der riecht einen Furz sogar im Dunkeln›.

Trumm im Singular ist in der Standardsprache nahezu ungebräuchlich. Man kennt eigentlich nur *Trümmer* und meint damit ungeordnete Bruchstücke von etwas, das eingestürzt, zerbrochen oder zerstört worden ist. Ein Erdbeben, ein Orkan oder eine Explosion hinterlassen *Trümmer*. Anders im Bairischen: *a Trumm* bedeutet hier ‹etwas Großes›: *Is ja aa grod koa Gspaß, a so a*

Trumm Land regiern und an jeden Rüappi ois recht macha! ‹Es ist ja auch nicht unbedingt ein Spaß, so ein großes Land zu regieren und jedem Lümmel alles recht zu machen› (Graf, «Chronik von Flechting»).

Verreckt ist das Partizip von *verrecken* und in der Umgangssprache ein pietätloser Ausdruck für ‹gestorben›. Eine vulgärsprachliche, aber nicht spezifisch bairische Redensart ist *dort ist der Hund verreckt* (alternativ kann man sagen *das liegt am Arsch der Welt*). Anders im Bairischen: Hier bedeutet *verreckt* ‹kompliziert, vertrackt› oder auch ‹widerwärtig, beschwerlich›: «*Ah!*» *brummte der Salvermoser:* «*Dös Sakramentsbluat, dös verreckt!* ... *Fangt scho wieder o!*» (Graf, «Kalendergeschichten»). Das Wort kann aber auch anerkennend ins Positive gewendet werden. Wenn man zu jemandem sagt, *du bist scho a ganz a verreckter Hund,* dann kann das durchaus als Kompliment verstanden werden. Auch der Imperativ *ja verreck!* ist keine Aufforderung, umgehend das Zeitliche zu segnen, sondern ein Ausruf des Staunens, der Freude oder der Anerkennung.

Weib wird – standardsprachlich und politisch korrekt gesehen – heute als stark abwertend empfunden. Aber bis um die Mitte des 20. Jahrhunderts betete man im *Ave Maria* noch *du bist gebenedeit unter den Weibern* und meinte damit die heilige Maria. Erst nach dem Zweiten Vatikanischen Konzil wurden auch althergebrachte Gebetswortlaute politisch korrekt aktualisiert. Heute ist Maria *gebenedeit unter den Frauen.* Im Mittelhochdeutschen bedeutete *wîp* (die lautliche Vorstufe von *Weib*) nichts anderes als heute das Wort *Frau,* nämlich wertneutral ‹Mensch von weiblichem Geschlecht›. Mittelhochdeutsches *vrouwe* wiederum (darauf geht unser heutiges *Frau* zurück) bedeutete ‹Königin, Herrin› (deswegen heute noch *Unsere Liebe Frau* für die heilige Maria). Der bairische Dialekt ist jedoch bei der älteren, das heißt wertfreien Bedeutung von *Weib* geblieben. Wenn also jemand von seiner Frau als *mei Wei* spricht oder sie mit den Worten *Wei, sog du ebs* ‹Frau, sag du etwas› höflich bittet, ihre Meinung kundzutun, so ist das überhaupt nicht despektierlich.

Eine erweiterte Wortform ist *Weiberts.* Das ist ursprünglich eine sogenannte Kollektivbildung. Das heißt, man bezog sich damit auf eine größere Anzahl von *Weibern* oder die *Weiber* in ihrer pauschalen Gesamtheit. In einem weiteren Schritt konnte das Wort aber wieder auf Einzelpersonen bezogen werden (ähnlich wie wenn man von jemandem sagt, er befinde sich in *guter Gesellschaft,* damit aber nur eine einzelne Person meint) und sogar auf ein neu geborenes Mädchen: *Ganz und gar grantig hat der Bauer zur Hebamme gesagt: «Soso, scho wieder a Weiberts! Hm, da hilft dös ganz Betn nimmer ... Hmhm, i woaß's net, ünser Herrgott hot scho gor koa Eisehng nimmer!»* (Graf, «Kalendergeschichten»). Zugegeben: Eine gewisse Verächtlichkeit schwingt da schon mit, und es ist einzuräumen, dass das Dialektwort *Wei(b)* mittlerweile in den Sog des in der Standardsprache meist negativ gebrauchten Wortes *Weib* geraten ist und deshalb von manchen *Frauen* überhaupt nicht gerne gehört wird.

Bairisch im Kontakt

Jede natürliche Sprache, deren Sprecher nicht auf einer entlegenen Insel ein Dasein ohne jede Berührung mit der Außenwelt fristen, steht im Kontakt zu anderen Sprachen. Der Kontakt kann durch unmittelbare Nachbarschaft verursacht sein oder auch durch Kulturkontakte. Zumindest in Europa gab es, soweit unsere Kenntnis zurückreicht, keine Robinson-Crusoe-Sprachen. Und gerade das Bairische war seit jeher kontaktfreudig.

Nû heizet er dunrestac oder phinztac.
Bairisch und Gotisch

In den Jahrhunderten am Übergang von der Antike zum Frühmittelalter siedelten in Norditalien die Goten, ein germanischer Volksstamm, der schon im 2. Jahrhundert aus seinen skandinavischen Wohnsitzen aufgebrochen war und nach langer Wanderung im 4. Jahrhundert etwa auf dem Gebiet des heutigen Bulgarien an den Grenzen des Römischen Reiches angekommen war. Das Verhältnis zum Imperium Romanum war zeitweise kriegerisch, zeitweise aber auch geschäftsmäßig-friedlich. Im 5. Jahrhundert setzten große Teile der Goten über das Adriatische Meer nach Italien über. Bis zu seinem Tod im Jahre 526 herrschte in Ravenna Theoderich der Große, der später als Dietrich von Bern in die Heldensage eingehen sollte. Theoderichs Goten bekannten sich zur arianischen Variante des Christentums. Offenbar gab es Versuche, bei den Bajuwaren auf der anderen Seite der Alpen zu missionieren, doch historische Zeugnisse gibt es kaum. Einige noch heute gebräuchliche bairische Dialektwörter – *Dult* ‹Volksfest, Jahrmarkt›, *Erta* (auch

Erda, Irta oder *Irda* gesprochen) ‹Dienstag›, *Pfinzta* ‹Donnerstag›, möglicherweise auch *Maut* – stehen zumindest im Verdacht, auf solche gotisch-bajuwarische Missionskontakte zurückzugehen. Doch herrscht in der Forschung keine Einigkeit, was nicht zuletzt daran liegt, dass es aus der fraglichen Zeit überhaupt keine Quellen in der Volkssprache gibt. Und in der ältesten Überlieferung des Deutschen, das Bairische eingeschlossen, kommen diese Wörter noch nicht vor.

Das Wort *Dult* kennt man heute von der Passauer oder Regensburger *Maidult* oder der Münchner *Auer Dult* im Stadtteil *Au*. Dabei sind die *Maidulten* ganz gewöhnliche Volksfeste mit Bierzelt, Geisterbahn und Karussell. Die *Auer Dult*, die dreimal im Jahr stattfindet – die erste ist ebenfalls eine *Maidult* –, ist mehr ein Jahrmarkt. Das Wort *Dult*, und hier kommen die Goten ins Spiel, hat außerhalb des Bairischen keine Entsprechung, weder in der Standardsprache noch in anderen Dialekten. Nur für das Gotische ist ein solches Wort belegt, nämlich *dulþ* (der Buchstabe þ steht dabei für einen Laut wie englisch *th*). Wo es z. B. im 4. Jahrhundert in den gotischen Evangelien heißt, Pilatus habe den Juden anlässlich des Pascha-Festes jedes Jahr einen Gefangenen freigelassen (Matthäus 27,15), wird dieses Wort *dulþ* in der Bedeutung ‹Fest› verwendet. Dass es *Dult* exklusiv im Bairischen gibt, fände eine plausible Erklärung darin, dass gotische Missionare es im Zuge ihrer Missionsbemühungen als Bezeichnung für kirchliche Festtage dorthin gebracht haben. Der Schritt von der Bedeutung ‹kirchliches Fest› zu ‹Jahrmarkt› ist nicht mehr weit. Bei *Kirta* (aus *Kirchtag*) oder *Kirmes* (aus *Kirchmesse*) viel später war es nicht anders. Aber das Wort müsste über Jahrhunderte im Verborgenen überlebt und erst im Mittelhochdeutschen den Weg aufs Pergament gefunden haben. In einer Predigt aus Oberalteich bei Bogen, die um 1300 aufgeschrieben wurde, heißt es z. B. *Der gût sant Johannes des dult wir hiut begen der waz unsers herren traut* ‹der gute Sankt Johannes, dessen Fest wir heute feiern, der war unseres Herren Freund›.

Die vorchristlichen Bajuwaren kannten noch keine Siebentagewoche. Diese Zeiteinteilung übernahmen sie zusammen mit der christlichen Religion. Aber gerade Wochentagsnamen sind ein interessantes sprach- und kulturgeschichtliches Kapitel. Vereinzelt wurden antike Tagesbezeichnungen mit Götternamen direkt übernommen. Im englischen *Saturday* steckt z.B. unverkennbar der *Saturn*. Mehrheitlich wurden die antiken römischen Götter jedoch durch entsprechende germanische ersetzt. So ist beispielsweise der *Freitag* nach der germanischen Liebes- und Fruchtbarkeitsgöttin *Freja* benannt. Vorbild ist lateinisch *Veneris dies* ‹Venus-Tag›.

Im Fall von ‹Dienstag› und ‹Donnerstag› gingen die Bajuwaren allerdings eigene Wege, deshalb gibt es im Dialekt *Erta* und *Pfinzta*. Beides geht letztlich aufs Griechische zurück: *Erta* auf griechisches *Areos hemera* ‹Tag des (Kriegsgottes) Ares›, *Pfinzta* auf *pemte hemera* ‹fünfter Tag›. Wieder kommen die Goten ins Spiel, denn wie sollten die Bajuwaren an griechische Tagesnamen kommen? Die Goten lebten, wie schon gesagt, längere Zeit auf dem Balkan in direkter Nachbarschaft mit den Griechen. Ihr Bischof Wulfila hat seine Bibel aus dem Griechischen übersetzt. Weil sie später nach Norditalien weiterzogen, könnten (!) die Goten das «missing link» zwischen Griechen und Bajuwaren sein. Aber auch *Ertag* und *Pfinztag* müssten dann, ähnlich wie *Dult*, Jahrhunderte hindurch im lexikalischen Dornröschenschlaf gelegen haben. Die ältesten schriftlichen Zeugnisse datieren nämlich erst auf die Zeit nach 1200 – mehr als ein halbes Jahrtausend nach der nur hypothetisch vermuteten Gotenmission. In dieser langen Zwischenzeit müssten beide Wörter ausschließlich mündlich verwendet worden sein, bis endlich irgendwann irgendjemand sie aufgeschrieben hat. Ein weiteres Problem für die Gotenthese ist, dass – anders als im Fall von *dulþ* – ausgerechnet diese beiden Wörter im Gotischen nicht nachweisbar sind. Wie die Goten selbst zu Dienstag und Donnerstag gesagt haben, wissen wir nicht.

Die ältesten Belege für *Ertag* und *Pfinztag* finden sich bei Berthold von Regensburg. In einer Predigt über die sieben Planeten sagt er im Zusammenhang mit dem Mars: *Der sterne der heizet Mars: sô heizet der tac ergetac* ‹Der Stern, der heißt Mars, und so heißt der Tag *ergetac*.› Berthold kannte die richtige Etymologie nicht und versuchte, mit einem hanebüchenen Buchstabentrick eine Verbindung von *Mars* und *Ergetac* zu konstruieren. In derselben Predigt kommt er auch auf den *Pfinztag* zu sprechen: *Unde dâ von sollte ouch der fünfte tac nâch dem fünften sternen heizen hie ze tiutschem lande als in andern landen ... Nû heizet er dunrestac oder phinztac* ‹Und deshalb sollte auch der fünfte Tag hier im deutschen Land nach dem fünften Stern benannt sein, ebenso wie in anderen Ländern. Aber er heißt Donnerstag oder Pfinztag.›

Das Wort *Maut* ‹Wegzoll› kann nichts mit der frühen bairischen Kirchensprache zu tun haben. Merkwürdigerweise ist aber gerade dieses Wort wesentlich früher nachweisbar als *Dult*, *Ertag* und *Pfinztag*. Der älteste bekannte Beleg dafür findet sich einer Urkunde Ludwigs des Deutschen (ca. 806–876). Darin wird dem Kloster Kempten erlaubt, drei Schiffsladungen Salz zollfrei aus Reichenhall zu beziehen und *nullum theloneum neque quod lingua theodisca muta vocatur* ‹keinen Zoll noch das, was in der Volkssprache *muta* genannt wird›, bezahlen zu müssen. Die Urkunde ist in dieser frühen Zeit natürlich lateinisch, aber die damaligen Juristen sahen sich gelegentlich gezwungen, in Gesetzen und Verordnungen auf volkssprachliche Begriffe zurückzugreifen, wenn es kein passendes lateinisches Wort gab, so z. B. *muta* in dem zitierten Fall. Wie kommt man nun bei diesem Wort auf das Gotische als Herkunftssprache? Das Bibelgotische des Bischofs Wulfila bezeugt ein Wort *mota*: Der Zöllner Matthäus saß, als er zum Apostel berufen wurde, an einer *mota*, einem Zollhaus (Matthäus 9,9). Aus anderen Quellen weiß man, dass eine spätere gotische Variante *muta* (mit langem *u*) gelautet hat. Darauf, nicht auf Wulfilas Form mit *o*, kann *Maut* zurückgehen. Es könnte deshalb sein, dass die Bajuwaren, aufgrund welcher Umstände auch immer, das Wort genau in dieser Aussprache von den Goten übernommen haben. Ob an einem Alpenpass oder anderswo, ist reine Spekulation.

Gotische Herkunft oder wenigstens gotische Vermittlung hat man noch für eine ganze Reihe anderer Wörter vermutet, unter anderem für *Pfingsten*, *Samstag*, *Heide* (in der Bedeutung ‹Ungetaufter›), *barmherzig*, *glauben*, *taufen* oder das nur im bairischen

Althochdeutschen vorhandene Adjektiv *wîh* ‹heilig›, das auch im Verbum *weihen* steckt (*weihen* heißt ursprünglich ‹heilig machen›). Da diese Wörter aber nicht auf das Bairische beschränkt sind, müssten sie sich von hier aus auf den weiteren Sprachraum verbreitet haben – oder aber gar nichts mit bairisch-gotischem Sprachkontakt zu tun haben. Bei den einzelnen Wörtern gehen die Meinungen in der Forschung allerdings weit auseinander. Über eine Zeit, aus der keine schriftlichen Aufzeichnungen vorliegen, lässt sich wunderbar spekulieren. Gegenwärtig herrscht, was die besonderen gotisch-bajuwarischen Sprachbeziehungen anbelangt, in der Forschung eher eine gesunde Skepsis.

I gib ihr scho koan Audienz.
Bairisch und Latein

Schon in antiker Zeit haben Germanen von den Römern technische Errungenschaften übernommen. Eine wichtige war der Steinbau. Deutsche Wörter wie *Mauer, Fenster, Erker, Söller, Ziegel* gehen auf lateinische Grundlagen zurück, weil die Germanen mit der Sache gleichsam auch die Benennungen übernommen haben. Als man auf germanischem Boden die ersten Steinbauten nach römischem Vorbild errichtete, gab es allerdings noch kein Bayern und keine Bajuwaren. Oder anders gesagt: Wörter wie die eben genannten sind älter als der Volksstamm. Die späteren Bajuwaren haben sie schon von vor-bajuwarischen Germanen übernommen.

Als Kontaktsprache mit dem Bairischen tritt das Lateinische erst in der Missionszeit in Erscheinung, als zentrale christliche Begriffe auch in die Volkssprache übernommen wurden. Teilweise wurden lateinische Wörter lautlich verändert. Zu dieser frühen Lehnwortschicht gehören bairisch-althochdeutsche Wörter wie *altari* (mit Betonung auf dem ersten *a*) ‹Altar› aus lateinischem *altarium, evangelio* aus *evangelium, fillol* ‹Patenkind› aus *filiolus* ‹kleiner Sohn› und andere mehr. Es gibt im Bairischen auch Wörter, die zwar aus dem Kloster stammen, aber nichts mit Religion und Gottesdienst zu tun haben. Es sind Wörter des klösterlichen Alltagslebens wie *Pfister* ‹Bäcker› (aus *pistorius*), *pelzen* ‹veredeln› (aus *impellitare*) oder *Pfebe* ‹Kürbis› (aus *peponus*). Im Frühmittelalter waren Gartenbau, Back- und Kochkunst in den Klöstern weitaus höher entwickelt als außerhalb der Klostermauern in den Dörfern. Wenn Leute von außerhalb mit der Klosterkultur in Berührung kamen, übernahmen sie auch die zugehörigen Begriffe.

Man hat Kirchenwörter aber nicht nur einfach, so wie sie waren, aus dem Lateinischen übernommen und vielleicht mehr oder weniger den eigenen Aussprachegewohnheiten angepasst, sondern man hat auch versucht, in der eigenen Sprache Äquivalente für lateinische Begriffe zu finden oder zu bilden. Das lateinische Wort *temptatio* ‹Versuchung› haben frühe Mönche als *korunga* wiedergegeben. Für *dies iudicii* ‹Tag des (Jüngsten) Gerichts› wurde das Kompositum *suonatag* gebildet, was man heute mit ‹Sühnetag› umschreiben könnte. Ein Beispiel dafür, wie man vor oder um 800 versuchte, einen lateinischen Text zu bewältigen, ist eine Vaterunser-Übersetzung mit eingefügtem Kommentar aus Freising. Der Text beginnt so: *Pater noster qui es in celis. Fater unser, du pist in himilum. Mihhil gotlich ist, daz der man den almahtigun truhtin sinan fater uuesan quidit. karisit denne, daz allero manno uuelih sih selpan des uuirdican gatoe, cotes sun ze uuesan.*

Es werden nacheinander die einzelnen Textstücke des Gebetes lateinisch zitiert (*Pater noster qui es in celis*) und dann in ein bairisches Althochdeutsch übersetzt (*Fater unser, du pist in himilum*). Dann folgt die zitierte Erklärung, die man folgendermaßen übersetzen kann: ‹Große Gnade ist es, dass der Mensch den allmächtigen Herrn seinen Vater nennt. Es muss deshalb so sein, dass jeder Mensch sich selbst würdig macht, Gottes Sohn zu sein.› Abgesehen vom Zitat zu Beginn enthält der Text keine lateinischen Wörter, wohl aber volkssprachliche Wörter und auch Wendungen, hinter denen lateinische Muster stehen. Ein gutes Beispiel ist *almahtigun* ‹allmächtigen›. Das ist ein «Imitat» des lateinischen Wortes *omnipotens*. Außerdem konnten Wörter, die in der Volkssprache bereits vorhanden waren, eine neue, jetzt christliche Bedeutung bekommen. Ein solcher Fall ist *truhtin.* Das Wort hatte zunächst die ganz profane Bedeutung ‹Gefolgsherr›. Im Zusammenhang mit einer Erklärung des Vaterunsers bedeutet es aber ‹Gott›.

Über Jahrhunderte bis in die Neuzeit stand in Bayern die Kirche nicht nur sprichwörtlich, sondern ganz konkret mitten im Dorf. Sie war der Lebensmittelpunkt der mehr oder weniger frommen Menschen, und das nicht nur im räumlichen Sinne. Der ganze Jahreskreis, vom Advent über Weihnachten, Lichtmess, Ostern, Pfingsten und Allerheiligen bis zum nächsten Advent, war kirchlich und religiös geprägt. Es gab zwar keinen Jahresurlaub, dafür aber arbeitsfreie Feiertage und Heiligenfeste, die als Fixpunkte im Jahreskreis ganz selbstverständlich auch als profane Datumsangaben dienten. Man benannte die Fastensonntage nach dem ersten Wort des Introitus der Messe: *Invocabit, Reminiscere, Oculi, Laetare* und *Judica.* Auch das Erdenleben der Menschen von der Taufe bis zum Begräbnis wurde von der Kirche begleitet. Den Tag beendete ein Glockenläuten, das nach dem *Ave Maria-*Gebet *Aveläuten* oder einfach nur *'s Ave* oder nach dem Gebet, das mit *Angelus Dei* beginnt, *Angelus* hieß. Gegenstände der Volksfrömmigkeit haben bis heute lateinische Bezeichnungen: Ein *Agnus Dei* (mundartlich auch zu *Amadel, Amadedl, Dedel* oder *Namadell* umgeformt) ist eine geweihte Medaille, in die ein Gotteslamm eingraviert sein kann und die an einer Halskette als Amulett getragen wird. Als *Paternoster* (Aussprache *Baddanosda*) bezeichnet man im Dialekt den Rosenkranz und wendet das Wort metaphorisch auch auf bigotte und langweilige Menschen an. Die einzelnen Kügelchen eines *Paternosters* bezeichnete man als *Paterl* und verwendete das Wort auch für die Schmuckperlen an Hals- oder Armketten. In manchen Gegenden Bayerns heißen sogar die Galläpfel an Baumblättern so.

Kirchliche Funktionsträger haben auch im Dialekt besondere lateinische Bezeichnungen. Was im Standarddeutschen der *Kaplan* ist und bei norddeutschen Protestanten der *Vikar,* das ist in Bayern der *Kooperator* (auszusprechen als *Kobradda* o. ä.): *Ich kann mich noch erinnern, weil der Onkel auch nackerte Weiber gemalt hat,*

*und das hat mich schon immer sehr interessiert, weil in der Schule
haben wir so was nicht gelernt und außerdem hätte man so was
beichten müssen, beim Koprator Strohammer. Aber ich habe ge-
schwiegen.* (Polt, «Hundskrüppel»)

Der Mesner heißt regional *Kusterer,* was unschwer als Variante
von *Küster* (aus lateinisch *custos* ‹Wächter›) zu erkennen ist. Eine
abhängige Nebenpfarrei wurde von einem *Herrn Expositus* versehen. Dessen Zuständigkeitsbereich war die *Expositur.* Ein Geistlicher im Ruhestand, der zeitweise auf einem anderen Pfarrhof mit-
lebte und dort mit versorgt wurde, war ein *Kommorant* (vom lateinischen *commorari* ‹bleiben, verweilen›).

Eng verbunden mit der Kirche, insbesondere mit Klöstern, waren lange Zeit die höheren Schulen. Erste Fremdsprache war
selbstverständlich Latein. Dorther stammen deshalb auch viele Begriffe aus dem Umkreis der Schule. Ferien hießen *Vakanz (Fakánz*
gesprochen), ein nachmittäglicher Imbiss *Haustus* (von lateinisch
haustus ‹Schöpfen›, ‹Trunk›*).* Der Insasse eines Priesterseminars
hieß *Alumnus,* was mundartlich zu *Olungas* oder ähnlich umgeformt werden konnte. Wenn ein solcher in den Stimmbruch kam,
war er ein *Mutant* (von lateinisch *mutare* ‹wechseln›). Sogar das
Wort *Gaudi* ist ursprünglich schülersprachlich. Es kommt vom lateinischen *gaudium* ‹Freude›. Im Bairischen ist *Gaudi* anders als
in der Standardsprache feminin (also *die Gaudi*) und bedeutet
nicht nur ‹Belustigung›, sondern auch ‹Lärm, Krawall›. *Audienz*
gewähren hohe kirchliche Würdenträger, vor allem der Papst. Im
Dialekt kommt die Wendung *Audienz geben* aber auch in der ganz
allgemeinen Bedeutung ‹auf jemanden hören› vor: *I gib ihr scho
koan Audienz, bal sie amal mit so was kam … was mi nix o'geht,
um dös sell bekümmr' i mi ganz weni* ‹ich höre schon nicht auf sie,
wenn sie einmal mit so etwas ankäme; was mich nichts angeht, darum kümmere ich mich nur wenig› (Thoma, «Der Wittiber»). *Audienz* ist hier sogar als Maskulinum verwendet. Und schließlich
dürfte auch *Lokus* als Benennung des «stillen Örtchens» aus der
Gymnasiastensprache stammen. Grundlage ist vermutlich *locus
necessitatis* ‹Ort der Notwendigkeit›.

Ein ganz und gar unfrommes Nebenprodukt der lateinischen Kirchensprache sind die bayrischen Flüche. Nirgendwo im deutschen Sprachraum wird wohl so gotteslästerlich, finster, aber auch herzhaft und kreativ geflucht wie im katholischen Bayern. Im Zentrum stehen zwei lateinische Wörter: erstens *Kruzifix* (aus dem lateinischen *crucifixus* ‹gekreuzigt› oder auch ‹Gekreuzigter›) und zweitens *Sakrament*. Sie können jedes für sich genommen zum Zweck des Fluchens verwendet (oder besser zweckentfremdet) werden: *Gruzefix* oder *Saggrament* sind noch eher gemäßigt, die einfache Grundstufe sozusagen. Durch Zusammenziehung und Kürzung – und hier beginnt die spontan-blasphemische Kreativität – entsteht zunächst ein ebenfalls immer noch vergleichsweise harmloses *Kruzement*. Damit verschafft man nur einem kurzen, rasch vorübergehenden Ärger Luft. Die Kombination beider Wörter in ihrer Vollform, also *Gruzefixsaggrament*, ergibt eine leichte Steigerung, deren Effekt sich durch Vervielfachung (quantitativ nach oben offen) aber deutlich erhöhen lässt: *Unten im Gras flackend sagte der Adde ... Himmiherrgottkreizkruzifix, Zefix Alleluja* (Gerhard Polt, «Hundskrüppel»).

Zusätzlich steigern lässt sich das Ganze also durch Hinzufügung weiterer Wörter wie *Birnbaum, Erdäpfel, Hollerstauern, Bluad, Herrgott, Himmel, Kreuz, Teufel* oder *Halleluja* (womit das Arsenal möglicher Fluchbausteine nur unzureichend angedeutet und längst nicht erschöpft ist). Das deutsche Wort *Kreuz* (aus dem lateinischen *crux*) wird bairisch als *Greiz* ausgesprochen. Es genügt als (vergleichsweise moderater) Fluch. In Kombination mit anderen Fluchwörtern (*Greizdeifi* oder *Greizsakrament* oder *Greizkruzifixsakrament* usw.) nimmt die Intensität natürlich zu. Für nichtbayrische Ohren kann das übler klingen, als es gemeint ist. Aber diese Wörter können auch verwendet werden, um einer Rede in der Art Nachdruck zu geben, wie es beispielsweise Herr Permaneder in Thomas Manns «Buddenbrooks» tut: *O mei, ha'm wir a Gaudi k'habt ... Kruzi Türken nei!* Als er fort ist, bemerkt die Konsulin Buddenbrook, der solche Redeweisen zuwider sind, pikiert: *Aber mich dünkt, Tom, er sollte das Fluchen lassen ... Verstand ich ihn recht, so sprach er in einer Weise vom Sakramente und vom Kreuze.* Darauf Thomas Buddenbrook: *Oh, das macht nichts, Mutter, dabei denkt er nichts Böses ... Ja, lieber Gott, das ist süddeutsch.*

Da nun zwar Fluchen, zumal im Zorn, was ja der Normalfall ist, einerseits eine schwere Sünde, andererseits aber ein hilfreiches Ventil ist, mit dem man plötzlichem Ärger spontan Luft verschaffen kann, werden die beiden Kernwörter in verschiedener Weise verharmlosend abgewandelt. Dann ist es keine Sünde – oder zumindest keine so schwere. *Kruzifix* wird zu *Zefix* oder nur *fix* gekürzt oder zu *Kruzifümferl* (*Fümferl* ist die Bezeichnung für das Fünfpfennigstück), *Kruzinal(n)*, *Kruzinesen* abgewandelt. Als nicht sündhaft scheint es auch empfunden zu werden, wenn die unchristlichen Türken in einen Fluch eingebunden werden (immerhin standen sie 1683 vor Wien und kurz davor, die Stadt einzunehmen). Das ergibt dann, wie es der Herr Permaneder schon vorgemacht hat, *Kruzitürken* (sprich *Gruzediaggn*). *Sakrament* wird zu *Sakra* gekürzt, zu *Sapralot*, *Saprament*, *Saprahosn* oder zu einem gewiss nicht mehr sündhaften *Sack Zement* abgewandelt. In dem mitunter auch verwendeten *sakrawatisch* könnten die *Kroaten* eine ähnliche Rolle spielen wie die *Türken* in *Kruzitürken*. Vom Wortsegment *sakra* ausgehend ist *sakrisch* gebildet worden, das man ähnlich wie das umgangssprachliche *verdammt* vor allem zur Steigerung von Adjektiven verwendet. Wenn etwas *sakrisch guad* schmeckt, dann schmeckt es ‹verdammt gut›. Das sehr häufig verwendete *Sakradi* hat keinen direkten lateinischen Ursprung, sondern geht auf das französische *sacré dieu* ‹heiliger Gott› zurück. Das *Greiz* wird zu *Greim* ‹Kreide› abgeschwächt und ist auch erweitert zu *Greimschachterl* ‹Kreideschächtelein› gewiss keine Beleidigung mehr für fromme Ohren.

Aus Funk und Fernsehen bekannt und jetzt auch bei Youtube abrufbar ist das Fluchen des Alois Hingerl, alias *Engel Aloisius*, in Ludwig Thomas kurzer Geschichte vom Münchner im Himmel. Dem verstorbenen Münchner Dienstmann werden auf seiner himmlischen Wolke Bier und *Schmalzler* ‹Schnupftabak› vorenthalten, weshalb sein zunächst noch pflichtschuldig intoniertes *Halleluja* mehr und mehr in bayrisches Fluchen übergeht:

Ein ganz vergeistigter Heiliger schwebte an ihm vorüber. – «Sie! Herr Nachbar! Herr Nachbar!» schrie Aloisius, «hamm Sie vielleicht an Schmalzla bei Eahna?» Dieser lispelte nur «Hosianna!» und flog weiter.

«Ja, was is denn dös für a Hanswurscht?» rief Aloisius. «Nacha hamm S' halt koan Schmaizla, Sie Engel, Sie boaniga! Sie ausg'schamta!» Dann fing er wieder sehr zornig zu singen an: »Ha-ha-lä-lä-lu-u-uh - - Himmi Herrgott - Erdäpfi - Saggerament - - lu - uuu - iah!»

Er schrie so, dass der liebe Gott von seinem Mittagsschlafe erwachte und ganz erstaunt fragte: «Was ist denn da für ein Lümmel heroben?» Sogleich ließ er Petrus kommen und stellte ihn zur Rede. «Horchen Sie doch!» sagte er. Sie hörten wieder den Aloisius singen: «Ha - aaaah - läh - - Himml - Himml Herrgott - Saggerament - uuuuh - iah!» ... *Petrus führte sogleich den Alois Hingerl vor den lieben Gott, und dieser sprach: «Aha! Ein Münchner!»*

Fluchwörter und -ausdrücke dienen im Dialekt aber nicht nur als sprachliche Ventile. Sie können als Schimpfnamen personifiziert werden, wenn z. B. Ludwig Thoma seinen Wittiber mit den Worten *Wia du mit mir red'st, frag i, du Herrgottsaggerament* auf die Tochter losgehen lässt. Und nicht nur das. Fluchwörter können auch ins Positive umschlagen und Be- oder Verwunderung zum Ausdruck bringen. Nochmals Ludwig Thomas Wittiber: *Kreuzluschti bin i! Herrgottsagerament, hot si dös schö auftroffa, daß i heunt auf den nämlinga Markt treib wie d'Urschula.*

Aber nicht nur die fromme Kirchensprache und ihr unfrommer Ableger, das Fluchen, verwenden das Lateinische. Auch das säkulare Bayrische kennt durchaus besondere lateinische Wörter. Gewissermaßen an der «Schnittstelle» von Kirche und Welt liegt das Heiraten. Im gediegenen bäuerlichen Milieu kam dem Hochzeitslader, dem *Prokurator* (die mundartliche Aussprache ist *Brogroda*), eine wichtige Rolle zu.

Auch sonst sind in den ganz gewöhnlichen Alltagswortschatz lateinische Begriffe übernommen worden. Wahrscheinlich hatten sie aber einen etwas gehobeneren Stilwert als deutsche Wörter mit entsprechender Bedeutung. So konnte man beispielsweise von jemandem, der sich aufregt, sagen, *der alteriert sich.* Jemanden, den man hochschätzt, den *ästimiert* man. Weil *ästimieren* ungefähr dasselbe ist wie *achten*, haben sich die beiden Verben zu *achtimieren* «gekreuzt». Eines der Mundartwörter für ‹Tüte›, nämlich *Guggn*, geht auf dasselbe lateinische *cuculla* ‹Kapuze› zurück wie der *Gugelhupf*. Das Gemeinsame ist die gewölbte Form. Die Gurken heißen stellenweise bis heute *Gogumer*. Das geht (wie übrigens auch englisch *cucumber*) auf das lateinische *cucumeres* zurück. Große Fischbehälter nannte man *Lagel* (aus lateinischem *lagella*). Sowohl das weiche Brotinnere als auch eine langweilige oder unfreundliche Frau werden als *Mollen* oder *Moll* bezeichnet. Ob beides auf lateinisch *mollis* ‹weich› zurückgeht oder die zweite Bedeutung auf italienisch *moglia* ‹Frau, Weib›, muss offen bleiben. Wenn man in Bayern ein kleines Bier haben will, kann man – sofern es von der Bedienung geduldet wird – *a Quartl* bestellen. Das Wort geht zurück auf lateinisch *quartulum* ‹kleines Viertel›.

Wo viel Latein ist, liegt auch die Parodie nahe. Kinder werden zum Beispiel am 1. April in einen Laden geschickt, um dort *um a Fümfal an Ibidum* zu kaufen. Das klingt lateinisch und geheimnisvoll, ist aber nichts anderes als der Satz *ich bin dumm*. Mit *Luftikus* bezeichnet man einen Taugenichts. Darin steckt das Wort *Luft*, das um «lateinisches» *-ikus* erweitert ist. Latein – oder besser Pseudolatein – kann man auch im bayrischen Kabarett hören und erleben. Von der «Biermöslblosn» stammt folgendes Lied, das man sich, auch wenn man die entsprechende Schallplatte oder CD nicht besitzt, leicht im gregorianischen Gesangsstil vorstellen kann:

Credo in pecuniam
Diridari kratz i zamm.
Wenn am conto is a debit
Dona nobis unam credit

Moneta regiat rundumadum
Luxus prosit profit maximum

Das Mädchen schaut vom Fenster und grüßt den Wallischerr. Bairisch und Französisch

Während es Kontakte zum Lateinischen seit dem frühen Mittelalter gegeben hat, kam es zu Kontakten des Bairischen mit dem Französischen erst sehr viel später. Aus der deutschen Ritterkultur des Mittelalters, die stark von der französischen abhängig und geprägt war, ist im Dialekt kaum etwas übrig geblieben, jedenfalls nichts, das nicht auch sonst im Deutschen oder in anderen Dialekten erhalten wäre. Das trifft auf Wörter wie *tanzen, Lampe* oder *Abenteuer* zu. Diese Wörter kennt man in allen Teilen des deutschen Sprachraums, folglich auch in Bayern und Österreich. Erst in der Neuzeit waren die Beziehungen zu Frankreich intensiver, nicht nur von einer dünnen Adelsschicht, sondern auch vom Bürgertum getragen. Eine große Welle französischer Fremdwörter erfasste das Deutsche in der Zeit des Absolutismus. Der Glanz des Sonnenkönigs Ludwig XIV. (1638–1715) strahlte bis nach Berlin, München und Wien. In gebildeten Kreisen gehörte das Französische nicht nur zum guten Ton; es war der gute Ton. In Bayern versuchten nicht zuletzt die Autoren des *Parnassus Boicus* gegen die französische Überfremdung des Deutschen anzuschreiben, doch konnten sie nichts Wesentliches ändern. Einen weiteren Schub erfuhr das Französische in der Zeit Napoleons (1769–1821), dessen Truppen zeitweise große Teile Europas besetzt hielten. Die großbürgerlichen Herrschaften in den Städten sprachen Französisch, und das Personal wollte ihnen nicht nachstehen. So sind viele Begriffe auch in die Dialekte «durchgesickert». Es sind Benennungen für bürgerliche *Accessoires* wie *Parapluie* und *Parasol* für ‹Regen-› bzw. ‹Sonnenschirm›, *Collier* für ‹kostbare Halskette›, *Bœuf à la mode* (eine Art Sauerbraten, mundartlich ausgesprochen als *Bifflamott*) und vieles andere. In der napoleonischen Zeit kamen französische Militärwörter ins Deutsche wie z. B. *Chevauleger* ‹leichter Reiter›. Im Bairischen wurden daraus die *Wallischer* (oder auch *Schwalanscher*), von denen es im Soldatenlied heißt *Nix schönres nicht auf Erden als was ein Wallischer*. Im vielstrophigen Lied (zitiert nach Georg Queri, «Kraftbayrisch») heißt es unter anderem:

> *Wir reiten durch die Straßen,*
> *das Pflaster möchte krepiern, tralala!*
> *Das Mädchen schaut vom Fenster*
> *und grüßt den Wallischerr*
> *und denkt sich: ach mein Schönster,*
> *wenn ich dein Rößlein wär, tralala!*

Als dann die Eisenbahnen durch die Lande fauchten, kamen Wörter wie *Billet*, *Peron*, *Wagon* und *Coupé* hinzu. Dass sie aus dem Französischen stammen, verrät schon die Endbetonung.

Sieht man von speziellen Aussprachevarianten ab, sind das alles noch keine bairischen Besonderheiten. Solche gibt es aber, und sie verdienen es, erwähnt zu werden, denn die heutigen Mundartlautungen lassen ihre französische Herkunft nicht mehr erkennen. Ein häufiges Schimpfwort für einen ungehobelten Kerl ist *Lackel*. Beispiel: *Was bin i? A Lackel bin i? Hab i Eahna scho amal an Lackel abgeb'n? Han? Du Herrgottsakrament sag i. Da hast a paar sag i* (Thoma, «Nachbarsleute»). Das Wort leitet sich von dem französischen General *Ezéchiel du Mas, Comte de Mélac* (†1704) her, der in Diensten Ludwigs XIV. in der Pfalz brandschatzte und sich in der Öffentlichkeit meistens mit einem Rudel scharfer, großer Hunde zeigte, die er angeblich auch auf Menschen hetzte. In Schmellers Bayerischem Wörterbuch ist zu lesen: «Der Lackel, beliebter Name für große, besonders Metzger-Hunde ... vom franz. General Melac, der unter Ludwig dem Großen den deutschen Rheinbewohnern hundisch genug mitgespielt» (Band I, Sp. 1432). Vom Namen für böse Hunde zur Bezeichnung für grobe, ungehobelte Kerle war es dann kein weiter Weg mehr.

Aus der heutigen bayrischen Kaufhausfolklore ist das *Charivari* nicht mehr wegzudenken. Damit wird allerlei Schmuckwerk, echte oder falsche Silbertaler, Wildschweinzähne, Geweihzacken und dergleichen mehr bezeichnet, womit man(n) sich (vorzugsweise für den Gang aufs Oktoberfest oder andere Bavarian Events) an Bauch und Brust über der Lederhose dekoriert. Auch regionale Radiosender haben sich diesen Namen gegeben. Er passt vorzüglich zum Programm, denn das Wort kommt möglicherweise aus dem Französischen und bedeutet ursprünglich ‹Kopfweh› (auch ‹Durcheinander› und ‹Katzenmusik›). Die Grundlage ist das lateinische *caribaria* mit derselben Bedeutung.

Eine Krawatte oder auch Fliege wird im Dialekt als *Schmieserl* oder *Schmiesettl* bezeichnet. Das Wort geht auf das französische *chemise* ‹Hemd› bzw. dessen Verkleinerungsform *chemisette* zurück. Zunächst bezeichnete man damit die steife Hemdbrust, die man sich vor das eigentliche Hemd knöpfen konnte. Später wurde es auch für die Schmuckbinde oder -schleife verwendet.

Schließlich darf auch ein Gegenstand nicht vergessen werden, der einst in keinem Schlafzimmer fehlen durfte. Dort befand sich unterm Bett oder im Nachtkästchen das *Botschamperl*, der ‹Nachttopf›. Zugrunde liegt *pot de chambre*, wörtlich ‹Zimmertopf›.

Mit der Dirn werst hoit oiwei gschpeanzlt hobn!
Bairisch und Italienisch

Italienisch-bairische Kontakte hat es, bedingt durch die Nachbarschaft, seit jeher in der unmittelbaren Kontaktzone in den Alpen gegeben. Das betrifft zunächst natürlich nur bairische Dialekte in Österreich. Im Dialekt des Vinschgau beispielsweise heißt ‹scharren› *gratng*, und dem liegt das gleichbedeutende *grattare* zugrunde. Für ‹schwer schleppen› sagt man *portnean*. Das gehört zum italienischen *portare*. Italienisch *contare* ‹erzählen› wurde unverändert ins Osttirolische übernommen und bedeutet dort ‹Späße machen›.

Abgesehen von solchen «nachbarschaftlichen» Wortübernahmen macht sich italienischer Einfluss auf das Deutsche erst im Spätmittelalter bemerkbar. Vor allem Begriffe des Geld- und Bankenwesens wurden übernommen. Handelsstädte wie Venedig und Genua waren in dieser Hinsicht weiter entwickelt als Nürnberg oder Augsburg. Aber diese Städte unterhielten Handelsbeziehungen nach Süden, und das führte dazu, dass wir noch heute Wörter wie *Bank*, *bankrott*, *Giro*, *Konto*, *brutto* und *netto*, *Diskont* usw. im Deutschen haben. Das sind natürlich ganz gebräuchliche deutsche Wörter, die überall verwendet und verstanden werden, nicht nur in Bayern und Österreich. Aber dass das so ist, hängt sicher damit zusammen, dass sie zunächst von süddeutschen und österreichischen Kaufleuten «importiert» worden sind. Mit den Waren aus dem Mittelmeerraum kamen dann auch die zugehörigen Bezeichnungen wie *Melone*, *Reis* und *Zucker* nach Deutschland. Handelsplätze wie Wien, Augsburg (wo die Fugger ihren Sitz hatten) und Nürnberg spielten bei der Verbreitung von Waren und folglich auch bei der Vermittlung von Wörtern eine wichtige Rolle.

Einige italienische Wörter wurden zunächst zwar nur im benachbarten Österreich verwendet, dann aber teilweise auch nach Bayern «weitergereicht». Beispiele sind *sekieren* ‹schikanieren›, *Kassa* (mit -a, nicht -e wie in *Kasse*), *Trafik* mit Akzent auf dem *i* (so heißen in Wien die Kioske, an denen man Trambahnkarten, Zeitungen, Zigaretten und andere nützliche Dinge kaufen kann). Auch die Benennungen einiger Gartenprodukte kommen aus dem Italienischen, beispielsweise *Marille* ‹Aprikose›, *Fisolen* ‹Bohnen›, *Karfiol* ‹Blumenkohl› und *Ribisel* ‹Johannisbeere›. Auch manche Speisen, die lange vor *Pizza* und *Spaghetti* aus Italien gekommen sind, haben italienische Namen, so z.B. die *Anguilotti* ‹marinierte Aale› und die *Pafese*, eine ‹in Schmalz gebackene Semmelschnitte›, die in ihrer Form (nicht in ihrer Konsistenz!) einem Kampfschild (italienisch *pavese*) ähnelt. Als *Banadl* (aus *panata* ‹mit Brot›) wird entweder eine Suppe mit Semmelschnitten oder eine Suppeneinlage aus Pfannkuchenstreifen bezeichnet.

Ganz gebräuchlich ist *Spusi* oder *Gspusi* ‹Geliebte(r)›:

Hinterhoi da Schauklmusi
steht va dir a früahras Gspusi

‹Hinter der Musik bei der Schiffschaukel steht ein früheres *Gspusi* vor dir.› (Peinkofer, «Auf zur Dult!»)

Zugrunde liegt *sposa* ‹Braut› bzw. *sposo* ‹Bräutigam›. In Bayern wird das Wort als Neutrum verwendet und ist praktischerweise auf beide Geschlechter anwendbar. Es ist eine leicht ironische (aber nicht boshaft gemeinte) Bezeichnung für eher lockere Liebschaften. Überhaupt fällt auf, dass Personenbenennungen oder Eigenschaftswörter aus dem Italienischen, die man auf Menschen bezieht, eher abwertend oder scherzhaft sind. Auf *all'avanzo* ‹zum Gewinn, Profit› basiert das Adjektiv *oalwoazern*. Das sagt man in Niederbayern von jemandem, der weder auf sich noch auf andere unnötig Rücksicht nimmt. Man könnte es mit ‹hartgesotten› wiedergeben. Ein *Hallodri* ist ein liederlicher Mensch, der gerne *strawanzt*. Die lexikalische Grundlage des *Hallodri* ist wahrscheinlich italienisches *Allotria*, und *strawanzen* leitet sich vom italienischen *stravaganza* ‹Extravanz› her. Dasselbe bedeutet *fachian* vom italienischen *vagare*. Im Fasching sind auf Bayerns Straßen und Plätzen die *Maschgra* unterwegs. Grundlage hierfür ist italienisch *maschera* ‹Maske›. Den *Bajazzo* kennt man als gehörnten Ehemann aus der gleichnamigen Oper von Ruggero Leoncavallo. Unabhängig davon bezeichnet man im Bairischen einen *Maschgra* in Kasperlverkleidung als *Bajatzl* oder *Bojatzl*. Das Wort ist – sicher ohne die Oper als notwendige Zwischenetappe – aus dem italienischen *pagliaccio* übernommen worden und bezeichnet zunächst einen maskierten Kasper. Wenn jemand sagt *i bin do net dei Bojatz*, dann meint er ‹ich bin doch nicht dein Hanswurst›.

Kosename für ein kleines Kind ist *Speranzl*. Es leitet sich von *speranza* ‹Hoffnung› her. Einer der Hirten in Carl Orffs «Ludus mirificus de nato infante» beschreibt das neugeborene Kind, das er schon im Traum in der Krippe gesehen hat, mit den Worten *Des Kindl is gwindelt dringlegn in am Kripperl voll Heu, a Wuzl, a wunderwinzigs kloans Wuzl, a goldigs Speranzl*. Wenn einer versucht, eine Angebetete zu umgarnen, heißt das *speanzln.* Man kann die Bedeutung mit umgangssprachlichem ‹anmachen› wiedergeben. Der Zusammenhang mit ‹Hoffnung› ist leicht einzusehen. In Oskar Maria Grafs «Bayrischem Dekameron» heißt es *Mit der Dirn werst hoit oiwei gschpeanzlt hobn! Drum bist it firti worn.* ‹Die Magd wirst du die ganze Zeit angemacht haben, darum bist du nicht fertig geworden.›

Weltberühmt ist der Wiener *Prater,* aus bairischer Sicht eine Dauer*dult* im Stadtbereich. Das Wort dürfte sich vom italienischen *prato* ‹Wiese› herleiten. Es ist ins bayrische Bairisch weitergegeben worden, allerdings nicht als Bezeichnung für eine *Dult,* einen Jahrmarkt oder ein Volksfest insgesamt, sondern – pars pro toto – für das Karussell.

Kein Kosewort, nicht einmal eine scherzhafte Bezeichnung, sondern ein Schimpfwort für Italiener und andere Menschen mediterraner Herkunft ist *Katzelmacher.* Der bayrische Regisseur Rainer Werner Fassbinder (1945–1982) hat einen seiner Filme so genannt. Das Wort sieht zunächst wie ein ganz normales deutsches Kompositum aus: Ein *Katzelmacher* wäre ganz einfach jemand, der *Katzel,* also ‹kleine Kätzchen› macht. Das Wort ist um die Mitte des 18. Jahrhunderts erstmals in Wien belegt, und vielleicht wollte man damals eine besonders ausgeprägte südländische Zeugungsbereitschaft unterstellen. Egal, ob es so war oder nicht, diese Worterklärung ist sowieso falsch. In Wirklichkeit handelt es sich um eine abschätzige Bezeichnung für Hausierer aus dem ladinischen Alpenraum, die hölzerne Waren feilboten. Der Wortteil *Katzel* geht letztlich auf *cazza* ‹hölzerne Schöpfkelle› zurück. Solche stellten die ursprünglichen *Katzelmacher* her und verkauften sie.

Hörig ist der Ehemann, untreu ist die Waben.
Bairisch und slawische Sprachen

Unmittelbare Sprachkontakte mit slawischen Volksgruppen haben früh auch zu gegenseitigen Beeinflussungen geführt. Bairische Ortnamen auf -*witz* (z. B. *Marktredwitz*) oder -*litz* (z. B. *Teublitz*) zeugen noch heute von einstiger bairisch-slawischer Nachbarschaft. Die zunehmende Erschließung von Nutzflächen für die Land-, Vieh- und Forstwirtschaft im Laufe des Mittelalters hatte auch eine Intensivierung der Beziehungen zu den slawischen Nachbarn zur Folge. In Randgebieten im Oberpfälzer und Bayrischen Wald, im Böhmerwald, ebenso im Alpenraum kam es zu neuen Ortsgründungen entweder in bis dahin unbesiedelten oder von Slawen bewohnten Landstrichen. Ein für das Gesamtdeutsche wichtiges deutsch-slawisches Kontaktgebiet lag östlich der Elbe. Dort kamen Wörter wie *Peitsche*, *Quark*, *Gurke*, *Jauche* und anderes erst in die Kontaktmundarten und später in die Allgemeinsprache. Aber auch in die bairischen Dialekte hat ganz spezielles slawisches Wortgut Eingang gefunden.

Die *Anze* ist eine Art Doppeldeichsel an Fahrzeugen, die von einem einzelnen Zugtier bewegt wurde. Das Wort kommt in den einzelnen Unterdialekten in verschiedenen Varianten vor, z. B. *Anzn*, *Ansn*, *Eizn*, *Deizn* und ähnlich. Grundlage ist ein altes tschechisches Wort für denselben Gegenstand. Mit Wagen, Fuhrwerk und Zugtier hängt auch das Wort *Kummet* (ebenfalls mit Aussprachevarianten) zusammen. Damit bezeichnet man das Halsgeschirr von Pferden, durch das der Kopf gesteckt wird. Dieses Wort kommt ebenso aus einer nicht identifizierbaren slawischen Kontaktsprache wie der *Wojer* oder *Woara*, das Seil, mit dem vom Wagen aus das Zugtier gelenkt wird.

Eine weitere sachlich zusammengehörige Gruppe sind Bezeichnungen für Lebensmittel oder Speisen. *Kren* ist, soweit das Wort nicht schon vom standardsprachlichen *Meerrettich* verdrängt worden ist, im ganzen bairischen Raum die übliche Bezeichnung.

Nicht scharf, sondern süß sind *Liwanzen*, eine mit Zimt und Zucker zu genießende Mehlspeise. Eine ähnliche Köstlichkeit sind die *Palatschinken*, die man sonst in Süddeutschland als *Pfann(en)kuchen* bezeichnet, anderswo als *Eierkuchen*. Das Wort *Palatschinken* kommt aus dem Tschechischen, hat aber eine rumänische und letztlich lateinische Vorgeschichte. Es leitet sich von *placenta* ‹Kuchen› her. Eine Apfelsorte, die ihren Namen wohl ebenfalls aus dem Tschechischen hat, sind die *Marschansker*. Mit *Gugaruz* (in standardsprachlichen Wörterbüchern, sofern überhaupt gebucht, unter *Kukuruz* zu suchen) bezeichnet man im Bairischen vor allem den Mais. In Niederbayern wird das Wort auch für den Sauerampfer verwendet.

Eine *Kaluppn* oder *Schaluppn* ist eine schäbige Hütte oder ein baufälliges Haus: *Jetzt kunnt ma dö Bäckerei um an Spottpreis hobn, denn dös Weibsbüld braucht a Geld und will ganz und gor nix wissen vo dera Kaluppn* (Graf, «Chronik von Flechting»). Man kann im Dialekt auch *Babalatschen* oder *Bobelatschen* oder ähnlich dazu sagen. Bildlich wird das Wort auch auf alte Bettel- oder Lumpenweiber übertragen. Dabei könnte allerdings auch *Babe* oder *Wabe* ‹(Ur-)Großmutter› hereinspielen. Beides, *Babelatschen* und *Babe*, kommt aus dem Slawischen (*baba* ‹alte Frau›) und ist vor allem im Wiener Dialekt und im österreichischen Bairisch gebräuchlich. Ein Lied mit dem Titel «Liebe, Tod und Teufel» der «Ersten Allgemeinen Verunsicherung» beginnt mit folgender Strophe:

Hörig ist der Ehemann
untreu ist die Waben
darum hat er sie abgemurkst
und hinterm Haus vergraben.

Die *Waben* ist hier natürlich nicht die Urgroßmutter, sondern die Ehefrau.

Ein Kind oder auch ein kleinwüchsiger Mensch kann vor allem im Nordbairischen als *Pinutz*, *Pimutz*, *Pinutzer* oder *Spinutz* bezeichnet werden. Ursprünglich ist es ein tschechisches Wort (tschechisch *pilous*) für den Schwarzen Kornwurm, einen Schädlingskäfer, der sich vorzugsweise im Getreide auf Kornspeichern aufhält.

Ein Kinderspiel in verschiedenen Varianten ist das *Patschekeln*. Dabei werden meistens zugespitzte Holzpflöcke möglichst kräftig so auf die Erde geworfen, dass sie mit der Spitze stecken bleiben. Ziel ist es, den *Patschekel* eines Mitspielers dabei auszuhebeln. Mancherorts bezeichneten die Kinder auch andere Spiele mit Holzklötzchen oder das *Schussern* als *patschekeln*. Das Wort leitet sich von tschechischem *špaček* ‹Spatz› her.

Die Fanny machte den Gspenser recht weit auf.
Bairisch und Englisch

Im Zusammenhang mit dem bairischen Dialekt denkt man wohl kaum an englische Fremdwörter. Englisch, und dabei vor allem die amerikanische Variante, verbindet man mit moderner Technik, Popkultur und «Lifestyle» ganz allgemein. Verglichen mit der Menge der lateinischen, französischen und auch italienischen Wörter, die man im Dialekt antrifft, ist die Zahl der Wortübernahmen aus dem Englischen auch tatsächlich gering. Aber es gibt immerhin einige, wie zum Beispiel den *Foxl*, eine bairische Verkleinerung von *Fox(terrier)*, das *Wetscherl*, hinter dem man, wenn man es nicht wüsste, kaum die *Virginia*-Zigarre vermuten würde, die *Däxnagerl*, die sich von *tags* herleiten, und die *Manschästahosn*, die Cordhose, die nach der Stadt *Manchester* benannt wird. Zur Damenbekleidung gehört der jackettartige, taillierte *Spenzer*. Die Mundartform ist *Gspenser* mit g vor sp wie auch in *Gspoas* ‹Spaß›, *Gspui* ‹Spiel› und *Gspusi* ‹Liebhaber(in)›: *Die Fanny ... stellte sich breithaxet an den Brunnen, machte um den Hals herum ihren Gspenser recht weit auf, schon so mordialisch weit über ihre Achseln zog sie ihn, daß ein Mannsbild dappig sein müsste, wenn es dabei nicht zuschaut* (Graf, «Das bayrische Dekameron»).

Daher das Wort
Bulldog

Weit verbreitet ist die Bezeichnung *Bulldog* (oder auch *Bulog*) für den Traktor. Das ist ohne Zweifel englisch. Dabei heißt Traktor auf Englisch *tractor*. Zum Dialektwort *Bulldog* kam es dadurch, dass die Herstellerfirma Lanz von 1921 bis 1952 Traktoren mit Einzylindermotor baute und dem Modell diesen immerhin nach Stärke klingenden Namen gab. Die Lanz-Traktoren Typ *Bulldog* waren aber auf den Dörfern so weit verbreitet, dass ihr Name bis heute die Bezeichnung für Traktoren schlechthin ist – egal mit wie vielen Zylindern.

Die Ungerechtigkeiten der damaligen «Großkopferten». Bairisch und Standarddeutsch

Die wichtigste Kontaktsprache des Bairischen ist allerdings nicht irgendeine Fremdsprache, sondern die deutsche Schrift- und Standardsprache. Veränderungen im Dialekt, sowohl im Wortschatz als auch in der Grammatik, hängen damit zusammen, dass Mundartsprecher im Alltag zumindest passiv mehr mit der Standardsprache konfrontiert sind als mit ihrem Dialekt. Die Medien, in denen man Gesprochenes hört (Fernsehen, Radio, Kino, teilweise auch das Internet), sind überwiegend standarddeutsch geprägt, ebenso die Lesemedien Zeitung und Buch. Mundart wird, sieht man von einigen Nischen in den Medien ab, fast nur in der direkten Kommunikation gesprochen. Ein weiterer Faktor, der den Dialekten abträglich ist, ist schon seit längerem die Mobilität der Menschen. Es gibt keine abgeschlossenen Regionen mehr und auch keine noch so abgelegenen Dörfer, deren Bewohner nicht in Berührung mit Fremdem und Fremden kämen. Das alles führt notwendigerweise dazu, dass Dialekte von der Standardsprache beeinflusst werden. Dass immer mehr standardsprachliche Wörter in den Dialekt übernommen werden, ist eine Alltagserfahrung. Kaum jemand sagt noch *Erta* oder *Pfinzta*. Beides ist von *Dienstag* und *Donnerstag* verdrängt worden. Statt *Rahm* kauft man *Sahne*. Auf den Einkaufszettel notiert man sich nicht *Topfen*, sondern *Quark*, und sogar das *Brötchen* hat in bayrische Bäckereien Einzug gehalten. Dialektpuristen werden sich kaum damit trösten, dass das Wort oft als *Brätchen* ausgesprochen wird.

Aber nicht nur Wörter wurden und werden in den Dialekt übernommen. Auch die Aussprache steht unter dem Einfluss des Standarddeutschen. Dialektlautungen werden in einer kommunikativen Grauzone irgendwo zwischen Mundart und Standard oft unbewusst vermieden. Deshalb kann man oft «semidialektale» Äußerungen hören wie *des schmeckt gut* (und nicht *guad*) oder *mei, des is aba lieb* (und nicht *liab*) *vo dir* oder *bringst no a poa Eier* (nicht *Oa*) *mit*? Benennungen neuer Errungenschaften werden auch dann mit Standardlautung ausgesprochen, wenn die entsprechenden Wörter in anderen Zusammenhängen dialektal verwendet werden. Konkret: Obwohl kaum ein bayrischer Landwirt *mähen* sagt, sondern *mahn*, nennt er einen Mähdrescher *Mähdrescher*, und nicht *Mahdrescher*, obwohl das zu seinem Mundartwort *mahn* stimmen würde. Besitzt er einen Kachelofen, dann kann er sich damit im Winter *d'Stum eihoazen* (mit *oa*) ‹die Stube einheizen›. Sorgt indes eine Zentralheizung für Wärme, dann ist das auch im Dialekt die *Zentralheizung* mit *ei*, und nicht die *Zentralhoazung* mit *oa*. Bei *Fußbodenheizung* wäre neben einer standardkonformen Aussprache sicher auch *Fuasbon-heizung* mit *ua* und *ei* möglich, aber bestimmt nicht *Fuasbon-hoazung* mit *ua* und *oa*. Das liegt daran, dass Mähdrescher und Heizung relativ moderne technische Errungenschaften sind. Und dafür werden eben die standardsprachlichen Benennungen mit der entsprechenden Aussprache verwendet, nicht die – theoretisch möglichen – dialektkonformen.

Und auch im Satzbau werden immer mehr standardsprachliche Regeln befolgt, was natürlich damit zusammenhängt, dass Schulkinder schon in der ersten Klasse gesagt bekommen, dass es nicht heißt, *der Vogel, der wo da draußen fliegt*, sondern *der Vogel, der da draußen fliegt*. Ebenso müssen sie akzeptieren, dass es nicht heißt, *ich habe kein Pausebrot nicht dabei*, sondern *ich habe kein Pausebrot dabei*. Auch darf der Max nicht älter sein *wie* der Lukas, sondern nur älter *als*.

Man kann häufig beobachten, dass Dialektsprecher, wenn sie einer bedeutenden Mitteilung besonderen Nachdruck verleihen wollen, unwillkürlich auf Standardsprache «umschalten». In Oskar Maria Grafs «Chronik von Flechtig» kommentiert ein Bauer den plötzlichen Tod des bayrischen Königs mit den Worten *Jaja, Grias, Harngrias! Jaja Gallenstein! Gallenstein hot er gsogt. Do konnst ebn nix macha! Jaja, da kannst du gar nix machen, hot er gsogt.* Weiterführende Wortkomik ist nicht ausgeschlossen. Derselbe Bauer spricht von sich selbst in der 3. Person und tut über seine nächsten Absichten Folgendes kund: *Jaja, der Hans wird si jetz schö gmüatli ins Bett neimacha* («sich ins Bett begeben»)! Diesem Entschluss wird umgehend «hochdeutscher» Nachdruck verliehen: *Der Hans macht sich ins Bett! ... Schön gmüatli und bacherlwarm.*

Auch Ludwig Thoma liebte den komischen Effekt, der sich aus dem misslungenen Versuch ergibt, «Hochdeutsch» zu sprechen, um sich Autorität und dem Gesagten Nachdruck zu verleihen: *Ja, da werd halt's G'richt sag'n, Herr Rechtspraktikant, werd's sag'n, bald Sie eine würkliche Bildung besitzen, dürfen Sie nicht anfangen und die Leute aufreizen, und bald sie aber die Leute aufreizen, müssen Sie Ihnen halt diese Behandlung gefallen lassen. A so red't 's G'richt! Vastand'n?* Der so Belehrte erwidert: *Jetzt muaß i scho sag'n ... Elfinger red net gar so saudumm daher!* Der Streit zwischen dem «Gebildeten», der viel von der Welt gesehen hat und sogar ins exotische Erlangen gekommen ist, *wo sich eine Universität befindlich ist*, zieht sich hin und endet: *Wenn du oan net red'n laßt und all's besser woaßt, na brauch i ja net red'n,* schrie Elfinger, den der Zorn wieder ins Altbayrische brachte. (Thoma, «Nachbarsleute»)

Nun drängt sich die Frage geradezu auf, ob die deutschen Dialekte insgesamt, also auch die bairischen Dialekte, sterben oder eine Überlebenschance haben. Oder anders gefragt: Ist es ein Symptom des bevorstehenden Exitus, wenn fast niemand mehr *Irta* und *Pfinzta* sagt, sondern stattdessen *Dienstag* und *Donnerstag*? Oder: Ist der Dialekt tot, wenn kaum mehr jemand die Terminologie der traditionellen Landwirtschaft und der alten Handwerke kennt? Jemanden, der einem statischen, man könnte auch sagen: einem obsoleten Mundartideal huldigt, müssen solche Sach- und Wortverluste schmerzen. Aber alle natürlichen Sprachen, die Dialekte eingeschlossen, verändern sich naturgemäß und notwendigerweise. Das Bairische wandelt sich unter dem Einfluss der deutschen Standardsprache, egal ob in Bayern oder Österreich.

Es gibt aber noch eine andere Veränderungsrichtung, nämlich hin zu einem regionalen «Substandard». Das heißt: In Bayern orientieren sich viele Dialektsprecher unbewusst an einem Ideal, das nicht mit dem standardsprachlichen identisch ist, sondern eher in eine Richtung geht, die man auch als «Standardbairisch» bezeichnen könnte. Ein Oberpfälzer, der unbewusst seine «gestürzten» Diphthonge vermeidet, sagt deshalb statt *Kou* noch lange nicht *Kuh*, sondern eher *Kua*, und das ist die mittelbairische (nieder- und oberbayrische) Aussprache. Ein gereizter Niederbayer sagt statt *i wia glei wäjd* ‹ich werde gleich wild› noch lange nicht standardnah *ich werde gleich wild*, sondern *i wer(d) glei wuid* und schließt sich damit, ohne es absichtlich zu tun oder sich darüber im Klaren zu sein, einer eher oberbayrischen (Münchner) Variante an. Ähnliches gilt in Österreich für steirische oder Tiroler Mundartsprecher, nur dass sich diese nicht nach Oberbayern oder München orientieren, sondern eben nach Wien. Bildlich ausgedrückt: Es gibt zwischen Basisdialekt und Hochsprache eine Reihe von Zwischenebenen. Dialektsprecher neigen – je nach Situation – dazu, eher auf einer unbewusst für höherwertig angesehenen Ebene «zwischenzulanden», als sich nach ganz «oben» auf die standardsprachliche Ebene zu begeben.

Dass sich die Dialekte lautlich, grammatikalisch und im Wortschatz verändern, ist also nicht als Zeichen eines baldigen Ablebens, sondern im Gegenteil als vitales Lebenszeichen zu werten. Eine Sprache und ein Dialekt sind erst dann «tot», wenn sie nicht mehr verwendet werden und sich deshalb auch nicht mehr verändern können. Eine Mundart, die nicht mehr gesprochen würde, würde in der Tat ins Heimatmuseum zum *Drischl* und zu der *Hoazlbeng* (dem ‹Dreschflegel› und der ‹Schnitzbank›) gehören. Doch so weit ist es noch lange nicht.

Eine ganz andere Frage ist die, ob das Bairische seinerseits Sprachen beeinflusst hat oder beeinflusst, mit denen es im Kontakt steht. Für die wirklichen Fremdsprachen ist das wohl zu verneinen, sieht man einmal davon ab, dass man auch in Sydney und San Francisco ein Wort wie *Oktoberfest* kennt. Im angloamerikanischen Raum spricht man aber sowieso eher vom *Munic Beerfestival*. Auch der *Masskrug*, unverzichtbares Symbol der bayrischen Medienfolklore, wird im Englischen als *Beerstein* bezeichnet.

Man kann durchaus Einflüsse des Bairischen auf den standarddeutschen Wortschatz (also den Wortschatz der Hauptkontaktsprache) feststellen. Hier spielt sicher die mediale und touristische Folklore eine Rolle. Die Münchner *Wiesn* und den Wiener *Prater* kennt man auch in Hamburg und Berlin. Der österreichische *Heurige* (sprich *Häärige*), der *Sturm* (in Bayern sagt man *Federweißer*), die *Brettljausen* und der bayrisch-österreichische *Jagertee*, ein hochprozentiges parasportliches Dopingmittel, das wenig mit Tee und überhaupt nichts mit dem Jäger zu tun hat, sind vermutlich jedem Bergurlauber und Skifahrer aus dem außerbairischen Flachland ein Begriff. Ebenso die *Hüttengaudi*. Noch weitere Wörter sind im Gefolge des Ski- und Bergsports über den Alpenraum hinaus in den allgemeinen Sprachgebrauch gelangt. Das Wort für ‹klettern›, *kraxeln*, ist ein solcher Fall. Auch *Alm* kommt letztlich aus dem Bairischen. Es ist die mundartliche Form von *Alpe*, womit ein Berg mit Hochweiden bezeichnet wird. Termini der bairischen Bergsteigersprache, die auch weiter nördlich eine gewisse Bekanntheit erlangt haben, sind außerdem *aper* ‹schneefrei› und *ausapern* ‹schneefrei werden, austauen›. Die berühmte Gletscherleiche «Ötzi» war, als sie 1991 entdeckt wurde, *ausgeapert*. So jedenfalls konnte man es in den Zeitungen lesen.

Andere bairische Wörter haben aber auch unabhängig vom Alpentourismus den Sprung in die deutsche Standardsprache geschafft. Hier dürften die diversen *Stadel*-Sendungen (*Komödien-*, *Musikanten-* usw.) im Fernsehen eine Rolle spielen. Denn bezeichnenderweise sind es vor allem scherzhaft oder abwertend verwendete Begriffe. Beispiele wären *Depp, deppert, grantig* (und davon abgeleitet *granteln* und *Grantler*, als Bezeichnung einer seelischen Verfassung *der Grant*), *spinnert, Zuagroaste, Gschwollschädel* (mit norddeutscher Zunge leichter auszusprechen als *Schwollschädel*), *großkopfert, Austragshäusel, fensterln, Schmankerl* und *Schmarrn* (zunächst als Bezeichnung einer Mehlspeise, dann aber auch bildlich für ‹Blödsinn›). Auch was *Watschen* sind und was man unter *derblecken* oder *tratzen* versteht, dürfte sich außerhalb des bayrisch-österreichischen Dialektraums einigermaßen herumgesprochen haben (Anmerkung: sogar das zu Testzwecken beim Schreiben kurz aktivierte Rechtschreibprogramm akzeptiert *deppert, grantig, spinnert, Großkopferter, Austragshäusel, fensterln, Schmankerl, Watschen* und *derblecken* ganz anstandslos).

Beweiskraft für den gelungenen Sprung aus dem bairischen Dialekt in die deutsche Standardsprache können Zitate aus dem «Spiegel» beanspruchen. In der Ausgabe 17/2011 war über einen gewissen deutschen Politiker zu lesen: *Die … Diplomaten leiden seit Monaten darunter, dass das Auswärtige Amt unter Westerwelle immer unwichtiger wurde. Nun müssen sie erleben, dass ihr Ministerium künftig als Austragshäusl für einen politisch Gescheiterten dienen soll.* Eine Woche danach (18/2011) war zu lesen: *Nicht leugnen können sie* (gemeint sind Theologen), *dass Jesus schon vor 2000 Jahren auf die zum Himmel schreienden Ungerechtigkeiten der damaligen «Großkopferten» gegen das eigene Volk hingewiesen hat.* Bezeichnenderweise setzte der Verfasser das Wort *Großkopferten* zwar in Anführungszeichen. Aber er muss davon ausgegangen sein, dass es verstanden wird, wenn auch als ironisch. In einem Artikel über den norwegischen Massenmörder vom Juli 2011 stellte ebenfalls der «Spiegel» (43/2011) die Frage: *Wie kann jemand vom spinnerten Anhänger einer perfiden Verschwörungstheorie zu einem Terroristen werden?* Ironie dürfte in diesem Fall kaum im Spiel sein.

Ein ganz eigener Bereich ist der Küchenwortschatz. Natürlich kennt man auch in nördlicheren und weiter westlich gelegenen Regionen *Schmarrn* und *Kaiserschmarrn, Semmelknödel, Schweinshaxen* und *Schweinsbraten, Leberkäs, Hendl* und *Dampfnudeln, Brezen* und – dazu passend – die *Weißwurscht.*

Fazit: In gewissen (eher engen) Grenzen, verbunden mit bestimmten stilistischen Absichten oder mit typischen Lebens- und Sachbereichen, werden bairische Dialektwörter auch über die Mundart hinaus in die deutsche Allgemeinsprache übernommen. Eine ausgeglichene deutsch-bairische und bairisch-standarddeutsche Einflussbilanz besteht deshalb allerdings nicht.

Schratz und *skratti:* Bairisch-skandinavische Wortentsprechungen

Die Wörterbücher des Bairischen gehen mit unterschiedlicher Ausführlichkeit auch auf die Herkunft von Wörtern ein. Das Bayerische Wörterbuch und das Wörterbuch der Bairischen Mundarten in Österreich begnügen sich nach Möglichkeit mit Hinweisen darauf, wo in den bereits existierenden Handbüchern ein Wort etymologisch behandelt wird. Aber schon Schmeller konnte eine Menge von Dialektwörtern historisch-etymologisch erklären und

Wortgleichungen aus entfernter verwandten Sprachen bringen. Für einen Dialektologen von heute, der glaubt, der Herkunft eines Mundartwortes auf die Spur gekommen zu sein, kann der Blick in den Schmeller oft geradezu frustrierend sein, denn es ist wie mit Hase und Igel im Märchen: Schmeller war schneller!

Hier sollen nun keine neuen sensationellen etymologischen Entdeckungen präsentiert werden, sondern es geht darum zu zeigen, dass das Bairische doch von Fall zu Fall Gemeinsamkeiten mit Sprachen aufweist, mit denen es nie in direktem oder indirektem Kontakt stand. Mit Wortentlehnung können solche Übereinstimmungen nicht erklärt werden. Es muss sich um uralte Verwandtschaftsbeziehungen handeln, die möglicherweise bis in jene prähistorische Zeit zurückreichen, als es noch ein relativ einheitliches Germanisch gegeben hat. Gerade «Randsprachen» wie das Bairische im Süden und das Isländische im Norden weisen in Einzelheiten manchmal bemerkenswerte Übereinstimmungen auf.

Ein in den heutigen bairischen Dialekten noch resthaft vorhandenes Wort ist *abech* ‹verkehrt, verdreht›. Es zeigt eine Reihe von einstmals regional unterschiedlichen Aussprachevarianten (*eibig*, *gäbisch*, *geiget* und andere). Diesem Wort entspricht im heutigen Isländischen *öfugur* mit annähernd derselben Bedeutung. Ebenfalls nur noch selten verwendet wird das bairische Adjektiv *lass* mit der Bedeutung ‹träge, faul›. Im Isländischen entspricht *latur*, im Schwedischen *lat*. Eine beim Essen zugeteilte Portion wurde früher im Bairischen als *Luss* bezeichnet. Im Isländischen entspricht *hlutr* ‹Sache, Gegenstand›, im Norwegischen *lod*. Auch englisch *a lot* ‹viel› gehört etymologisch dazu.

Das bairische Verbum *neuen* ‹zerstampfen, quetschen› verwendet(e) man vor allem als Bezeichnung des Zerkleinerns von Hirse (der in der Mundart *Brei(n)* heißt). Ein altes Spiel, bei dem ein Erwachsener (E) ein Kind (K) huckepack (korrekt: *buckelkraxen*) nimmt und im Rhythmus des Sprechens an den Armen nach vorne zieht und wieder nach hinten sinken lässt, heißt *Wos neust?* Es geht folgendermaßen (das folgene Zitat in Erinnerung an meinen Großvater):

E *wos neust?* ‹was zerstampfst du?›
K *an Brein.* ‹Hirse›
E *wem ghört er?* ‹wem gehört er?›
K *an Papa.* ‹dem Papa›
E *wann kimmt er?* ‹wann kommt er?›
K *am Sunda.* ‹am Sonntag›
E *wos bring er?* ‹was bringt er?›
K *a Opfe* ‹einen Apfel›
E *wos is in Opfe drin?* ‹was ist im Apfel drin?›
K *a Kern* ‹ein Kern›
E *wos is im Kern drin?* ‹was ist im Kern drin?›
K *a Kas* ‹ein Käse›
E *na sitzma uns nieda auf d'Aasch* ‹dann setzen
wir uns nieder auf die Ärsche›.

Bei diesen letzten Worten lässt der Erwachsene dann das Kind aufs
Sofa, ins Bett oder woandershin sinken. Dem wohl nur noch in
diesem spielerischen Wortwechsel gebräuchlichen Wort *neuen*
entspricht das isländische Wort *núa* (*ú* bedeutet, dass der Vokal
lang ist). Auch norwegische Dialekte kennen ein Verbum *gnua* in
ähnlicher Bedeutung.

Etymologische Zusammenhänge bestehen auch zwischen bairischem *launen* ‹schläfrig sein› und isländischem *lýja* ‹müde machen›, *laustern* ‹erschrocken aufhorchen› und *hlusta* ‹horchen›,
kroppen, *kroppetzen* ‹greifen, tasten› und *krjúpa* ‹kriechen›. Zum
Wortteil *-leizig* in *dünnleizig*, *kurzleizig* schreibt Schmeller: «Adjectiv, das einen sehr geringen Grad von Ausdehnung bezeichnet
und nur in Verbindung mit dem erklärend vorangehenden, aber
unbetont bleibenden Adjectiv der Art dieser Ausdehnung gehört
wird.» Die isländische Entsprechung ist *lítill* ‹klein›, das natürlich
auch mit dem englischen *little* und dem mittelhochdeutschen *lützel*
verwandt ist. Alles das kann man vor allem in Wörterbüchern finden, aber kaum noch oder selten in den heute gesprochenen bairischen Dialekten, die ja schon viele altertümliche Wörter aufgegeben haben.

Besser bekannt, als Bestandteil von Ortsnamen, aber auch als «normales» Substantiv, ist *Leite* oder *Leiten*. Es bedeutet ‹Abhang› und entspricht genau isländischem *hlíð* (wobei *í* einen Langvokal und *ð* einen Laut so ähnlich wie das englische *th* bezeichnet). Im Norwegischen entspricht *li*. Als Bestandteil von Ortsnamen kommt *-leiten* oft vor, z.B. *Achleiten, Reinhardsleiten*, ebenso in Familiennamen wie *Leitner, Sonnleitner* und anderen. (Allerdings weist Herbert Rosendorfer in seinem «Königlich bayerischen Sportbrevier» unter Berufung auf Carl Amery dankenswerterweise darauf hin, dass – Zitat – *der Name des Ortes «Innerleiten» nicht etwa in der Jachenau liegt, sondern in der Grafschaft Peebles, 35 Minuten südlich von Edinburgh, am altberühmten Tweed*. Ob sich daraus, wie Rosendorfer spekuliert, vielleicht eine *unterirdische Verbindung der beiden Keltenvölker Bayern und Schotten* ableiten lässt, bleibe dahingestellt.)

Kinder bezeichnet man noch heute im bairischen Dialekt scherzhaft oder leicht abwertend als *Schratzen*. Ursprünglich war das eine Bezeichnung für Kobolde. An vielen Orten in Bayern und Österreich gibt es rätselhafte *Schratzellöcher*, unterirdische Gänge, auch als «Erdställe» bezeichnet, obwohl sie sich ganz sicher nicht für die Viehhaltung geeignet haben. Über deren Entstehungsursachen gibt es Vermutungen, aber nichts Gewisses weiß man nicht. Sicher ist aber auf jeden Fall, dass das bairische Wort *Schratz* dem isländischen *skratti* ‹Kobold, böser Geist› entspricht (dass Kinder gelegentlich dem ursprünglichen Wortsinn entsprechen, weiß jeder, der welche hat). In alten Isländersagas kommt mehrmals das Kompositum *kvennskratti* vor. Dessen Gesamtbedeutung lässt sich erschließen, wenn man weiß, dass *kvenn* dasselbe ist wie das ältere bairische *kone*. Das bedeutet ‹Ehefrau›.

Ein steiniger Boden, auf dem das Barfußlaufen unangenehm ist, wird bis heute als *wachs* oder *wass* (mit hellem *a*) bezeichnet. Dieses Adjektiv hat eine Entsprechung z.B. in isländischem *hvassur*, norwegischem *kvass* und schwedischen *vass*. Die eher gegenteilige Bodenbeschaffenheit, nämlich ‹glatt, rutschig›, bezeichnet man – je nach Dialektgegend – mit *haj* oder *hal*. Das Wort gehört etymologisch zum isländischen *hálur* und schwedischen *hal.* Beides bedeutet dasselbe wie das bairische Wort.

Auf Island sagt man für ‹nach links› *til vinstri.* Im Schwedischen heißt ‹auf der linken Seite› *på vänstra siden.* Solange noch Zugtiere vor Wagen und Pflug gespannt wurden, kannte jeder bairische Ochse, Ackergaul (und Wirtshausheimkehrer) das etymologisch entsprechende *wista, wüsta* oder *wüßt* als Richtungsvor- oder -angabe: *Ungefähr eine Viertelstunde vor ihrem Ziel trennten sie sich, der Xaverl ging «hott» und der Beni «wüßt», jeder vorsichtig und zuletzt direkt auf dem Grasboden dahinkriechend wie Indianer.* (Graf, «Das bayrische Dekameron»).

Damit keine Missverständnisse aufkommen: Das Bairische steht in keinem besonders engen Verwandtschaftsverhältnis zu den skandinavischen Sprachen. Ursache für die heute auffallenden Übereinstimmungen ist die tief in die Vergangenheit zurückreichende Verwandtschaft des Deutschen und aller seiner Dialekte mit allen anderen germanischen und damit auch den nordgermanischen Sprachen. Es handelt sich bei den genannten Wörtern (und einer Reihe weiterer nicht genannter) sozusagen um lexikalische «Erbmasse». Viele der eben genannten Beispiele haben auch noch Vorläufer auf älteren deutschen Sprachstufen, im Alt- und Mittelhochdeutschen. Im Laufe der Zeit ging allerdings vieles davon verloren, sodass es nur den Anschein hat, als stünden die bairischen Dialekte in einem besonders nahen Verhältnis zu weit entfernten Sprachen. In Wirklichkeit haben wir es mit Relikten in Randlagen zu tun.

Besonderheiten der Wortbildung

D'Nachtfahrn machen a Jagerts.
Abstrakta auf -erts /-ads

Im Bairischen gibt es für die Benennung von Handlungen und
Vorgängen, für die man in der Standardsprache substantivierte
Infinitive oder Wortbildungen mit *Ge...e* verwendet, eine ganz eigenartige Wortform, nämlich Abstrakta auf *-ads.* Wenn man beispielsweise in der Standardsprache sagen will, dass es stört, wenn
Kinder im Zimmer und auf dem Sofa herumhüpfen, kann man das
ausdrücken, indem man sagt, *das Herumhopsen* oder *das Herum-
gehopse* gehe einem auf die Nerven. Nun gibt es zwar im Bairischen das Verbum *hopsen* nicht, sondern man sagt stattdessen *hupfen.* Aber auch wenn man von *hupfen* ein Abstraktum bilden will,
das dem standarddeutschen *Hopsen* oder *Gehopse* entspricht,
kommt man nicht weiter: *des Hupfen regt mi auf* wäre zwar möglich, aber eher ungebräuchlich, *das Gehupf* oder gar *Gehupfe* wäre
komplett unmöglich. Dafür gibt es jedoch eine andere Wortbil-
dungsmöglichkeit, die die Standardsprache wiederum nicht kennt,
nämlich *Hupf-ads.* In Carl Orffs Weihnachtsspiel finden wir ein
ähnliches Beispiel: *D'Unholdn haben's* (das Unwetter) *herzogn,
d' Nachthussn, d'Nachtfahrn machen a Jagerts, haben alls verfegt,
daß a Tanzboden hergeht.* Die Gespenster machen *ein Jagerts.* Das
Wort ist schwer wiederzugeben. Am ehesten entspräche ein ‹Hin-
undhergejage›.

Woher kommt nun dieses *-ads,* mit dem sich reihenweise dialektale Abstrakta wie *Hupf-ads, Fress-ads, Sauf-ads, Rauf-ads,
Jag-ads* usw. bilden lassen? Es sind nicht, wie angenommen wurde
und wird, Partizipien wie *Hüpfendes, Fressendes, Saufendes, Rau-*

fendes, Jagendes usw., sondern es handelt sich ursprünglich um Genitive vom Infinitiv. In der älteren deutschen Sprache (nicht nur im Bairischen) war der Genitiv noch wesentlich häufiger im Gebrauch als in der heutigen Standardsprache. Davon waren auch (substantivierte) Infinitive betroffen. So heißt es beispielsweise in einem Landshuter Kochbuch des 15. Jahrhunderts *Wiltu machen dreyerlei essens an einem visch* ‹willst du drei verschiedene Essen aus einem Fisch zubereiten›. Hier ist *essens* Genitiv von *essen*. Im Tagebuch eines Münchner Kapellmeisters namens Johannes Hellgemayr aus dem frühen 17. Jahrhundert liest man *Nach vill besinnens hat Mans lezlich in Falkhendurn gefiert vnd dort eine guete Zeith gehallden* ‹nach langer Überlegung hat man sie zuletzt in dem Falkenturm geführt und dort eine längere Zeit eingesperrt›. *Besinnens* ist Genitiv von *besinnen*. In derselben Quelle heißt es auch (durchaus mit Bezugsmöglichkeit auf die heute aktuelle Situation) *die Maiste und gröste Dieb leben noch alle und ist des raubens noch khein Endt* ‹die mächtigsten und größten Diebe leben noch alle, und das Rauben hat noch kein Ende›. Hier ist *raubens* der Genitiv von *rauben*. Weitere Beispiele gäbe es zur Genüge.

Was haben nun diese drei ausgewählten Beispiele gemeinsam? Die Wortformen *essens*, *besinnens* und *raubens* in den zitierten historischen Sätzen sind, wie gesagt, Genitive von (substantivierten) Infinitiven, die man so heute nicht mehr bilden und verwenden würde (sofern man nicht vorsätzlich antiquiert sprechen will). Der Wortausgang *-ens* hat sich im Bairischen über *-ends* (mit «Gleitlaut» *d*) zu *-ads* entwickelt, was zu der irrigen Annahme verleiten könnte, es handle sich um Formen des Partizips Präsens, denn ein ‹weinendes Kind› ist ja im Dialekt *a woan-ads Kind*, und ein ‹stinkendes Ferkel› ist *a stink-ads Fackl*. Aber damit haben die bairischen Abstrakta auf *-ads* nicht zu tun. Diese Endsilbe, die zunächst die Endung von Genitiven des Infinitivs war, ist von den Sprechern als Mittel zur Bildung von abstrakten Begriffen verstanden und verwendet worden.

Solche Abstrakta auf *-ads, -ets, -ents* (oder wie immer sie in die Schrift umgesetzt wurden) sind in älteren Quellen selten, weil sie von den Schreibern als grobdialektale Formen vermieden worden sind. Aber es gibt trotzdem auch dafür vereinzelte Beispiele, z.B. aus dem 15. Jahrhundert: *Hans Hörl Pfeiffer alhie, Suppliciert. Weil er yetzt khain gewinnets hab, dauon er sich erhallten mechte* ‹Hans Hörl, ein Pfeifer am Ort, bittet (um Unterstützung), weil er jetzt kein *gewinnets* = Einkommen hat, von dem er leben könnte›. Eine Dießener Quelle aus dem frühen 17. Jahrhundert bezeugt auch die *-ents*-Variante: *daß man seche, damit allezeit zu samblung gedachten dungents ein guter vorrat an streustro vorhanden sey* ‹dass man dafür sorge, dass immer die für die Zusammenstellung des erwähnten *dungents* (‹Düngematerials›) ein guter Vorrat an Streustroh vorhanden sei›. Dass wir hier doch vereinzelte Belege für die Entwicklung von *-ens* über *-ents* zu *-ads* haben, wenn auch solche mit Seltenheitswert, liegt daran, dass es sich um Quellen handelt, die dem wirklich gesprochenen Dialekt in früherer Zeit relativ nahe standen.

Bald hätt ma's nimmer derpackt.
Die *der*-Verben

Ein anderes typisch (wenn auch nicht exklusiv) bairisches Mittel, um Wörter, genauer gesagt Verben, zu bilden, ist die Vorsilbe *da-*. In Mundarttexten wird meistens *der-* geschrieben, und zwar wohl deshalb, weil die standardsprachlichen Pendants oft (aber nicht immer!) Verben mit *er-* sind. Es entsprechen sich beispielsweise *erschlagen* und *daschlong*, *ersaufen* und *dasaufa*, *erkennen* und *dakenna* und zahlreiche andere. Manche bairische *der*-Verben stimmen aber auch zu standardsprachlichen Verben mit *ver-*, z.B. *dahungan* zu *verhungern*, *dabeißn* zu *verbeißen* (vom Wild), *dadattert* zu *verdattert*: *Wia man nu so saugrob sei konn! ... Ganz derdottert is und ganz dappi* ‹wie man nur so unglaublich grob sein kann! Ganz verdattert ist sie und ganz verwirrt› (Graf, «Chronik von Flechting»). Wieder andere *der*-Verben stimmen zu standard-deutschen *zer*-Verben: *In Stückln wird er dahackt! – Zu Voressn wer er daschnittn! – In Fetzn werd er daschlagn!* ‹in Stücke wird er zerhackt, zur Vorspeise wird er zerschnitten, in Fetzen wird er zer-schlagen› heißt es in Lena Christs Erzählung «Unsere Bayern 14/15». Manche bairischen *der*-Verben haben überhaupt keine vergleichbaren standardsprachlichen Gegenstücke, z. B. *damacha* ‹durchhalten, bis zum Ende schaffen›, mit ähnlicher Bedeutung *dapackn* ‹bis zum Ende durchhalten› und *daplärrn* ‹mit Rufen er-reichen›. Oder wie es in Carl Orffs «Ludus de nato infante» heißt: *Lang hättens die nimmer dermacht. Bald hätt ma's nimmer der-packt.*

Die «Leistung» des Präfixes *der-* wird aus den Beispielen ziem-lich deutlich: Es drückt in der Regel aus, dass eine Handlung oder ein Vorgang, der mit dem Verb alleine bezeichnet wird, auf den Abschluss oder die Vollendung hin gesehen wird, wobei oft – in Fällen wie *dermacha* oder *derpacka* – auch der Aspekt der großen Anstrengung mit hereinspielt. Wenn man jemanden oder etwas *derschlogt* ‹erschlägt›, dann schlägt man so lange, bis der oder das Betroffene tot ist (auch das kann sich mühselig gestalten). Wenn man versucht, jemanden über eine größere Distanz hinweg mit Rufen zu erreichen, und man kann ihn tatsächlich *derplärrn*, dann kann man mit dem Rufen aufhören. Solange der andere aber nicht hört, muss man (angestrengt) weiter *plärrn*.

Dass sich das bairische *der-* und das standardsprachliche *er-* nicht 1:1 entsprechen, deutet darauf hin, dass *der-* nicht einfach als Variante davon verstanden werden kann. Es gibt außerdem viel ältere Belege, beispielsweise in einem Mariengebet des 13. Jahrhun-derts aus dem steirischen Kloster Admont, das aber vermutlich nur die Abschrift einer noch älteren verlorenen Vorlage (aus dem 12. Jahrhundert?) ist. Darin heißt es beispielsweise *uns armen sun-dern derwierv antlaz* ‹uns armen Sündern erwirb Vergebung› und *chuneginne derbarme dich noch uber mich* ‹Königin, erbarme dich noch meiner›. Das sind noch nicht einmal die ältesten Belege. Der früheste Beleg für *der-* anstatt *er-* ist ins 9. oder 10. Jahrhundert zu datieren. Es ist das Verbum *dirahten*. Im heutigen Dialekt würde *derachten* entsprechen, in der Standardsprache *erachten*.

Woher kommt nun das *d-* am Anfang? Es gibt verschiedene Möglichkeiten, dieses typisch bairische *der-* auf ein älteres *er-* zurückzuführen. Eine plausible Erklärung ist die, dass es sich um einen «Hiattilger» handelt, das heißt: einen Konsonanten, der gesprochen wird, um zwei aufeinandertreffende Vokale zu trennen. Das ist in dem einen der zitierten Admonter Belege, nämlich *chuneginne derbarme dich*, auch tatsächlich der Fall. Ohne das *d* würde es heißen *chuneginne erbarme dich*. Um die zwei *e* (und damit die zwei Wörter) auseinanderzuhalten, wurde unwillkürlich das *d* eingeschoben. In einer nächsten Entwicklungsstufe hat man aus solchen Fällen eine eigenständige Vorsilbe *der-* abgeleitet, die man auch dann verwendete, wenn keine derartige «Vokalkollision» bestand. Der Funktionsbereich von *der-* entsprach zunächst dem von *er-*, wurde im Laufe der Zeit aber erweitert, sodass nach und nach auch viele *ver-*, *zer-* und andere Verben in den Sog dieses Wortbildungsmusters geraten konnten.

Feifalter flogezen, flibizen drüberhin. Verben auf *-etzen* und *-itzen*

Das bairische Präfix *der-* und ähnliche Wortelemente wie *er-*, *ver-*, *zer-* in der Standardsprache befinden sich «vorne» am Verb und modifizieren damit die Bedeutung des zugrunde liegenden einfachen Verbs in eine bestimmte Bedeutungsrichtung. Es gibt aber auch die Möglichkeit, Verben dadurch zu bilden, dass «hinten» an einen Wortstamm ein Suffix angefügt wird. Ein typisch bairisches Suffix, mit dem aus anderen Wörtern Verben abgeleitet werden, ist *-etzen* mit der kürzeren Variante *-zen*. Zum Ausdruck kommt, dass das, was mit dem Basiswort gemeint ist, immer wieder oder auch besonders intensiv gemacht wird. Solche Verben sind beispielsweise *achetzen* ‹ächzen›, *juchetzen* (neben *juchzen*) ‹jauchzen›, *himfetzen* ‹seufzen›, *gagetzen* ‹gackern›, *gigetzen* ‹stottern›. Im Fall von *achetzen* ist ganz deutlich die Interjektion *ach!* die Grundlage der Wortbildung. *Achetzen* bedeutete also ursprünglich ‹immer wieder *ach* machen›. In den anderen Beispielen sind es eher lautnachahmende Elemente: *gagetzen* bedeutet ‹*gaga* machen›, *juchetzen* ‹*juch* (oder *juhu*) machen›. In Carl Orffs Stück «Die Bernauerin» entwirft der junge Herzog Albrecht «vor einem gobelinartigen Hintergrund, der einen Liebesgarten darstellt» (so die Anweisung für das Bühnenbild) in seiner Phantasie für seine geliebte Agnes eine traumhafte Landschaft. In seinem Monolog schildert er bunte Blumen und Schmetterlinge:

Faltervögel,
blitzblau und feuerrot,
wibben und wibizen
auf der Blüh (‹den Blüten›).
Feifalter,
gilbfarben,
duppelgeschwanzt,
flogezen, flibizen
drüberhin.

Die Verben *wibizen*, *flogezen* und *flibizen* gibt es in der Mundart gar nicht. Es gibt auch keine Wörter *wib*, *flog*, *flib*, von denen sie abgeleitet sein könnten. Diese Orff'schen Wortschöpfungen sind deshalb auch nicht übersetzbar. Gerade deswegen aber bringen sie lautmalerisch das leichte Hin- und Herflattern von Schmetterlingen zum Ausdruck. Dabei bedient sich Carl Orff allerdings eines dialektalen Wortbildungsmusters, das es ihm ermöglicht, Phantasiewörter zu erfinden, die wunderbar in Albrechts Vision passen.

Auch Substantive können Grundlage solcher *-etzen*-Verben sein. Nur ist der Zusammenhang nicht immer ganz deutlich. Das im Bairischen weitverbreitete Wort *trenzen* ‹weinen› basiert z.B. auf *Träne*, bedeutet also ursprünglich ‹immer wieder Tränen machen›. Auch das heute als vulgär empfundene Verbum *brunzen* ‹Wasser lassen› (mit der mittelhochdeutschen Vorform *brunetzen*) gehört hierher. Es ist vom Wort *Brunnen* abgeleitet, bedeutet also ursprünglich ‹einen Brunnen machen›: *Er machte sein Hosentürl auf, tappte an den Straßenrand und brunzte. Sein Begleiter machte es ebenso. Still und dunkel war es ringsum. Die laue Luft zwischen Himmel und Erde zog sacht dahin. Das Geplätscher der beiden Wasserstrahlen zischte sehr deutlich auf den Boden. «A - ah! ... Dös tuat guat»* sagte der Kleinhäusler und schimpfte nebenbei über das dünne Bier vom Schindler. (Graf, «Kalendergeschichten»)

Ableitungen mit *-etzen* von Verben sind eher selten, aber es gibt Beispiele wie etwa *blinketzen* ‹zwinkern›. Grundlage ist *blinken*.

Das Muster, nach dem *-etzen*-Verben gebildet werden, ist keineswegs neu. Schon im Althochdeutschen gibt es Beispiele. In einem Kommentar des Ebersberger Abtes Williram (†1085) zum Hohen Lied des Alten Testaments heißt es *Wir sprungezen unte freuuen unsih an dir* ‹wir springen herum und freuen uns an dir›. Schon damals hätte einfaches *springen* nur ‹einen Sprung machen› bedeutet. Aber Kinder, die sich freuen, machen mehrere Freudensprünge und springen nicht einmal hoch, um dann sogleich in Ruhe zu verharren. Auch das bairische Verbum *raunzen* ‹mürrisch knurren› hat schon einen althochdeutschen Vorläufer: In einem Beichtformular des 9. Jahrhunderts, das sich in einer heute in Würzburg aufbewahrten Handschrift befindet, heißt es: (Ich habe gesündigt) *in abulge, in hasze, in luginu, in meszumphti, in uilosprahu.* Und dann kommt es: *in runizenne.* Ins heutige Deutsche übersetzt: ‹mit Zorn, mit Hass, mit Lüge, mit Zwietracht, mit überflüssigem Geschwätz, mit heimlichem Murren›. Vielleicht könnte man das Letzte auch übersetzen mit ‹ich habe mit Raunzen gesündigt›. Das würde aber ziemlich bayrisch klingen.

Und es geht sogar noch weiter in die Vergangenheit zurück. Schon Wulfilas gotische Bibel aus dem 4. Jahrhundert enthält einschlägige Beispiele. Eines davon ist das gotische Verbum, mit dem das Zucken von Blitzen bezeichnet wurde, nämlich *lauhatjan.* Dabei ist *-atjan* die exakte historische Entsprechung des heutigen bairischen *-etzen.* Der gotische Verbstamm *lauh-* ist auch im deutschen *leuchten* enthalten.

Zurück in die Gegenwart. Zwar gibt es entsprechende Verben auch in der Standardsprache. Beispiele wären *ächzen* und *krächzen*. Aber hier hat sich diese uralte Wortbildungsweise längst nicht so gut erhalten und als so produktiv erwiesen wie im Bairischen.

Steig auffa zu mir, do woaßt ja scho wia!
Richtungsadverbien auf *-a* und *-e*

Wenn man oben an einer Treppe steht und jemanden zu sich ruft, dann sagt man standard- und umgangssprachlich *komm rauf*. Schickt man jemanden eine Etage nach oben, bleibt aber selber unten, dann sagt man wahrscheinlich *geh rauf*. In beiden Fällen verwendet man also ein und dasselbe Adverb *rauf* unabhängig von der Richtung. Entsprechendes gilt auch für *runter, rüber, raus, rein*. Dabei handelt es sich um reduzierte Varianten von *herauf, herunter, herüber* und *herein*. Das *he-* am Wortanfang wird nur nicht mehr mitgesprochen, weil der Akzent auf der zweiten Silbe liegt: *heráuf, herúnter* usw. Übrig geblieben vom *her-* ist nur das *r-*. Die Verwendung dieser Richtungsadverbien ist aber genau betrachtet nur dann sinnvoll, wenn man den Angesprochenen zu sich *her* bittet. Schickt man ihn weg, müsste man logischerweise sagen *geh hinauf, hinunter, hinüber, hinaus, hinein*. Diese Möglichkeit besteht zwar durchaus. Sie wird aber in der gesprochenen Alltagssprache kaum noch genutzt, sondern nur in der gehobenen Schriftsprache. Die Wörter klingen für heutige Ohren etwas «angestaubt».

Diesem eindimensionalen System von Richtungsadverbien mit *r-* am Anfang steht im Bairischen ein zweidimensionales gegenüber. Es wird grundsätzlich unterschieden zwischen der Richtung auf den Sprechenden zu (Dimension 1) und der Richtung von ihm weg (Dimension 2). Adverbien der «*her*-Richtung» haben am Ende den Vokal *-a*: In einem bekannten Lied über ein misslungenes nächtliches Kammerfensterln sagt das wartende Mädchen zu dem, der schon eine Weile frierend im Dunkeln vor dem Haus auf die Starterlaubnis wartet: *steig auffa zu mir, do woaßt ja scho wia!*

‹steig herauf zu mir, du weißt ja schon wie›. Er soll *auffa* kommen. Sie ist also oben (wo denn auch sonst?). Andere Adverbien der «*her*-Richtung» (Dimension 1) sind z. B. *außa* ‹heraus›, *eina* ‹herein›, *umma* ‹herüber›, *oba* ‹herunter›, *hintra* ‹hierher nach hinten›, *fiara* ‹hierher nach vorne›.

Die Adverbien der «*hin*-Richtung» (Dimension 2) haben am Wortende einen etwas undefinierbaren Vokal, der manchmal als *-e*, manchmal als *-i* geschrieben wird. Lautlich ist er irgendetwas zwischen beidem. Der «Rumplhanni» in Lena Christs gleichnamigem Roman wird beispielsweise geraten: *Balst aufn graden Weg net Hauserin werst, die Winkelweg führn do danebn, oder gar eini ins Loch* ‹wenn du auf dem geraden Weg nicht Hauser-Bäuerin wirst – die krummen Wege führen daneben oder vielleicht sogar hinein ins Loch› (gemeint ist das Gefängnis). So wie bei *eini* ‹hinein› ist es auch wieder bei einer Reihe anderer Adverbien: *außi* ‹hinaus›, *auffi* ‹hinauf›, *ummi* ‹hinüber›, *obi* ‹hinunter›.

Aber damit nicht genug. Auch im Bairischen gibt es die Formen *heraus, herei(n), herauf* und *hinaus, hinein, hinauf* usw., allerdings mit zwei entscheidenden Unterschieden zur Standardsprache. Erstens: Wenn diese Wortvarianten verwendet werden, liegt die Betonung auf dem *her*- bzw. *hin*-, also: *héraus, hérei(n), hérauf* bzw. *hínaus, hínei(n), hínauf* usw. Das ist ein formaler Unterschied. Zweitens besteht gegenüber den standardsprachlichen Pendants ein Bedeutungsunterschied. Die so betonten Varianten werden nur dann verwendet, wenn ein Gegensatz zum Ausdruck kommt oder indirekt mitgedacht ist. Berühmt geworden ist der Ausruf *Geht's liaba herei schaugts hinaus!* des Schaustellers Michael August Schichtl oder kurz *Papa Schichtl* (1851–1911) auf dem Münchner Oktoberfest. Seine Spezialität waren «echte» Guillotinierungen (noch heute sagt man, wenn man etwas schwungvoll anfängt, *auf geht's beim Schichtl*). Mit Sicherheit betonte der Schausteller *hérei* und *hínaus*.

In Stadtdialekten, z. B. in München, ist der *hin*- und *her*-Gegensatz aber ähnlich wie in der allgemeinen deutschen Umgangssprache aufgegeben. Nur kam es nicht zur Verallgemeinerung von *r*-

Formen wie *rauf* oder *runter*, sondern auf der Grundlage von *hinauf*, *hinunter*, *hinein* usw. entwickelten sich eigene kürzere *n*-Formen wie *nauf*, *nunter*, *nei* usw. Von der Beerdigung des *Papa Schichtl* erzählt Siegfried Sommer: *Die Volkssänger hatten ein eigenes Grablied komponiert, und als sich nach der Beerdigung ein leuchtender Regenbogen über dem Waldfriedhof spannte, sagten die Münchner: «Jetzt fahrt er in Himmi nei, unser Papa Schichtl.»* Wenn's nicht wahr ist, so ist es doch schön erfunden. Und obendrein ein Beleg für das Adverb *nei*.

Zurück zu *eina*, *eini* und dergleichen. Woher kommen diese charakteristischen -*a* und -*e* bei den bairischen Richtungsadverbien? Es sind Relikte vor *her* und *hin* in Zusammensetzungen wie *ausher* und *aushin*, also eigentlich nichts weiter als «umgedrehte» *heraus* und *hinaus*. Solche Formen lassen sich in alten Quellen finden, z. B. in Veit Arnpecks «Bayrischer Chronik», wo es an einer Stelle heißt *herzog Ott vom Newmarkt kam ains mals geritten mit seinen gesellen zuhin zu der statt München* ‹Herzog Otto von Neumarkt kam einstmals mit seinen Gesellen in Richtung auf die Stadt München zu (= *zu hin*) geritten›. Das Adverb, das im heutigen Dialekt Arnpecks *zu hin* entspricht, ist *zuare* oder *zuawe*. Das Adverb der entgegengesetzten Richtung, also *her*, ist *zuara* oder *zuawa*. Ein Beispiel aus der «Rumplhanni» von Lena Christ: *daß jetz do koane zuawa geht vo de narrischn Weibatn* ‹dass jetzt da keine herkommt von den närrischen Weibern›.

Dem Urban sein indisches Bücherl.
Verkleinerungen, die keine sind

Eines der Sprüchlein, die so mancher aus Tagen des glücklichen Deutschunterrichts in Erinnerung hat, lautet: «*chen* und *lein* machen alle Dinge klein». Wie bei den meisten derartigen Merksprüchen ist auch hier etwas Wahres dran, aber sie stimmen trotzdem nicht generell. Wahr ist: *Bäumchen* und *Bäumlein* sind kleine *Bäume*, *Fischchen* und *Fischlein* sind kleine Fische. Die Verkleinerungssilbe -*chen* ist im Bairischen eher ein Randphänomen. Hier gelten -*erl*, -*al*, -*l*, -*ei*, als Varianten, die historisch gesehen auf ein und denselben Ursprung zurückgehen. Wenn trotzdem -*chen* verwendet wird, und zwar weniger im Dialekt als in der nur dialektal gefärbten städtischen Umgangssprache, dann hat das andere Gründe. Beispiel: *Und ich Depp kauf mir noch ein Unterhöschen für sage und schreibe achtundzwanzig Mark. Da –! ... Achtundzwanzig Mark für ein Unterhöschen. Sonst kauf ich's im Sonderangebot – Doppelpack sechs Mark ... Zum Glück hab ich nicht auch noch den dazugehörigen Be-Ha gekauft, ich meine: den zum Höschen passenden.* (Rosendorfer, «Die Kellnerin Anni»). Ein *Höschen* ist halt einfach auch etwas anderes als ein *Hoserl*.

Höschen hin oder *Hoserl* her, wenn man sich die Sprachgeographie und auch die Sprachgeschichte genauer ansieht, dann stellt man fest, dass seit jeher die Neigung der Sprecher, von Wörtern Verkleinerungsformen («Diminutive») zu bilden, abnimmt, je weiter man von Süden nach Norden geht, und logischerweise zunimmt, je weiter man von Norden nach Süden kommt. Im Süden, also auch im Bairischen, ist es im Laufe der Zeit sogar dazu gekommen, dass man Diminutive auf Dinge bezieht, die überhaupt nicht klein sind. Ein neuer *Bulldog* – anderswo sagt man *Trecker* oder *Traktor* – hat *Mordströmmer Radln*. Niemand würde in der Standardsprache sagen *Der Traktor hat riesengroße Rädlein* (oder *Rädchen*). In den Bierzelten stehen formidable Bierfässer mit einem Fassungsvermögen von 1000 Litern (bzw. *Massen*) und mehr. Gleichwohl handelt es sich um *Fassln*, also wörtlich ‹Fässlein›. *Zwoatausendliterfassln* sind in Bayern weder sachlich noch sprachlich ein Problem. Solche Nur-Diminutive gibt es hier reichlich: Ein Fahrrad ist unabhängig von der Größe *a Radl* (oder *Fahrradl*), und selbst das größte Modell von BMW oder Harley-Davidson ist unabhängig von Hubraum und PS auch nur *a Motorradl*. Selbst eine mehr als zwei Meter hohe Sonnenblume ist nur *a Bleaml*, Bücher sind fast nur *Biachln* und dicke, lange Schnürsenkel in Bergschuhen sind *Schuabandl*. Selbst der furchterregendste Wasserbüffel im Tierpark Hellabrunn hat nur *Hörndl*.

Die Reihe ließe sich fortsetzen. Die zugrunde liegenden nicht verkleinerten Wörter *Rad, Motorrad, Blume, Buch, Schuhband, Horn* werden im Dialekt eigentlich überhaupt nicht verwendet, und wenn doch, dann handelt es sich um eine Anleihe aus der Standardsprache. Und dann ist es kein Dialekt. Noch einmal Rosendorfers Kellnerin Anni: *Mein Lieber! Also gewisse Sachen hab ich abgelehnt … Als Berufstätige bist du dem Urban sein indisches Bücherl gar nicht gewachsen. … Alles was recht ist!* Vermutlich handelte es sich beim *Bücherl* um das «Kamasutra». Das ist – vom standardsprachlichen Standpunkt aus betrachtet – durchaus ein *Buch* (laut dem «Verzeichnis lieferbarer Bücher» je nach Ausgabe und Bilderdichte mit 200 bis 300 Seiten).

Bei Wörtern wie *Radl, Motorradl, Bleaml, Biachl, Schuabandl, Hörndl* usw. hat die Verkleinerungsform die «normalen» Wortentsprechungen völlig verdrängt. Ursache dürfte sein, dass die Diminutive seit jeher häufiger im Gebrauch waren als die nicht verkleinerten Wörter. Zu *Rädern* an Wagen, Karren oder anderen Fahrzeugen hat man deshalb *Radl* gesagt, weil sie meistens vergleichsweise klein waren. Irgendwann sagte man dann eben nur noch *Radl*, unabhängig von der Größe.

Es gibt darüber hinaus im Bairischen eine Reihe von Fällen, in denen die Diminutivform dazu verwendet wird, gegenüber dem «normalen» Wort einen Bedeutungsunterschied auszudrücken, und zwar ohne dass das unmittelbar etwas mit der Größe zu tun hätte. Ein Beispiel ist *Glasl* neben *Glas* oder *Glos*. Aus einem *Glasl* trinkt man (ein *Weizenglasl* fasst standardmäßig einen halben Liter, existiert aber auch in noch größeren Formaten, wovon man sich bei Meisterschaftsfeiern in bayrischen Fußballstadien überzeugen kann). Aus *Glas* oder *Glos* sind dagegen Fensterscheiben. Das *Lüngerl* ist sauer zubereitet und steht auf der Speisekarte, die *Lung(a)* ist ein wichtiges Organ bei Tier, Mensch und Kettenraucher. Ein *Dirndl* ist ein junges Mädchen, eine *Dirn* eine Dienstmagd auf dem Bauernhof. Ein *Packl* ist ein Paket, das mit der Post kommt, und zwar egal wie schwer der Postbote daran trägt, ein *Packen* ein aufgestapelter, vielleicht auch zusammengebundener

Haufen von Papier oder Vergleichbarem. Und nicht zu vergessen das *Heisl* oder *Häusl*. Es befand (und befindet) sich auf Bauernhöfen ursprünglich etwas abseits vom Haus und wurde (bzw. wird) nur aus dringenden Anlässen als Refugium frequentiert. Natürlich ist ein solches *Häusl* kleiner als das bewohnte *Haus*, zu dem es irgendwie gehört, aber es gab auch vergleichsweise stattliche *Häusl*. Dass *Häusl* nicht unbedingt ‹kleines Haus› bedeutet, erkennt man unter anderem auch daran, dass man noch heute, im Zeitalter klimatisierter Indoor-Toiletten, durchaus sagen kann *i muas aufs Häusl*.

Das Bairische hat darüber hinaus eine Möglichkeit gefunden, von solchen Verkleinerungsformen, die eigentlich gar keine (mehr) sind, wieder neue Diminutive zu bilden, die dann aber wirklich verkleinernd wirken («Hyperdiminutive» sozusagen): Ein *Glaserl* ist dann wirklich ein kleines *Glasl*, ein *Packerl* ein kleines *Packl*. Ein *Häuserl* ist allerdings kein kleines *Häusl* in der eben erwähnten Bedeutung, sondern ein kleines *Haus*. Hier bewirken die unterschiedlichen Diminutivformen unterschiedliche Bedeutungen.

Wieder einen anderen bairischen Diminutiv-Typ bilden solche Wörter, die nach Abzug der Verkleinerungssilbe keinen oder zumindest einen völlig anderen Sinn ergeben. Beispiele dafür sind *Singerl* ‹Küken›, *Bummerl* ‹(Jung-)Stier›, *Reherl* ‹Pfifferling› oder *Hascherl* ‹schwaches, hilfloses Wesen meist weiblichen Geschlechts›. Ein *Sing* gibt es nicht (obwohl im Fall von *Singerl* natürlich eine Ableitung von *singen* vorliegt), einen *Bumm*, der größer wäre als der *Bummerl*, ebenso wenig. Wenn man vom *Reherl* das -erl abzieht, kommt man auf *Reh*. Aber ein Pfifferling ist kein kleines Reh. Und was übrig bleibt, wenn man vom *Hascherl* das -erl abzieht, führt völlig in die Irre. Auch *Bussl* oder *Busserl* ‹Kuss› gehört hierher. Ein *Buss* gibt es nicht, egal wie gefühlvoll, intensiv, innig, vernehmbar oder gar feucht das *Buss(er)l* auch sein mag.

In Ludwig Thomas Geschichte «Junker Hans» spielt sich in einem nächtlichen Hauseingang (unter anderem) Folgendes ab: *Er zog das Mädchen an sich. Seine linke große Hand verirrte sich auf den prallen Busen, indes er mit der rechten die schwach sich Sträu-*

bende rückwärts faßte und auch hier Anlass zur stürmischen Werbung fand. «Du Trutscherl du liabs!» «Herr Pfa...» Seine breiten Lippen erstickten ihre Stimme und sie legten sich breit und feucht auf ihren Mund. Ehrlich erwiderte sie seinen Kuß. «Du Gschmacherl, du!» «Schorschl!» In der Erzählung folgt eine lange Reihe von Gedankenstrichen, die hier nicht zitiert wird. Jedenfalls: Die Wörter *Trutscherl* und *Gschmacherl* sind zwar formal gesehen Verkleinerungsformen von *Trutschn* ‹plumpes, dummes Weib› und *Gschmo(ch)* ‹Geschmack›. Bedeutungsmäßig liegen aber Welten dazwischen. Der stürmische junge Mann verwendet beides als (Lieb-)Koseformen.

Manche Wörter, die etwas bezeichnen, das an sich schon klein oder zierlich ist, zeigen eine besondere Affinität zum (eigentlich überflüssigen) Diminutiv. Vogelnamen wie *Schweiberl* ‹Schwalbe›, *Moaserl* ‹Meise›, *Starl* ‹Star› gehören hierher, ebenso *Stück(er)l*, *Keib(er)l* oder *Kälberl* ‹Kalb›, *Schwammerl* ‹Pilz›, *Bladl* ‹Blatt› und weitere. Und schließlich kann die Verkleinerungsform auch dem Understatement dienen, denn natürlich darf man seinen neuen PS-starken Nobelschlitten aus Dingolfing oder Ingolstadt als *mei neis Autal* präsentieren, den respektablen Neubau (samt Jägerbalkon und heizbarer Garage) als *mei Heiserl* und seinen furchterregenden sat bernden Dobermann als *mei Hunderl*. Und selbst ein Schlaganfall vollzieht sich – ganz bayrisches Understatemet! – als *Schlagerl*. Das dürfte freilich auch damit zusammenhängen, dass etwas völlig anderes gemeint ist, wenn man sagt, dass einer *an Schlog* hat...

Einiges über Namen

Straubing, Aichach, Tirschenreuth.
Bairische Ortsnamen auf *-ing*, *-ach* und *-reut(h)*

Wenn man eine Bayernkarte mit einem nicht allzu groben Maßstab nähme, die westlichsten Ortsnamen auf *-ing* und die östlichsten auf *-ingen* heraussuchte und dazwischen eine Linie einzeichnen würde, dann erhielte man ziemlich genau die bairisch-schwäbische Dialektgrenze. Sowohl die (bairischen) *-ing-* als auch die (schwäbischen) *-ingen*-Namen sind alte sogenannte Zugehörigkeitsbildungen. Das heißt: Sie bringen zum Ausdruck, dass der betreffende Ort der Person gehörte oder von der Person gegründet worden ist, die im Vorderteil des Namens genannt ist. Oft sind diese Personennamen im Laufe der Zeit durch lautliche Entwicklungen unkenntlich geworden. Einige Beispiele: Bairisches *Ötting* (in *Alt-* und *Neuötting*) geht ebenso auf den Namen *Otto* zurück wie das weiter westlich gelegene *Öttingen*. *Freising*, dessen älteste urkundlich bezeugte Namensform *Frigisinga* war, muss auf einen Personennamen *Frîgîs* zurückgeführt werden. Gut sichtbar ist der zugrunde liegende Personenname noch in *Geiselhöring* (bei Straubing). Namengebend war hier ein *Gîselher*. Der Name ist auch aus dem Nibelungenlied bekannt. Der burgundische Held kommt aber sicher nicht als Gründer oder Besitzer der niederbayrischen Ortschaft in Betracht. Es handelt sich nur um einen Namensvetter. Das nicht weit davon entfernte *Straubing* geht auf den Namen *Strûpo* zurück.

Die Namen auf *-ing* sind für den bairischen Raum so typisch, dass auch fiktive Ortsnamen damit erdacht worden sind. Wenn man etwas in den hintersten und abgelegensten Winkel der bayrischen Provinz verlegen will, dann lokalisiert man es in *Hintertup-fing* oder *Hinterhuglhapfing*. Auch in Romanen von Oskar Maria Graf und Ludwig Thoma gibt es reichlich erfundene Ortsnamen auf *-ing*, die auf keiner Landkarte zu finden sind. Aber sie klingen stets glaubwürdig bayrisch, z.B. *Flechting, Rieming, Berblfing, Freislfing, Pfreimding* und *Mingharding (Bosd daselbst)*. Letzteres ist der Wohnort von Ludwig Thomas Landtagsabgeordnetem und Briefsteller Josef Filser.

Die Ortsnamen auf *-ach* haben zweierlei Etymologien, die nichts miteinander zu tun haben. Namen wie *Aichach* oder *Dornach* (in den Landkreisen Altötting, Dingolfing, München) sind alte «Kollektivbildungen». *Aichach* ist ein Ort, an dem (ursprünglich) auffallend viele Eichen standen. *Dornach* bedeutet ursprünglich ‹Dorngestrüpp›. Die anderen *-ach*-Namen – sie sind in der Mehrzahl – leiten sich von Flüssen in der Nähe her: Orte, die *Schwarzach* heißen (es gibt mehrere), liegen jeweils an einer *Schwarzach*, das heißt an Flüssen, die dunkles Wasser führen. Die Namen der alten Klöster *Ober-* und *Niederalteich* sind dreiteilig. *Ober-* und *Nieder-* bezieht sich auf die Lage an der Donau (*Oberaltaich* liegt in der Nähe von Bogen, *Niederalteich* flussab-wärts unterhalb von Deggendorf). Der Namensbestandteil *-alt-eich* bedeutet ‹Altwasser›. Die Klöster wurden in der Nähe von stehenden Seitenarmen der Donau errichtet. Bis ins 17. Jahrhun-dert wurden beide Namen als *Altach* geschrieben. Erst später er-folgte die unetymologische Anpassung der Schreibweise an *Eiche*. Das Namenselement *-ach*, ob nun in Orts- oder Flussnamen, ist urverwandt mit dem lateinischen Wort *aqua* ‹Wasser›. Das alt-hochdeutsche Wort war *a(c)ha*. Der kleine Bach, der bei *Nieder-alteich* in die Donau mündet, heißt *Ohe*. Das geht auf dieses *aha* zurück und heißt nichts weiter als ‹Wasser› oder ‹Bach›. In den Kitzbühler Alpen entspringt die *Tiroler Ache*. Das ist eigentlich derselbe Name wie *Ohe*.

Die Ortsnamen mit *-reut* oder *-reuth* (die unterschiedliche Schreibweise ist unerheblich) gehen ganz ähnlich wie die *-ing*-Na-men meistens auf Personen zurück, die zuvor unerschlossenes

Sumpf- oder Waldland urbar gemacht haben und dann in der Folge auch Ortsgründer oder Grundherren waren. In *Tirschenreuth* beispielsweise steckt der alte Personenname *Turso*, in *Konnersreuth* (Landkreis Wunsiedel) – unschwer zu erkennen – der Name *Konrad*. Mehrere kleinere Ortschaften heißen einfach nur *Reut(h)*. Etymologisch zugehörig ist das Verbum *roden*. Orte, die so heißen, liegen denn auch meistens in oder an bewaldeten Gebirgszügen. Außerhalb des bairischen Raumes entsprechen die Namen auf *-roth* im Fränkischen (z. B. *Burkardroth* im Kreis Kissingen) und *-rode* am Fuße des Harzes (z. B. *Wernigerode* oder *Gernrode*).

Eder, Huber, Bichlmeier. Typisch bairische Familiennamen

Familiennamen sind im Spätmittelalter in den anwachsenden Städten in Gebrauch gekommen, um die verschiedenen Leute mit gleichen Taufnamen auseinanderhalten zu können. Hatte ein *Heinrich* rote Haare, wurde er *Heinrich der Rote* oder *der Rot* genannt, sein schwarzhaariger Namensvetter *Heinrich der Schwarze* oder *der Schwarz*. Der bestimmte Artikel wurde aufgegeben, und so kam es zu *Heinrich Rot* und *Heinrich Schwarz*. Wer rote Haare hatte, konnte auch den Zunamen *Fuchs* bekommen und sein schwarzhaariger Namensvetter den Namen *Rapp*. Auch andere körperliche Merkmale (*groß, lang, klein, kurz, dick*) konnten zur Unterscheidung als Zunamen verwendet und schließlich, wenn sie vom Vater auf den Sohn übertragen wurden, zu Familiennamen werden. Andere Möglichkeiten waren die zusätzliche Benennung nach Herkunft wie *Frank(e)*, *Schwab(e)*, *Hess(e)*, nach Berufen wie *Schreiner*, *Schmied*, *Glaser* oder *Metzger* oder nach dem Vornamen des Vaters. Deshalb gibt es viele Familiennamen, die gleichzeitig auch Vornamen sind wie *Dietrich*, *Heinrich* oder *Konrad*. Kurzformen davon sind *Diez*, *Hinz* und *Kunz*.

Auf dem Dorf benötigte man unterscheidende Zunamen erst wesentlich später, ungefähr ab dem 18. Jahrhundert. Die Benennungsmotive waren teilweise dieselben wie in den Städten, teilweise aber auch andere. Oft nämlich wurde der Wohnplatz ausschlaggebend für den Zunamen. Typische ländliche bairische Familiennamen dieser Kategorie sind deshalb *Berger* oder *Wies(n)er*, die sich, wie leicht zu sehen ist, von *Berg* bzw. *Wiese* herleiten. Wer in Waldnähe wohnte, bekam den Zunamen *Wallner* (darin steckt *Wald*) oder *Hölzel* (zu *Holz* ‹Wald›). Ein *Eder* wohnte nahe bei einem *Ödland*, ein *Auer* in oder nahe einer *Au*, ein *Moser* in einem *Moos*, einer feuchten Flussniederung. Am Ortsende wohnte der *Ert(e)l*. Dieser Name ist von *Ort* abgeleitet, was im älteren Deutschen und noch heute im Dialekt ‹Ende, Spitze› bedeutet. Ein *Huber* war Besitzer oder Bewohner einer *Hube* (ein altes Flächenmaß). Auch typisch ländliche Berufe konnten für die zusätzliche Namengebung verwendet werden. Am häufigsten sind deshalb *Müll(n)er*, *Bauer* und *Meier* (Letzteres mit Varianten wie Maier, Mair, Mayer, Mayr in der Schreibung). *Bauer* und *Meier* bedeuten praktisch dasselbe. Solch häufige Zunamen mussten, um eindeutig zu sein, irgendwann wieder neu differenziert werden. So entstanden Namenskomposita wie *Ober-*, *Nieder-*, *Mitter-*, *Vils-* oder *Bachmeier*, *Neumüller* oder *Aumüller*. Der *Bachmeier* hatte sein Anwesen nahe an einem *Bach*, der *Vilsmeier* an der Vils (davon gibt es in Bayern zwei, die eine fließt bei Vilshofen in die Donau, die andere bei Kallmünz in die Naab). Ein *Faltermeier* wohnte in einer Hofmark in der Nähe des *Falltores*. Dieser Name ist fast nur in der Regensburger Gegend heimisch. Ein *Aumüller* war Besitzer einer Mühle in oder nahe einer *Au*. *Weißmüller* und *Braunmüller* wurden nach der Sorte Mehl unterschieden, die sie vorzugsweise herstellten. Als diese Zunamen als vererbbare Familiennamen fest geworden waren, konnte natürlich auch ein *Braunmüller* der dritten Generation Weißmehl produzieren. Alles das sind typische Familiennamen mit bairisch-dörflichem Ursprung, auch wenn man sie mittlerweile migrationsbedingt in den Meldedateien von Stadtverwaltungen und in städtischen Telefonbüchern außerhalb Bayerns und Österreichs findet.

Typisch bairisch sind auch bestimmte Schreibweisen von Namen, selbst wenn sie seit längerem anderswo vorkommen. So ist beispielsweise die Variante *Mai(e)r* und *May(e)r* mit *ai* bzw. *ay* überwiegend bairisch. Das Regensburger Telefonbuch von 2010 führt ungefähr 150 *Maier* oder *Mayer* auf, das Leipziger nur etwa 80, obwohl Leipzig über dreimal so viele Einwohner hat wie die Stadt an der Donau. Im Regensburger Telefonbuch stehen ungefähr 250 Einträge für *Schmid* und 180 für *Schmidt*. Das Leipziger Telefonbuch führt nur ca. 25 Einträge mit *Schmid* auf, aber rund 1100 für *Schmidt*. Natürlich hat die erhöhte Mobilität dazu geführt, dass *Maier* und *Schmid* auch dort in Erscheinung treten, wo sie «eigentlich» nicht hingehören. Beispielsweise in Leipzig.

Bei uns werden die eingesessenen Leute nach den Häusern genannt. Die Hausnamen auf dem Dorf

Auf den Dörfern bildete sich im Laufe der Zeit eine Art von Dreinamigkeit heraus: erstens der Taufname, zweitens der amtliche Familien- und drittens der Hausname. Der Grund dafür ist der, dass bei Anwesen der Name oder der Beruf des Erbauers oder eines späteren Besitzers erhalten blieb, gleichgültig wie spätere Bewohner mit ihrem offiziellen Familiennamen hießen. *Wie sie sich schreiben*, sagt man in Bayern. Dazu einige Beispiele aus einem kleinen Dorf in Niederbayern, wo man bis vor nicht allzu langer Zeit noch nicht nach Einwohnern, sondern nach «Seelen» gezählt hat. Besagtes Dorf heißt Galgweis, ist inzwischen nach Osterhofen eingemeindet und liegt damit im Landkreis Deggendorf. Der Müller, der tatsächlich eine Mühle mit Sägewerk betrieb, hieß *Hütter*, wurde aber im Dorf nur als *Müllner* bezeichnet (*Müllner* mit *n* ist eine ältere, im Dialekt noch vorhandene Form von *Müller*, das sich vom lateinischen *molinarius* herleitet). Alle Angehörigen der benachbarten Familie *Wasmeier* hießen mit Hausnamen *Hoazinger*. Das leitet sich vom Ortsnamen *Haizing* her. Der Erbauer des Anwesens oder ein Vorbesitzer hieß so, weil er aus *Haizing* (bei Passau) stammte. Alle nachfolgenden Bewohner des Anwesens wurden im Dorf nur mit diesem Namen bezeichnet. Die Familie *Schmid* hatte den Hausnamen *Brunnhuber* ebenfalls von einem vormaligen Eigentümer «geerbt». *Josef Scharl* nebenan wird im ganzen Dorf als *Schneider Sepp* bezeichnet, weil früher in dem Haus ein Schneider gearbeitet hat. Das benachbarte Anwesen des Schreiners namens *Beham* heißt nach einem Vorbesitzer *Fischer*. Der Wirt heißt *Hartl*, aber das ganze Dorf kennt ihn nur als *den Zeiserl*. Und so ziehen sich die weiteren Hausnamen, die viel häufiger verwendet wurden und werden als die papierenen Familiennamen der amtlichen Einwohnerdatei, durchs ganze Dorf. Ausgenommen sind natürlich die Zuzügler in der Neubausiedlung am Ortsrand. Denen ist nur der offizielle Zuname vergönnt.

Diese Namengebung ist keineswegs die Spezialität eines einzelnen, seltsamen Dorfes in Niederbayern, sondern war weithin verbreitet, wie auch der Anfang der Erzählung «Der Anbinder» in Oskar Maria Grafs «Bayrischem Dekameron» belegt: *Jeder von uns kennt das große, weit auseinanderlaufende Anwesen in der Dorfmitte von Hammertshausen, das dem Ludwig Pichelsrieder – oder wie man ihn hierorts seit vaterzeiten heißt – dem «Schmaußbauern» gehört. Bei uns werden nämlich die eingesessenen Leute nach den Häusern genannt.* Natürlich gibt es kein *Hammertshausen* und folglich dort auch keinen *Ludwig Pichelsrieder* alias *Schmaußbauer*. Was es in Bayern und Österreich flächendeckend gibt, ist das dörfliche Benennungsprinzip als solches.

Grammatisches

Das Bairische unterscheidet sich nicht nur im Wortschatz von der deutschen Standardsprache, sondern auch in der Grammatik. Einige auffallende Phänomene sollen kurz angesprochen werden. Zunächst aber wieder wie beim Wortschatz die Frage: Wo kann man sich genauer informieren?

Von Johann Andreas Schmeller bis Michael Kollmer. Einige Handbücher zur bairischen Grammatik

Mit dem Bayerischen Wörterbuch von Schmeller liegt bereits ein vorzügliches und bis heute in seiner Art unübertroffenes (und unübertreffliches) Handbuch des bayrischen Wortschatzes vor, dessen einzige «Mängel» das inzwischen hohe Alter (folglich die fehlende Aktualität) und die etwas eigentümliche Darstellungsweise sind. Dem wird mit dem Bayerischen Wörterbuch und dem Wörterbuch der Bairischen Mundarten in Österreich abgeholfen. Ganz anders sieht es allerdings im Bereich der bairischen Grammatik aus. Zwar liegt eine kaum noch überschaubare Menge von Studien zu grammatischen Einzelfragen vor, aber keine aktuelle wissenschaftlich fundierte Gesamtdarstellung, in der die Lautlehre, die Bildung der grammatischen Formen von Substantiven, Adjektiven, Verben und anderer Wortarten oder die Regeln, nach denen Sätze geformt werden, dargestellt würden. Einige wichtige Publikationen, die zumindest größere Teilbereiche der bairischen Grammatik behandeln, sollen dennoch kurz vorgestellt werden.

Der erste Versuch einer umfassenden bairischen Grammatik stammt von keinem anderen als wiederum Johann Andreas

Schmeller. Er veröffentlichte 1821, also noch vor seinem Wörterbuch, ein Werk mit dem Titel «Die Mundarten Bayerns grammatisch dargestellt». Darin werden die Lautlehre, die Deklinationen und Konjugationen behandelt, und zwar stets unter Berücksichtigung auch der dialektgeographischen Varianten innerhalb Bayerns. Beigegeben sind Dialektproben aus allen Teilen des damaligen Königreichs. Nach bald 200 Jahren sind auch diese Texte bereits von historischem Wert, zumal Schmeller anders als die Zeitgenossen Jacob und Wilhelm Grimm (1785–1863 bzw. 1786–1859) nicht glättend in den Wortlaut seiner Texte eingegriffen hat, sondern sie möglichst authentisch wiedergibt. Die Brüder Grimm haben ihre «Kinder- und Hausmärchen» nachhaltig redigiert. Die Kehrseite ist, dass Schmellers Dokumentation nicht ganz leicht zu lesen ist, gerade weil er die Texte «naturbelassen» aufzeichnet und dabei sogar Sonderzeichen verwendet.

Jahrzehnte später, nämlich 1867, widmete Karl Weinhold (1823–1901) seine «Bairische Grammatik» dem *Gedächtniss* Johann Andreas Schmellers. Dieses Werk ist aber – ganz anders als das von Schmeller – nicht primär an den (damaligen) Gegenwartsdialekten orientiert, sondern von der Anlage her historisch. Das heißt: Im Vordergrund steht das Bairische der alt- und mittelhochdeutschen Sprachperiode. Spätere mundartliche Verhältnisse werden eher am Rande behandelt.

Nur auf die lautlichen Verhältnisse, und zwar speziell in ihrer historischen Entwicklung, geht Eberhard Kranzmayer (1897–1975) in seiner «Historischen Lautgeographie des gesamtbairischen Dialektraumes» von 1956 ein. Dieses Werk war ursprünglich als Vorarbeit und Referenzwerk zu einem gesamtbairischen Wörterbuch gedacht und fungiert als solches nach wie vor in den einzelnen Artikeln des Bayerischen Wörterbuchs und des Wörterbuchs der Bairischen Mundarten in Österreich. In mancher Hinsicht, vor allem für Bayern, ist «der Kranzmayer» jedoch inzwischen vom neuen «Bayerischen Sprachatlas» und dem «Sprachatlas von Oberösterreich» überholt. Dabei handelt es sich um langjährige Forschungsprojekte, die im Ergebnis zu einer Regalbretter füllenden Anzahl monumentaler Bände geführt haben, die für die einzelnen bayrischen Regierungsbezirke und ein österreichisches Bundesland eine Fülle grammatischer und lexikalischer Themen kartographisch dokumentieren. Grundlage sind direkte Vorort-Erhebungen bei einem dichten Netz von Gewährspersonen vor allem aus dem bäuerlichen und handwerkerlichen Milieu. Dieser Atlas ist zwar keine Grammatik im eigentlichen Sinne, auch keine Mundartgrammatik, er dokumentiert aber die Daten für eine ganze Reihe grammatischer Fragen in einer bislang nicht da gewesenen Ausführlichkeit und Detailfülle. Informative «Nebenprodukte» sind der «Kleine bayerische Sprachatlas» von Manfred Renn und Werner König, der «Kleine Sprachatlas von Bayerisch-Schwaben» derselben Autoren und der «Sprechende Sprachatlas von Bayern», der es ermöglicht, Sprachproben nicht nur zu lesen, sondern über das Internet auch anzuhören (http://sprachatlas. bayerische-landesbibliothek-online.de/).

Die einzige umfassendere Darstellung zentraler Bereiche der heutigen bayrischen Grammatik stammt von Ludwig Merkle (1928–2003). Im Vorwort relativiert Merkle sein Vorhaben und spricht bescheiden vom «Versuch einer bairischen Grammatik». Das Buch erschien 1975 und ist, weil in der Zwischenzeit (und übrigens bis heute!) nichts Vergleichbares oder gar Besseres publiziert worden ist, 2005 nachgedruckt worden. Thematisiert werden Laut- und Formenlehre. Aspekte des Satzbaus kommen im Zusammenhang mit der Behandlung der Wortarten gelegentlich indirekt zur Sprache. Sprachregionale Abschattierungen innerhalb Bayerns, auch das österreichische Bairisch, werden nicht berücksichtigt. Der Dialekt, den Merkle beschreibt, ist der des zentralen Mittelbairischen in Ober- und Niederbayern, was damit zusammenhängen mag, dass er gebürtiger Münchner war und als Autor und Journalist auch in München lebte und arbeitete. Von einem Buch, das für ein größeres interessiertes Publikum geschrieben wurde, kann man natürlich überhaupt nicht erwarten, dass es ins dialektgeographische Detail geht. Merkles Buch ist nicht nur informativ, sondern bisweilen auch amüsant zu lesen. Man führe sich nur den bayrischen Hamlet-Monolog zu Gemüte: *Lewenddig odà gschdoàmà, ja, dees frågd si ...* In ihrer Substanz und Darstellungsweise ist diese «Bairische Grammatik» bislang nicht erreicht und schon gar nicht übertroffen.

Und schließlich ist eine ungemein kenntnisreiche und gründliche Grammatik zu nennen, die allerdings auf das Gebiet des Bayrischen Waldes beschränkt ist, nämlich der erste Band des dreibändigen Werkes «Die schöne Waldlersprach» von Michael Kollmer (1917–2001).

Is mir lieber, wannst du dahoam bleibst.
Konjunktionen mit «Endungen»

Eine Besonderheit im bairischen Satzbau ist die, dass Konjunktionen, also Wörter, mit denen Nebensätze eingeleitet werden, in denen eine Ursache (*weil*), eine Bedingung (*wenn, bal*), ein Gegensatz (*obwohl*), ein zeitliches (*wenn, wann*) oder räumliches (*wo, wohin*) Verhältnis gegenüber dem Hauptsatz oder eine indirekte Frage (*ob*) zum Ausdruck kommt (anders gesagt: Kausal-, Konditional-, Konzessiv-, Temporal-, Lokalsätze usw.), scheinbar die Endungen von Verben annehmen. Das trifft aber nicht auf alle Formen zu, sondern nur auf die *du-, wir-* und *ihr-*Form.

Ein Beispiel für die *du-*Form (2. Person Singular): *Is mir lieber, wannst du dahoam bleibst bei die Kloana* (Lena Christ, «Die Rumplhanni»). Die standarddeutsche Übertragung kennt keine solchen «Endungen» bei Konjunktionen wie *wenn*. Es muss deshalb heißen ‹es ist mir lieber, wenn du zu Hause bleibst bei den Kleinen›. Oder ein Beispiel aus Ludwig Thomas Filserbriefen: *Kelobd sei mein Nahmensbadron der wo dir auch helfen wiel balst Du zalst* ‹Gelobt sei mein Namenspatron, der dir auch helfen wird, sofern du bezahlst.›

Woher kommen solche «Endungen» bei Konjunktionen? Das *-t* am Ende von *wannst* und *balst* in den zitierten Beispielen ist der Überrest eines lautlich reduzierten Pronomens *du*. Vergleichbar sind auch Sätze in der 1. und 2. Person Plural. Hier heißt es *wemma mir...* bzw. *wenns es* oder *wenns ihr*. Letzteres ist nur die jüngere Variante mit Ersatz von *es* durch *ihr*. In diesen Beispielen ist *-ma* der Rest von *mir*, der dialektalen Form von ‹wir›. Das *-s* im anderen Fall ist das «verkümmerte» Überbleibsel von *es* ‹ihr›.

Solche Sätze kommen auch ohne das vollständige Pronomen aus: *Gel jetzt hast es, weilst so grob bist* (Christ, «Erinnerungen einer Überflüssigen»). Hier genügt *weilst* mit dem verschmolzenen Pronomen. Ein *du* wird vor allem dann nochmals hinzugesetzt, wenn unausgesprochen ein Gegensatz (zu *ich* oder einer dritten Person) zum Ausdruck kommen soll: *wannst dú dahoam bleibst* (nicht ich), *balst dú zalst* (nicht ich).

Erklärt werden muss auch noch das eingeschobene *-s-* in *wenn-s-t*, *bal-s-t* usw. Es «gehört» ja eigentlich weder zu den Konjunktionen (*wenn*, *bal* etc.) noch zum Pronomen *du*. Wo kommt es also her? Es gibt verschiedene Herleitungsmöglichkeiten. Es könnte als Anpassung an die Verbendung der 2. Person Singular *-st* verstanden werden. Es könnte aber auch von Fügungen mit der 2. Person Plural (*wenns es/obs es/warums es* u. ä.) auf die 2. Person Singular übertragen worden sein. Das in solchen Zusammenhängen «berechtigte» *s*, das durch Reduktion von *es* ‹ihr› entstanden und sozusagen an die Konjunktion «angelagert» worden ist, wäre dann «unberechtigterweise» auf den Singular übertragen worden. Eine dritte Erklärungsmöglichkeit wäre es, ein *dassd* ‹dass du› als Ausgangspunkt anzunehmen. Hier stoßen *-s* und *du* sowieso immer zusammen, und *dass* ist die am häufigsten verwendete Nebensatzkonjunktion. Beispiel: *Du brauchst ja nix z'sag'n, z'weg'n was daß d' umi ganga bist* ‹du brauchst ja nichts darüber zu sagen, warum du hinübergegangen bist› (Thoma, «Der Wittiber»). Von *dassd* wäre das *-sd* auf die anderen Konjunktionen übertragen worden. Alle diese Erklärungsmöglichkeiten haben gemeinsam, dass mit einer Analogie gerechnet wird.

Mir san ma de Schwirzer vom Landl.
Das «doppelte» Pronomen

Eng verknüpft mit solchen Konjunktions «endungen» ist das Phänomen der doppelten Setzung des Pronomens bei Verben im Plural. Gleich drei schöne Beispiele enthält der Anfang eines Schmugg-
ler-Liedes aus dem Bayrischen Wald:

Mir san ma de Schwirzer vom Landl
da hint auf der böhmischen Grenz
Mir schwirz ma a Salz und an Zucker
und schwanz ma d'Finanzer a wenig

‹Wir sind die *Schwärzer* (‹Schmuggler›) vom Ländchen dort hinten
von der böhmischen Grenze. Wir schmuggeln Salz und Zucker
und tricksen die Zollbeamten ein bisschen aus.› Sowohl in *mir san
ma* als auch in *mir schwirz ma* und in *schwanz ma* wird das Pronomen ‹wir› (in den Dialektformen *mir* und *ma*) doppelt gesetzt.
   Ein Beispiel für Entsprechendes mit der 2. Person Plural zeigt
ein Lied aus dem Deutsch-Französischen Krieg von 1870/71: *Za-
ruck! Sonst seids ös gfangene Leut. D'Franzosen, die stehns ja weit
und breit.* ‹Zurück! Sonst seid ihr gefangene Leute. Die Franzosen
haben überall ihre Stellungen› (Queri, «Kraftbayrisch»). Hier ist
seids ös eine entsprechende Doppelung. Ganz wörtlich übertragen
hieße das ‹seid ihr ihr›. In diesem Fall zeigt sogar *stehns* am Wortende auch noch ein Relikt des Pronomens der 3. Person Plural
von *sie.* Auch das ist doppelte Setzung des Pronomens, denn vor
stehns steht *die* (verhochdeutscht: ‹die stehen sie›).
   Auch in solchen Fällen haben sich die Pronomina zunächst mit
einem vorausgehenden Wort, hier einem Verbum, verbunden. In
der Folge wurden sie lautlich reduziert, sodass es den Anschein
hatte, als handle es sich um Konjugationsendungen. Ein weiterer
Entwicklungsschritt war dann die «Wiederbelebung» des Pronomens in seiner Vollform. Von der 2. Person des Indikativs wurde

das *-s* auch auf den Imperativ übertragen: *Aber Leut, laßts doch d'Leut naus!* ‹Aber Leute, lasst doch die Leute raus!›, ruft der Schaffner im «Wagen von der Linie 8» vom Weiß Ferdl bei jeder Haltestelle.

Übrigens haben diese Entwicklungen durchaus eine Parallele in der Standardsprache, und zwar die Endung *-st* in der zweiten Person Singular beim Verbum. Noch im Mittelhochdeutschen war die Endung nur *-s*. Es hieß *du gibes, du nimes* ‹du gibst, du nimmst› usw. Durch den häufigen Kontakt mit dem nachfolgenden Personalpronomen (*gibes du, nimes du*) kam es auch hier zur Verschmelzung, und es entstanden Formen wie *gibst, nimmst* (und entsprechend bei allen anderen Verben). Das Pronomen ist gewissermaßen vom Verb «verschluckt» worden. Die Folge war, dass es ganz neu hinzugesetzt, man könnte auch sagen: «wiederbelebt» werden musste. Deshalb haben wir heute bei Nachstellung des Pronomens *gibst du, nimmst du* usw., obwohl das *-t* «eigentlich» schon das Personalpronomen ist (oder besser gesagt: war).

Den Entstehungszeitpunkt der scheinbar flektierten Konjunktionen und der doppelten Setzung des Personalpronomens zu datieren ist schwierig bis unmöglich. Wenn man eine sprachliche Veränderung datieren will, die in der Vergangenheit stattgefunden hat, ist man auf schriftliche Quellen angewiesen. Aber – wieder einmal – haben es Autoren früherer Zeiten vermieden, «grob» mundartliche Formen, die sie zwar gesprochen haben, in der Schrift festzuhalten.

Sehngs mir zwo, mir paß ma zsamm.
Das Zahlwort *zwei*

Im Standarddeutschen haben wir zwei Varianten des Zahlworts *zwei*. Normalerweise sagen wir *zwei*, gelegentlich aber auch *zwo*, z.B. dann, wenn man zählt: *eins, zwo, drei* usw. Die Form *zwo* ist dabei nicht irgendeine launige Variante von *zwei*, sondern eigentlich eine uralte Form, nämlich die des Femininums, die sich – quasi als Relikt – bis heute gehalten hat. Im Mittelhochdeutschen hieß es *zwêne hunde*, *zwô katzen* und *zwei verkel*, ‹zwei Hunde›, ‹zwei Katzen› und ‹zwei Ferkel›. Damals «reagierten» die ersten drei Zahlwörter noch auf das Genus des jeweiligen Bezugswortes. Heute ist das nur noch bei *eins* der Fall: *ein Hund, eine Katze, ein Ferkel*. Bei *zwei* wird heute (von der Reliktform *zwo* einmal abgesehen) die Form verwendet, die ursprünglich das Neutrum war. Im Bairischen jedoch hat sich die Differenzierung nach dem Genus des Bezugswortes bis heute – zumindest in Resten – gehalten: *zwe* gehört zum Maskulinum, *zwo* zum Femininum und *zwoa* zum Neutrum.

Max Peinkofers Ratschweiber, die nicht in die Kirche kommen, weil sie sich draußen erst einmal über sämtliche Dorfbewohner das Maul zerreißen müssen, versichern sich gegenseitig, dass ihnen, fromm wie sie sind, nichts ferner liege, als über andere Leute herzuziehen. Frau *Hinterdobler* sagt: *Leutausrichtn? - Naa, pfui Teufi, für was hätt ma denn sein Glauben!* ‹Leute ausrichten? Nein, pfui Teufel, wofür hat man denn seinen Glauben?› Und *Dorothee* erwidert: *Grad wiar i! Wie d' Leut oft gleich hand! Sehngs mir zwo, mir paß ma zsamm!* ‹Ganz meine Meinung! Wie sich die Leute oft ähnlich sind! Sehen Sie, wir zwei, wir passen zusammen.› Womit sie – allerdings unfreiwillig und ohne es selber zu merken – natürlich auch das Richtige trifft.

In der Gedichtfolge desselben Autors über die Passauer Maidult verabschiedet *die Karlbäuerin* den Ich-Erzähler und seinen Begleiter mit den Worten: *Also pfüat enk Goodd enk zwä! Interhalts enk nur recht schä!* ‹Also auf Wiedersehen ihr zwei, amüsiert euch noch gut!› Angesprochen sind zwei Männer, folglich gilt die maskuline Form, die hier als *zwä* geschrieben ist. Sind ein Mann und eine Frau angesprochen, gilt im Bairischen ganz gendergerecht die Neutrumsform: *No, nacha müaßt's hoit it heiratn, wennd's enk oi zwoa schaamts.* ‹Na, dann müsst ihr nicht unbedingt heiraten, wenn ihr euch alle beide schämt› (Graf, «Das Bayrische Dekameron»).

Allerdings wird diese Regel auch im Dialekt nicht mehr strikt eingehalten. Auch im Bairischen ist *zwoa*, also das Neutrum, mittlerweile zur «Allroundform» geworden. Was sich aber zumindest für mundartsensible Ohren falsch anhören würde, wären Verbindungen wie *zwo Buama* oder *zwe Dirndl* für ‹zwei Buben› bzw. ‹zwei Mädchen›.

Ich habe eine Forelle gestohlen gehabt.
Imperfekt, Perfekt und «doppeltes» Perfekt

Keinem bairischen Dialektsprecher würde es einfallen zu sagen *Zufällig hatte ich an diesem Tage eine Forelle gestohlen, und der Fischer lief zornig zu uns*, auch dann nicht, wenn die Wörter in den Dialekt umgesetzt wären, sondern so, wie es Ludwig Thoma – standardnah! – in den «Lausbubengeschichten» formuliert hat: *Zufällig habe ich an diesem Tage eine Forelle gestohlen gehabt, und der Fischer ist zornig zu uns gelaufen.* Anders gesagt: das einfache Präteritum – man kann auch «Imperfekt» sagen – ist im bairischen Dialekt (wie auch im benachbarten Alemannischen) unüblich. Einzige Ausnahme ist *war*. Zum Beweis ein weiteres Zitat aus den «Lausbubengeschichten»: *Alle Professoren sind dumm, aber er war noch dümmer.*

Warum aber gibt es im Bairischen kein Präteritum und folglich auch kein Plusquamperfekt? Die Ursache liegt in der Lautgeschichte. Viele Wörter mit *-e* am Ende haben dieses in den süddeutschen Dialekten, also auch im Bairischen, verloren. Es heißt nicht *Schule*, sondern *Schul*, nicht *Kirche*, sondern *Kirch* und nicht *schade*, sondern *schad*, nicht *ich trinke*, sondern *i trink* usw. Dieser *e*-Verlust, die sogenannte Apokope, ist schon um 1300 eingetreten. Eine Predigt, die um diese Zeit in Oberaltaich (bei Bogen an der Donau) niedergeschrieben worden ist, beginnt beispielsweise mit folgenden Worten: *Daz hilig ewaingelium, daz man hiut liset ze dem gotes dienst, daz seit uns die genad und die diemueticheit unsers herren* ‹das heilige Evangelium, das man heute liest im Gottesdienst, das erzählt uns von der Gnade und der Demut unseres

Herren». Wenn man die Wörter *hilig* und *heilige*, *hiut* und *heute*, *genad* und *Gnade* vergleicht, sieht man, dass heutigen Wortformen mit -*e* schon in einer bairischen Variante des Mittelhochdeutschen *e*-lose Formen gegenüberstehen.

Diese «Apokope» erfasste natürlich auch Verben in der Vergangenheitsform. In derselben Predigt liest man wenig später Folgendes (und man achte auf die Verben): *do rurt er in mit siner hiligen hant und erreiniget in und macht in gesunt. swie im des niht durft waz daz er in rurt mit siner hant, do er in gesunt machen mocht mit dem willen, daz tet er dar umb, daz er uns zeigt daz er ob der ê waer, daz er die ê gegeben het* ‹da berührte er ihn mit seiner heiligen Hand und reinigte ihn und machte ihn gesund. Obwohl er es nicht gebraucht hätte, dass er ihn mit der Hand berührte, weil er ihn gesund machen konnte allein mit dem Willen, tat er es deshalb, damit er uns zeigte, dass er über dem Gesetz wäre, dass er das Gesetz gegeben hatte›. Im Original und in der gegenwartssprachlichen Übersetzung stehen sich gegenüber *rurt* und *rührte*, *erreiniget* und *reinigte*, *macht* und *machte*, ein weiteres Mal *rurt* und *rührte*, *mocht* und *konnte* (die formale Entsprechung wäre *mochte*, das passt aber bedeutungsmäßig nicht mehr), *zeigt* und *zeigte*, *waer* und *wäre*, *het* und *hatte*. Das heißt: Schon im Bairischen der mittelhochdeutschen Zeit hatten viele Verben in der Vergangenheitsform ihr -*e* am Wortende verloren.

Und das hatte nachhaltige Folgen, denn damit waren einige Gegenwarts- und Vergangenheitsformen formal gleich geworden: *rurt* konnte sowohl ‹rührt› bedeuten als auch ‹rührte›, *erreiniget* ‹reinigt› und ‹reinigte›, *macht* ‹macht› und auch ‹machte› usw. In einem Textzusammenhang, in dem klar ist, dass etwas Vergangenes erzählt wird, war das nicht weiter schlimm. Es gibt aber genügend Situationen, in denen es ein ganz erheblicher Unterschied ist, ob man etwas *anrührt* oder *anrührte*, *reinigt* oder *reinigte*, *zeigt* oder *zeigte*. Wenn nun aber die eindeutigen Vergangenheitsformen mit -*e* am Ende nicht mehr zur Verfügung standen, weil dieser entscheidende Vokal aufgrund seiner schwachen Betonung allmählich völlig geschwunden war, brauchte man ein Ersatzmittel. Und das fand sich im Perfekt mit *haben* oder *sein*. Die Sprecher schüttelten sich dieses Ausdrucksmittel allerdings nicht aus dem Ärmel, sondern Ansätze zur Ausbildung solcher mit einem Hilfsverb zusammengesetzter Verbformen gab es schon lange zuvor, und sie wurden teilweise seit Jahrhunderten alternativ zu den einfachen (noch funktionstüchtigen) Präteritumsformen verwendet. Sobald aber die einfachen Präteritumsformen funktionsuntüchtig geworden waren, waren die zusammengesetzten Perfektformen keine Alternative mehr, sondern sie wurden zum einzigen tragfähigen Mittel, um Vergangenheit auszudrücken.

In Sprachregionen, in denen sich das *-e* an Wortenden nicht verflüchtigt hatte, verschwanden logischerweise auch die einfachen Formen des Präteritums nicht, denn sie kollidierten ja nicht mit Präsensformen. Diese Regionen lagen im Mitteldeutschen, also der Sprachlandschaft, in der Martin Luther zu Hause war. Und weil das Lutherdeutsche einen gehörigen Einfluss auf die weitere Entwicklung der Regularitäten der deutschen Schriftsprache in der Neuzeit hatte, haben wir bis heute – auch im bairischen Raum – das einfache Präteritum als schriftsprachliches Vergangenheitstempus, egal ob in Romanen oder in Schulaufsätzen. Das zusammengesetzte Perfekt ist in mündlicher Rede das alleinige Vergangenheitstempus.

Allerdings entspricht sich bei einigen Verben die Verwendung der Hilfsverben *sein* und *haben* im Dialekt und in der Standardsprache nicht. Hier wird bei Verben, die eine räumliche Lage bezeichnen (wie *sitzen, hocken, stehen, liegen*), als Hilfsverb *haben* verwendet: *ich habe im Gras gesessen, gehockt, gestanden, gelegen.* Im Bairischen wie entsprechend in anderen süddeutschen Dialekten heißt es *i bin im Gros gsessn, ghockt, gstandn* oder *gleng.*

Wenn man in einer Aussage eine zeitliche Abstufung vornehmen will, weil man von zwei Ereignissen spricht oder schreibt, die zwar beide in der Vergangenheit liegen, aber nicht gleichzeitig stattgefunden haben, dann verwendet man in der Schrift- und Standardsprache Präteritum und Plusquamperfekt. Beispiel: *Als ich im Zug saß* (Präteritum), *merkte* (Präteritum) *ich, dass ich mei-*

ne Brille vergessen hatte (Plusquamperfekt). Eine solche zeitliche Abstufung funktioniert aber nur dann, wenn Präteritum und Plusquamperfekt zur Verfügung stehen, also in der Schriftsprache. Nachdem das Bairische und das Alemannische aus den genannten Gründen das einfache Präteritum verloren hatten, war auch die damit verbundene zeitliche Abstufung nicht mehr möglich. Man brauchte also eine neue Form, die es erlaubte, eine Vorvergangenheit zum Perfekt als der jetzt normalen Vergangenheitsform zu bilden. Genau diese Form liegt in dem eingangs zitierten Thoma-Satz vor: *Zufällig habe ich an diesem Tage eine Forelle gestohlen gehabt, und der Fischer ist zornig zu uns gelaufen.* Die zeitliche Abstufung ist klar: Erst wurde die Forelle gestohlen, dann (zeitlich später) kam der Fischer angerannt. *Der Fischer ist zornig zu uns gelaufen* steht im Perfekt. Um die Vorvergangenheit auszudrücken, musste das Perfekt gewissermaßen «aufgedoppelt» werden: *ich habe gestohlen gehabt.*

Fazit. Der Schwund eines kleinen Vokals am Ende von Verben hatte weitreichende Auswirkungen auch auf die bairische Formenbildung und damit auch den Satzbau. Es gibt – das soll nicht verschwiegen werden – für den Verlust des Präteritums im Bairischen und die Entstehung des «doppelten Perfekts» auch andere Erklärungen als die traditionelle, die hier vorgestellt wurde. Diese Erklärungen sind keineswegs plausibler, sondern haben nur den einen «Vorteil»: Sie sind anders.

Daß'd an Ruah gibst, alt's Rindviech. Grammatische Geschlechtsprobleme

Nicht wenige Substantive weichen im Bairischen hinsichtlich des Genus von ihren standarddeutschen Entsprechungen ab. Solche Fälle sind beispielsweise *der Radio* (nicht *das Radio*), *der Schokalad* (nicht *die Schokolade*), *der Buder* (nicht *die Butter*), *das Marmelad* (nicht *die Marmelade*), *das Teller* (nicht *der Teller*), *das Gabel* (nicht *die Gabel*, wobei die dialektale Aussprache helles *a* zeigt), *das Cola* (nicht *die Cola*), *das Limo* (nicht *die Limo*), *das Ort* (nicht *der Ort*; die Bedeutung ist allerdings ‹Ende›), *die Mass* (nicht *das Maß*), *der Zwiefel* (nicht *die Zwiebel*), *der Kartoffel* (nicht *die Kartoffel*), *der Ruh* (nicht *die Ruhe*) und *die Gaudi* (nicht *das Gaudi*), *der Weps* (nicht *die Wespe*), *der Hummel* (nicht *die Hummel*), *der Hurnaus* (nicht *die Hornisse*), *der Brem* (nicht *die Bremse*). Die Beispiele ließen sich noch vermehren.

Die Ursachen für diese scheinbaren Geschlechtsver(w)irrungen liegen nicht in der Geistesverfassung der Dialektsprecher, sondern sind rein sprachlicher Natur (und daher durchwegs rational zu begründen). *Radio* ist eine Kurzform, und zwar entweder vom älteren *Radiogerät* oder vom *Radioapparat*. Weil *Gerät* Neutrum ist, ist das aus *Radiogerät* gekürzte standardsprachliche Wort ebenfalls Neutrum. Das bairische Maskulinum geht auf *der Radioapparat* zurück und hat folglich das Genus von *Apparat*. Deshalb *der Radio*. *Schokolade* kann man in Form einer *Tafel* (Femininum) oder eines *Riegels* (Maskulinum) kaufen. Das standardsprachliche Femininum hat das Genus von *Tafel* übernommen, das mundartliche Maskulinum von *Riegel*.

In anderen Fällen ist Genusübertragung von bedeutungsverwandten oder -gleichen Wörtern die Ursache. *Der Kartoffel* beispielsweise hat sein Genus vom weitaus gebräuchlicheren Wort *Erdapfel* bezogen. Das mittelhochdeutsche Wort *buter* wurde als Maskulinum und als Femininum verwendet. Im Bairischen wurde das Maskulinum beibehalten, vielleicht zusätzlich gestützt durch das alte Maskulinum *Anken*, das ebenfalls ‹Butter› bedeutete. Beim Neutrum *Marmelad* ist wohl das Genus von *Mus* oder *Gelee* übertragen worden. *Das Limo* ist aus *Limonade*, einem Femininum, gekürzt. Das Kurzwort behält in der Standardsprache das Genus des Vollworts bei. *Cola* als Kürzung aus *Coca-Cola* hat ebenfalls dieses Genus. Dass beides im Bairischen Neutrum ist, ist am ehesten durch Analogie zu *Bier* oder – wahrscheinlicher! – zu *Wasser* zu erklären.

Bei der *Gabel* liegen die Dinge so, dass große Gabeln, die als

Arbeitsgeräte in Stall und Scheune benutzt werden (also *Mist-* oder *Heugabel*), wie in der Standardsprache Feminina sind. Die Gabel, mit der man isst, und die im deutschen Sprachraum ohnehin erst seit dem 17. Jahrhundert in Verwendung ist (und das zunächst nur in gehobeneren Gesellschaftskreisen), ist bekanntlich ein ganzes Stück kleiner. Deshalb wird das Wort als Diminutivum empfunden. Das erklärt sowohl die Aussprache mit hellem Umlaut-*a* (vgl. *Katz* mit dunklem gegenüber *Katzl* mit hellem *a*) als auch das neutrale Genus.

Im Fall von *Teller* hat das Bairische das ursprüngliche Genus beibehalten. Es handelt sich zunächst einmal um ein Lehnwort aus dem Französischen, das um oder nach 1200 zusammen mit einer ganzen Reihe weiterer «vornehmer» französischer Wörter, die im Zusammenhang mit adeliger Wohn- und Esskultur stehen, ins Deutsche übernommen worden sind. Die frühen Belege zeigen, dass das Wort im Deutschen zunächst als Neutrum gebraucht worden ist. Allerdings verstand man im Mittelalter unter einem Teller noch nicht das, was man heute darunter versteht. Porzellan gab es noch nicht. Ein mittelhochdeutsches *teller* war ursprünglich eine hölzerne Unterlage, auf der man Speisen zerteilte. Schon früh ist die Redensart *jemanden auf das Teller ziehen* in der Bedeutung ‹sich jemanden gefügig machen› bezeugt. In einem 1459 geschriebenen Kommentar zu den Zehn Geboten heißt es beispielsweise *ein fraw czirt sich mit schönem gbant, der worten, daz sy in auf ir täler ziech* ‹eine Frau ziert sich mit schönem Gewand in der Absicht, dass sie ihn (den Mann) auf ihren Teller ziehe›. Die Fügung *ir Täler* zeigt eindeutig, dass es sich um ein Neutrum handelt. Die Frage ist also nicht, wie Sprecher des Bairischen auf die seltsame Idee verfallen sind, *Teller* als Neutrum zu verwenden, sondern umgekehrt, warum standarddeutsches *Teller* ein Maskulinum geworden ist.

Bairisches *der Zwiefel* für ‹die Zwiebel› geht zurück auf mittelhochdeutsches *zwibolle* und das auf althochdeutsches *zwibollo*. Beides war maskulin. Die «Geschlechtsumwandlung» zum Femininum *die Zwiebel* geht wieder auf die Rechnung des Standarddeutschen, das einer späteren nieder- und mitteldeutschen Variante den Vorzug gab. Der bairische Dialekt ist dem alten Genus treu geblieben.

Dass *Ruhe* im Bairischen auch als Maskulinum verwendet wird, beruht wohl auf Übertragung des Genus von *Frieden*. Ein Beispiel aus Lena Christs «Erinnerungen einer Überflüssigen»: *Na weis i's halt wieder furt in Gott'snam, daß d' an Ruah gibst, alt's Riendviech* ‹dann führe ich sie eben wieder weg in Gottes Namen, dass du Ruhe gibst, du altes Rindvieh› (Kontext ist der Streit um eine jüngst gekaufte Kuh, die zu wenig Milch gibt). Daneben wurde und wird *Ruah* aber auch im Bairischen in Übereinstimmung mit der Standardsprache als Femininum verwendet, wie der bemerkenswerte Ausruf eines Münchner Arbeiters auf einer sozialdemokratischen Versammlung von 1918 bezeugt. Überliefert ist er bei Oskar Maria Graf: *Also dann – mach ma halt a Revolution, damit a Ruah is!*

Ähnlich verhält es sich beim Femininum *Gaudi*, das entweder an *die Freud(e)* angepasst worden ist oder sein Genus von dem als Femininum fehlinterpretierten Plural *gaudia* bezogen hat. Solche Genus-Entgleisungen passieren auch heute in der Standardsprache. Viele Leute holen sich in der Apotheke *eine Antibiotika*. Eigentlich ist das der Plural vom Neutrum *Antibiotikum*. Und selbst die neuerdings so gebräuchliche *Agenda* ist an sich kein Femininum, sondern der Plural vom lateinischen Neutrum *agendum* ‹das, was zu tun ist›. *Agenda* heißt somit eigentlich ‹(die Dinge), die zu tun sind›.

Im Fall von *Sache* bietet das grammatische Geschlecht die Möglichkeit zur Bedeutungsunterscheidung: *Sach* als Femininum wie in der Standardsprache ist etwas Abstraktes: *a schwierige Sach* ist eben eine ‹schwierige Sache›. Wenn jedoch *Sach* als Neutrum verwendet wird, handelt es sich um einen konkreten Haus-, Hof- oder Landbesitz. Vom neuen Amrainer-Hof in Oskar Maria Grafs Roman «Der harte Handel» heißt es *So ein schönes Sach' stand nicht leicht da*. Frei übersetzt: ‹ein so schönes Anwesen war weit und breit nicht zu finden›. Verantwortlich für den Gebrauch von

Sach in dieser speziellen Bedeutung als Neutrum ist *Haus* oder *Anwesen* oder beides.

Wespen, Bienen, Hornissen, Hummeln und Bremsen sind im Standarddeutschen durchwegs Feminina. Anders im Bairischen: Hier handelt sich stets um Maskulina wie z. B. *der Weps.* Ein Beispiel: *In der Schule mussten wir immer die Wespe schreiben. Warum eigentlich? Also, der Weps war schon da und jonglierte auf dem Strohhalm meiner Afri-Cola … Ich schoss, oder besser, katapultierte den Weps mit dem gespannten Mittelfinger von meinem Strohhalm mitten in die Holländer-Kirschtorte* (Polt, «Hundskrüppel»).

Dazu passend heißt es im Dialekt *der Bi* (neben *die Bi*) oder *der Imp*, beides bedeutet ‹Biene›, *der Hurnaus* u. Ä. ‹die Hornisse›, *der Brem* ‹die Bremse›. Schon im Mittelhochdeutschen war die Wespe (natürlich nur grammatisch gesehen) sowohl weiblich als auch männlich. Die Form lautete *der* oder *die wefse* (die altenglischen Artgenossen waren übrigens wie im heutigen Bairischen nur maskulin). Das Bairische hat sich also hier für eine von zwei alten Genuszuordnungen entschieden. Bairisches *Brem* geht wie *Hurnaus* und *Hummel* ebenfalls auf alte Maskulina zurück. Die Standardsprache basiert entweder auf einer jeweils femininen Variante oder sie hat das feminine Geschlecht analog übertragen. Im Bairischen war es umgekehrt. Die alten Maskulina blieben solche. Wo das Genus schwankte, wurde das Maskulinum verallgemeinert.

Ein Spezialfall, der auf keinen Fall unerwähnt bleiben darf, ist die Bezeichnung für die grundlegende Biereinheit, *die Mass.* Sie entspricht einem Liter. Einen üblen Fauxpas, der einst für Hohn und Spott in einem Bierzelt sorgte, leistete sich der einstige Wirtschaftsminister (1993–1998) Günther Rexrodt. Auf dem Straubinger Gäubodenfest, dem zweitgrößten Volksfest nach dem Münchner Oktoberfest, rief er von der Bühne in die Menge *Wollen wir den Maß erheben.* Lautes Gelächter. Er korrigierte sich (vermeintlich): *Wollen wir das Maß erheben.* Noch lauteres Gelächter. Der Minister nutzte die letzte Chance, die ihm bei drei Möglichkeiten noch geblieben war: *Wollen wir die Maß erheben.* Erleichterung auf und spöttischer Applaus vor dem Podium. Verschärfend kam hinzu, dass Rexrodt das Wort wie standarddeutsches *Maß* aussprach, also mit langem *a* wie in *Spaß*. Der aber hört in Bayern bei dem Wort *Mass* auf. Es ist mit kurzem *a* zu sprechen, etwa so wie in *Bass*.

Auch im Fall der bairischen Biereinheit *die Mass* hat der Dialekt nichts anderes getan, als das ursprüngliche Genus beizubehalten. Das mittelhochdeutsche Wort, das hier zugrunde liegt, ist das Femininum *mâze* (das *z* ist wie *ß* auszusprechen). Es bedeutet ‹Maß, Maßeinheit›, aber auch ‹Mäßigung› im moralischen Sinn. Daneben gab es im Mittelhochdeutschen auch ein Neutrum *mez*, das ebenfalls ‹Maß, Maßeinheit› bedeutete. Beide Wörter überlagerten sich in der Weise, dass *mâze* das *-e* am Wortende verlor und das Genus von *mez* übernahm. Resultat war *das Maß*, also die Wortvariante, die heute in der Standardsprache gilt. Das Bairische behielt weiterhin das Femininum bei, das zwar auch das *-e* aufgab, aber trotzdem dem alten Genus treu blieb. Die Kürzung des ursprünglich langen mittelhochdeutschen *â* ist eine bairische Lautregularität: Vor einem *ß* bzw. *ss* wurden Langvokale gekürzt. Ein Parallelfall ist z. B. das mittelhochdeutsche *strâze*. Es wurde im Dialekt zu *Strass* gekürzt, während *Straße* in der Standardsprache Vokallänge aufweist.

I will den Mann nie-nindert-nit und nimmer wiedersehn. Die mehrfache Verneinung

Eine scheinbare grammatische Kuriosität des Bairischen ist es, dass man einen Satz doppelt, dreifach und im Bedarfsfall noch öfter verneinen kann. Zwar kann man in Übereinstimmung mit der deutschen Standardsprache beispielsweise so sagen: *ich fragte ihn, ob er eine Zigarre will, aber er sagte Nein, weil er keine so starken raucht.* Man kann es aber – und das ist im Dialekt das Gängige – auch so formulieren wie Ludwig Thoma in den «Lausbubengeschichten»: *ich fragte ihn, ob er keine Zigarre nicht will, aber er sagte nein, weil er keine so starken nicht raucht.* Um der Aussage den Charakter des Grundsätzlichen zu geben, könnte man sogar formulieren *ich rauche nie keine so starken nicht*. Wichtig ist: Die einzelnen Negationswörter heben sich im Bairischen nicht nach mathematischer Logik gegenseitig auf, sondern sie stützen sich gegenseitig und präzisieren oder verstärken sogar unter Umständen eine negative Aussage wie z. B. *Vater, i will den Mann nie-nindert-nit und nimmer wiedersehn* ‹Vater, ich will den Mann nie-nirgendwo-nicht und nie mehr wieder sehen› (Orff, «Die Bernauerin»).

Man kann nun diese grammatische Merkwürdigkeit laienhaft amüsiert zur Kenntnis nehmen oder auch theoretisch-linguistisch bestaunen; beides aber nur dann, wenn man die mathematische Regel, der zufolge sich zwei Verneinungen gegenseitig aufheben, unbesehen als Prämisse auch für sprachliche «Logik» oder «Richtigkeit» in Anspruch nimmt. Aber wer sagt eigentlich, dass eine Sprache oder ein Dialekt der mathematischen Logik folgen muss? Die Erklärung für das Phänomen der mehrfachen Verneinung im Bairischen liegt weder im tumben bairischen Volkscharakter noch in irgendeiner postulierten linguistischen «Tiefenstruktur» begründet, die ohnehin noch niemand gesehen hat. Die Lösung ist – einmal mehr – in der Sprachgeschichte zu suchen. Das soll kurz erklärt werden.

Das deutsche Wort *kein* (bairisch *koa* mit verschiedenen Lautvarianten) diente in älterer Zeit nicht zur Negation, sondern es war ein unbestimmtes Pronomen, ungefähr so wie das heutige *irgendein*. Die Lautform war damals (genauer gesagt: im Mittelhochdeutschen) aber noch nicht *kein*, sondern *dehéin* (mit Betonung auf der zweiten Silbe). Ein Beispiel aus den Predigten Bertholds von Regensburg: *swelher leie sünde du tuost durch deheinen dînen friunt oder durch deheinen dînen herren oder dîn kint, daz ist allez unrehtiu liebe* ‹welche Art von Sünde du tust für irgendeinen Freund oder für irgendeinen Herren oder dein Kind, das ist alles unrechte Liebe›. Hier bedeutet *dehein* noch nicht ‹kein›, sondern ganz eindeutig ‹irgendein›. Das ist auch noch der Fall in Sätzen wie *Sô wart nie deheiner muoter ir kint nie sô liep* ‹so wurde nie irgendeiner

Mutter ihr Kind jemals so lieb› oder *Wie, ketzer, bist dû iendert hie? Nû enwelle der almehtige got, daz deheiner vor mir sî!* ‹Wie, Ketzer, bist du irgendwo hier? Nun wolle der allmächtige Gott nicht, dass irgendeiner hier vor mir sei!› In den beiden zuletzt zitierten Fällen ist *dehein* für sich genommen noch nicht negierend gebraucht. Es hat jedes Mal die Funktion eines unbestimmten Pronomens. Aber: Es kommt bereits in Verbindung mit einem negierenden Element vor. Im ersten Satz ist es das Wort *nie*, im zweiten das mit *welle* verbundene *en-*, das ‹nicht› bedeutet. *Dehein* plus weiteres verneinendes Element ist eine geradezu typische mittelhochdeutsche Verwendungsweise. Und deshalb färbte der verneinende Charakter sozusagen auf *dehein* ab. Anders gesagt: Ab einem gewissen Zeitpunkt empfand man auch *dehein* alleine als negierend. Auch dafür bietet schon Berthold Beispiele wie den folgenden Satz: *swer dâ sprichet, ez müge dehein êman bî sîner hûsfrouwen geligen âne houbetsünde, der ist reht ein arger ketzer* ‹wer da sagt, es könne kein Ehemann bei seiner Ehefrau liegen ohne Todsünde, der ist ganz bestimmt ein arger Ketzer›. Hier leistet das Wort *dehein* alleine, ohne ein zusätzliches weiteres Wort, die Negation.

Wir haben also im Mittelhochdeutschen – hier vertreten durch Berthold-Belege – drei Verwendungsweisen von *dehein* dokumentiert: erstens positiv mit der Bedeutung ‹irgendein›, zweitens positiv, aber schon in Begleitung eines negierenden Elements, und drittens für sich genommen negativ. Dieser dritte Typ setzt sich in der deutschen Standardsprache durch (z.B. *ich habe kein Geld dabei*), nicht aber im Bairischen.

Zur Lautform *kein* aus *dehein* kam es dadurch, dass sich das Wort durch Verlust des *e* in der ersten Silbe zu *dhein*, *dchein* und schließlich *kein* verschliffen hat. Das ist lediglich ein lautgeschichtlicher Prozess, der mit der Bedeutungsentwicklung des Wortes nichts zu tun hat. Der zweite Typ, *dehein* (oder etwas später eben *kein*) mit einem weiteren negierenden Element, ist im Bairischen erhalten geblieben. Wir haben es also bei einem Satz wie *i hob koa Geld net dabei* nicht mit einer dubiosen Sonderentwicklung des

bairischen Dialekts zu tun, sondern letztlich mit dem erhalten ge-
bliebenen, sehr alten Strukturmuster *kein* in Verbindung mit *nicht*.
In solchen Sätzen konnten sich weitere Negationswörter wie *nie*,
nimmer usw. problemlos anlagern (siehe oben).

In Sätzen, in denen wie im Zitat aus Orffs «Bernauerin» mehrere verneinende Adverbien vorkommen, ist *nicht* die primäre Negation. Die anderen Wörter beziehen sich stützend, ergänzend und
präzisierend auf Ort oder Zeit: *nie* (Zeit) *nindert* (Ort) *nit und
nimmer* (Zeit, speziell mit Bezug auf die Zukunft). Wollte man das
in der Weise «logisch» ausdrücken, dass nur *nicht* als Negationswort in dem Satz stünde, dann ergäbe sich das völlig abstruse *ich
will den Mann irgendwann, irgendwo nicht und jemals wiedersehen.* Sagt irgendjemand so?

Damit das mir die Schuhlden zallen, wo die Breißen haben. Relatives wo

Damit das mir die Schuhlden zallen,
wo die Breißen haben. Relatives *wo*

Es gilt als extrem ungebildet, Relativsätze mit *der wo, die wo* oder
das wo oder nur mit *wo* zu beginnen. Im Dialekt sind solche Kon-
struktionen dennoch gang und gäbe, wie folgendes Beispiel zeigt:
*Also kriagertn mir an nei'n König? An junga, der wo si wieder
hintn und vorn net auskennt?* ‹Also würden wir einen neuen König bekommen? Einen jungen, der sich wieder hinten und vorne
nicht auskennt?› (Graf, «Chronik von Flechting»). Vom standardsprachlichen Aspekt aus gesehen ist dieses *wo* natürlich überflüs-
sig. Wo also kommt es her? Wie hat es sich eingeschlichen?

Es gibt eine generelle Tendenz – nicht nur im Dialekt – Klein-
wörter, mit denen Nebensätze eingeleitet werden, zusätzlich zu
«stützen». In der Standardsprache kann man beispielsweise sagen
wer da glaubt, die Politiker wüssten eine Lösung, der irrt sich. Dieses *da* bezieht sich nicht auf eine Örtlichkeit wie in *schau mal da!*
oder *da kommt jemand.* Es ist nur ein Zusatz zum Relativpronomen *wer* und als solcher auch entbehrlich. Man kann ebenso gut
sagen *wer glaubt, die Politiker wüssten eine Lösung...*

Auf älteren Sprachstufen diente oft ein *dir* als solche zusätzliche Stütze. In einem Tierbuch aus dem 11. Jahrhundert (dem sogenannten Physiologus) heißt es über das Einhorn, es symbolisiere *unserin trotin Christin, der dir lucil uuas durih di deumuti der menischun geburte* ‹unseren Herrn Christus, der klein wurde durch die Demut, als Mensch geboren zu werden›. Dieses *dir* ist nicht identisch mit dem Personalpronomen ‹dir›, sondern ebenfalls ein «stützender» Zusatz zum Pronomen *der*, also eine «Relativpartikel». Nichts anderes ist auch das mundartliche *wo* in Verbindung mit Relativpronomina. Vermutlich leitet es sich von *was* (dialektal *wos*) her, ist aber deswegen, weil es im Satzverlauf unbetont ist, zu *wo* «verkümmert». Es gibt aber auch noch Beispiele für nicht reduziertes *was*, z. B. *Die Toni, die was meine Kollegin ist, hat ihn einmal gefragt den Herrn Chef, wo er den Spruch herhat: «Eine deutsche Frau raucht nicht»* (Rosendorfer, «Die Kellnerin Anni»). Dieses *der* oder *die* oder *das was* dürfte die Grundlage für *der* oder *die* oder *das wo* sein. Schließlich konnte sich *wo*, die Reduktionsvariante von *was*, zum alleinigen relativen Satzanschluss verselbständigen, wie folgendes Beispiel aus Ludwig Thomas Filserbriefen zeigt: *Disses had der Bißmarch gemacht, und auch hat er das deitsche Reich gemacht, damit das mir die Schuhlden zallen, wo die Breißen haben* ‹Das hat der Bismarck gemacht, und er hat auch das deutsche Reich gemacht, damit wir die Schulden bezahlen, die die Preußen haben.›

Diese Partikel *wo* hat gegenüber *der, die, das* einen Vorteil: Sie muss sich nicht wie das Relativpronomen in der Standardsprache mit Genus und Numerus am Bezugswort orientieren, ist also bequemer zu verwenden. Der bairische Dialekt ist da nicht allein, sondern in guter Gesellschaft, denn Ähnliches gibt es in mehreren Sprachen: Im Italienischen beispielsweise werden Relativsätze unterschiedslos mit *che* angeschlossen, im Spanischen mit *que*, im Norwegischen mit *som*, im Isländischen mit *sem*. Alle diese Sprachen (und eine Reihe weitere) flektieren diese Relativpartikeln nicht. Der relative Anschluss funktioniert trotzdem ebenso gut. Doch auch die deutsche Umgangssprache zeigt mittlerweile Tendenzen in diese Richtung. Immer öfter kann man hören, dass Relativsätze undifferenziert mit *was* eingeleitet werden: *das Kind, was da unten spielt...* oder *die Frau* bzw. *der Mann, was da drüben steht.* Noch sind solche Strukturen nicht als Standard akzeptiert, und man hört sie (vorläufig?) nur in zwangloser gesprochener Rede. Sollten sie sich aber auf lange Sicht durchsetzen, was sehr wahrscheinlich ist, dann kann man sagen, dass das Bairische mit seinen *was*-Anschlüssen à la Kellnerin Anni und *wo*-Relativsätzen à la Josef Filser ein Dialekt ist, *der was* (oder *der wo* oder *wo*) der Standardsprache entwicklungsgeschichtlich weit voraus war.

Staad bist, und glei gehst abi.
Besonderheiten der bairischen Wortstellung

Die Grundregeln der deutschen Wortstellung gelten im Großen und Ganzen auch im Bairischen. Normalerweise steht, nur um ein Beispiel zu nennen, hier wie dort in Aussagesätzen das Prädikatsverb an zweiter Stelle: *Du weißt ja scheinbar überhaupt nichts* ist ganz parallel gebaut zu *du woißt ja scheints gar nix.* Ebenso wandert in Nebensätzen das Prädikat ans Ende: *Wenn Du nichts weißt, dann halt den Mund* entspricht in der Wortabfolge genau *wannsd nix woaßt, na hoits Mäu.* Aber trotzdem fallen bei genauerem Hinsehen (oder Hinhören) einige Besonderheiten auf. Hier nur einige Beispiele.

Vor allem bei stark gefühlsbetonter, emphatischer Ausdrucksweise können (ab)wertende Adjektive nach dem Bezugswort stehen wie z. B. in *Hundsbazi schlächta, härst net auf! Saustier bremsiga! Loßt ös it steh, d'Resl!,* was nur sehr frei übersetzt werden kann: ‹du verkommener Schweinehund, hör auf! Geiler, elender Stier, lass die Resl in Ruhe› (Graf, «Das bayrische Dekameron»). In diesem Beispiel zeigt sich gleich noch eine weitere Besonderheit des bairischen Satzbaus: Harsche Befehle werden nicht mit dem Imperativ formuliert, sondern mit dem Indikativ plus *nicht* (mundartlich *it* oder *net*) und formal als Frage. Wenn man die beiden Sätze aus dem Graf-Beispiel 1:1 ins Standarddeutsche umsetzen würde, ergäbe sich *hörst du nicht auf?* und *lässt du sie nicht stehen?* Aber in der gegebenen Situation (es kommt gerade noch rechtzeitig jemand dazu, wie sich ein Mann unsanft und in eindeutiger Absicht an der *Resl* zu schaffen macht) sollte Einhalt geboten und nicht etwa eine Frage gestellt werden.

Überhaupt tendiert das Bairische dazu, die Wirkung des Imperativs dadurch zu steigern, dass dieser Befehlsmodus durch den Indikativ, also den normalen Aussagemodus, ersetzt wird. Das funktioniert prinzipiell auch in der Standardsprache. Es ist z. B. ein Unterschied, ob man zu einem Kind sagt *geh jetzt ins Bett* oder *du gehst jetzt ins Bett*. Die zweite Variante hat mehr Nachdruck. Das Bairische hat aber speziell bei Befehlen mit *sein* und einem Adjektiv, also bei Sätzen, die einem standarddeutschen *sei ruhig!* entsprechen, auch noch die Möglichkeit, die Wortfolge zu verändern und das Adjektiv voranzustellen. Ein *ruhig sei!* wäre in der Standardsprache nicht möglich, wohl aber im Dialekt: *Staad bist, und glei gehst abi und bringst'n Kaspern rauf, oder i jag die aus'n Dienst* ‹sei ruhig, und geh sofort hinunter und bringst den Kaspar herauf, oder ich jage dich aus dem Dienst› (Kobell, «Brandner Kaspar»). Das sagt der ungehaltene Petrus, dem der kleinlaute *Boandlkramer*, der Tod, gestehen muss, dass ihn der Kaspar erst betrunken gemacht und dann auch noch beim Kartenspielen übers Ohr gehauen hat.

Um einem Befehl besonderen Nachdruck zu verleihen, kann auch ein anderes Satzglied vor das Verb gestellt werden. Im «Harten Handel» von Oskar Maria Graf verlangt ein Bauer Einlass in die Schlafkammer seines Knechts, drischt gegen die Tür und brüllt *Sei doch staat! Eini loß mi, mach!* ‹sei doch ruhig! Lass mich hinein, mach!› Dabei zeigt *sei doch staat* noch die «Standardform» eines Befehlssatzes: Das Verb steht im Imperativ und in Erstposition. Aber im zweiten Satz (mit dem Graf stilistisch gekonnt auch die Dringlichkeit steigert) steht das Adverb *eini* an erster Stelle. Standarddeutsch wäre eine Konstruktion *hinein lass mich* nicht möglich, egal wie dringend der Anlass ist.

Ein anderes Charakteristikum des bairischen Satzbaus ist die Möglichkeit, bei Bedingungssätzen das Subjekt, Objekt oder Prädikat vor die einleitende Konjunktion zu stellen, wie z. B. in *I wenn a so a Herr waar! I tat dö hoha Herrn oisamm vor mein Mistwong spanna und an Trab müassertn s' laafa, daß iahna d'Zunga bis a's Knia obihängert ... Do vergangertn iahna glei dö Mais mit dera Kriaghühreri* ‹wenn ich ein solcher Herr wäre, ich würde die hohen Herren alle vor meinen Mistwagen spannen und im Trab müssten sie laufen, dass ihnen die Zunge bis zu den Knien herunterhinge. Dann vergingen ihnen die Flausen mit dem Kriegführen› (Graf, «Chronik von Flechting»). Dieser Beleg zeugt nicht nur vom latenten Vorhandensein eines rustikal-bayrischen Pazifismus, sondern – grammatikalisch gesehen – von der Möglichkeit, das Subjekt eines Konditionalsatzes an den Satzanfang herauszustellen. Ein weiteres Beispiel für eine solche betonende Herausstellung des Prädikats ist folgender Satz aus demselben Roman von Graf: «*Derwischen wenn s'n an König vo Preißen und sein plärrmäulerten Bismarck, na werdn s' oi zwoa aufghängt*» erzählte der *Schmied Banzer* ‹wenn sie ihn erwischen, den König von Preußen und seinen großmäuligen Bismarck, dann werden sie beide aufgehängt› (Graf, «Chronik von Flechting»). *Derwischen* ‹erwischen› ist hier das Prädikat des Bedingungssatzes (historisch gesehen wurde diese Bedingung allerdings nicht erfüllt). Eine Konstruktion *erwischen wenn sie ihn den König von Preußen* usw. wäre in der Standardsprache ungrammatisch.

Besondere Stellungsfreiheiten nimmt sich das Wörtchen *a* ‹auch› heraus. Noch einmal Petrus zum *Boandlkramer*: *Schau, schau, er sollt scho aa herobn sein, i wart alli Tag drauf.* Eine direkte Umsetzung in ‹er sollte schon auch heroben sein; ich warte alle Tage darauf› wäre grenzwertig bis ungrammatisch. Es müsste heißen ‹er sollte auch schon heroben sein›. Die Abfolge *scho a* drückt aber nicht dasselbe aus wie *a scho*. Hierbei schwingt ein Vorwurf mit. Dagegen ist *a scho* nur sachlich feststellend. Das kommt auch in dem Satz *Er is scho guat der Sepp, aber stolz is er scho aa* (Kobell, «Der Roaga») zum Ausdruck. Das *Lisei* in dem Theaterstück liebt den *Sepp*, einen wackeren Jäger, erkennt aber auch dessen kleine Charakterschwäche. Und genau das schwingt in dem *scho aa* mit. Wieder eine andere Nuance des *scho aa* liegt vor in dem Satz *Mit dera Bundesrats-Streiterei, do kimmt's no amoi richti zon Kracha ... Jetz hobn mir's scho aa* ‹Wegen dieser Streiterei im Bundesrat kommt es irgendwann noch ernsthaft zum Krachen. Jetzt haben wir's endlich› (Graf, «Chronik von Flechting»). Hier wird mit *scho aa* ausgedrückt, dass die schlimme Situation, die sich schon länger ankündigte, nun wirklich eingetreten ist. Eine Umsetzung in *jetzt haben wir es schon auch* wäre grammatisch nicht akzeptabel.

Das sind nur einige Beispiele dafür, dass die Satzbauregularitäten im Bairischen teilweise doch andere sind als in der deutschen Standardsprache. Es gäbe eine Reihe weitere. Was allerdings fehlt, ist ein Werk zur kontrastiven bairisch-deutschen Syntax. Hier bestünde großer Forschungsbedarf...

Dialektverwendung

Dialekte sind nicht nur eine Angelegenheit des Wortschatzes und der Grammatik und darüber hinaus vielleicht noch einer besonderen Literatur, sondern auch der Öffentlichkeit. Hier sollen nur noch drei Aspekte wenigstens andeutungsweise thematisiert werden: Schule, Kirche und Werbung.

Der Max hat den Lukas eine runtergehaut.
Bairisch in der Schule

Damit ist kein Einzelproblem angesprochen, sondern ein ganzer Problemkomplex. Es gibt – erstens – für Kinder, die bis zur Einschulung fast nur Dialekt gehört und gesprochen haben, ganz spezifische Schwierigkeiten mit der Standardsprache.

Ein zweites, völlig anders gelagertes Problem ist das der Verständigung der Kinder untereinander. Denn Klassen, in denen alle Schüler gleichermaßen Dialekt sprechen, vielleicht sogar denselben Ortsdialekt, dürften mittlerweile die große Ausnahme sein. Schon in ländlichen Gegenden existieren solche Klassen kaum noch, von Städten wie München, Nürnberg oder Regensburg in Bayern und Wien, Linz oder Salzburg in Österreich einmal ganz abgesehen. Dass sich Studienabgänger quer durch Deutschland für den Schuldienst bewerben und nicht nur von Tirschenreuth in den Landkreis Passau, sondern unter Umständen auch von Leipzig nach Rosenheim geschickt werden können, kommt problemverschärfend hinzu. Am Einsatzort müssen sie mit der sprachlichen Situation zurechtkommen. Sich auf den Standpunkt zu stellen, das sei doch ihr Problem (wären sie doch in Leipzig geblieben!), ist sicher nicht förderlich. Man könnte auch sagen zynisch.

Ein dritter Gesichtspunkt ist der, dass es unzweifelhaft eine zentrale Aufgabe der Schule ist, Kinder in die Lage zu versetzen, standarddeutsch geschriebene Texte – und zwar nicht nur die in den Schulbüchern – zu erfassen. Sie sollen natürlich auch lernen, eigene Gedanken und Überlegungen schriftlich, und das heißt in Übereinstimmung mit den Normen der Standardsprache, produktiv zu formulieren. Kein Schüler und auch kein Lehrer dürfte schließlich in der Lage sein, einen Aufsatz zu so klassischen Erörterungsthemen wie «Soll man den Gebrauch von Haschisch freigeben?» oder «Sollte man das Wahlalter auf sechzehn herabsetzen?» im bayrischen Dialekt zu verfassen. Plakative Forderungen wie «macht Bayrisch zur Unterrichtssprache» sind also ebenso weltfremd, wie das Postulat «haltet die Schulen dialektfrei» an der Realität (das heißt an nicht wenigen Dialekt sprechenden Kindern) vorbeigeht. Diese Forderung kommt einem Aufruf zur Diskriminierung gleich.

Ein vierter Gesichtspunkt ist der der Dialektkenntnis. Soll man Dialektkunde als Bestandteil des Deutschunterrichts etablieren?

Wie also in der Schule mit dem Dialekt umgehen? Schüler machen, wie gesagt, gelegentlich dialektspezifische Fehler. Die kennt man gut, und man kann sie als Deutschlehrer vergleichsweise leicht beheben. Es können beispielsweise simple Genusfehler sein (*der Radio, das Teller*), aber auch ebenso typische wie harmlose Rechtschreib- und Grammatikfehler. Dialekt sprechende Schulanfänger verwenden beispielsweise umlautlose Verbformen wie *das druckt* für ‹das drückt›, *er fahrt* für ‹er fährt› oder *sie schlaft* für ‹sie schläft›. Da im Bairischen (aus sprachhistorischen Gründen) bei bestimmten Verben die *ich*-Form nicht – so wie im Standarddeutschen – von der *du*-Form und der 3. Person abweicht, wie z. B. *i nimm* ‹ich nehme›, *i gib* ‹ich gebe›, *i wirf* ‹ich werfe› (nicht *ich nehme, ich gebe, ich werfe*), können entsprechend in Schüleraufsätzen direkte Umsetzungen ins Geschriebene vorkommen: *ich nimme, ich gibe* und *ich wirfe* (oder ähnlich). Ebenso können Kasusfehler auftreten: *Max hat den andern Bub eine runtergehauen.* Und weil *hauen* im Bairischen zu den schwachen Verben gehört, kann der betreffende Schüler auch schreiben *Max hat den andern Bub eine runtergehaut.* Namen werden mundartlich mit dem Artikel verwendet, sodass es durchaus auch heißen kann *der Max hat den Lukas eine runtergehaut.* Die Häufung solcher Fehlleistungen in nur einem kurzen Satz mag auf den ersten Blick schlimm aussehen, ist aber leicht zu erklären und wahrscheinlich auch nicht schwer zu beheben.

Andere «klassische» Fehler sind falsche Zuordnungen von Laut und Buchstabe. Da im Bairischen wie in vielen anderen Dialekten auch die Konsonanten *p* und *t* wie *b* und *d* gesprochen werden, kann es in einem Anfangsstadium des Schreibunterrichts zu Fehlleistungen wie *Dag, dragen, Dante* oder *Budel, Bost, ein Baket backen* kommen. Umgekehrt kann ein Schüler versucht sein, sich eine Regel «wenn ich *d* oder *b* sage, muss ich *t* oder *p* schreiben» falsch zu verallgemeinern und aus orthographischem Übereifer *Tach, Tampf, Turst* oder *Pall, Pauch, Prezen packen* schreiben. Man spricht in solchen Fällen von «hyperkorrekten» Formen.

Dialekt ist aber nicht nur eine Fehlerquelle und ein Handicap. Es scheint vielmehr so zu sein, dass Kinder, die beim Sprechen und Schreiben vom Dialekt in die Schriftsprache umschalten müssen, intuitiv ein Gefühl für sprachliche Zusammenhänge und Regularitäten entwickeln. Darauf deuten zumindest die Ergebnisse der Pisa-Studien aus Bayern hin (bei allem grundsätzlichen Zweifel an Sinn und Methode solch bildungsbürokratischer Erhebungen).

Viel schwieriger zu bewältigen sind die kommunikativen Probleme von Schülern untereinander, wenn Kinder, die von zu Hause her Dialekt sprechen, mit eher standardsprachlich erzogenen Mitschülern und anderen Kindern mit «Migrationshintergrund» in einem Klassenzimmer sitzen und auf demselben Pausenhof spielen. Hier kann es keine einfachen Patentrezepte geben, und mundartpolizeiliche Maßregeln helfen erst recht nicht weiter. Man kann einerseits weder Kinder noch Lehrer, die keinen Dialekt sprechen, dazu zwingen, es zu tun. Es darf aber andererseits in der Schule keine Diskriminierung von Dialekt sprechenden Kindern geben (übrigens auch keine Diskriminierung von erwachsenen Mundartsprechern). Dialekt darf weder ausdrücklich noch unterschwellig als minderwertig abqualifiziert werden, sondern es muss – im Gegenteil! – Aufgabe der Schulen sein, im Rahmen des Deutsch- und des Sachkundeunterrichts Kenntnisse der jeweiligen Dialekte zu vermitteln. Eine gewisse Einarbeitung muss man auch von ortsfremden Lehrern erwarten. Das gilt für Plattdeutsch ebenso wie für Sächsisch, Schwäbisch oder eben Bairisch.

Dialektsprecher sind nicht dumm, und kein Dialekt ist hässlich, sondern allenfalls für fremde Ohren gewöhnungsbedürftig. Dialekte sind, und das muss nicht nur in der Schule, sondern generell in der Öffentlichkeit vermittelt werden, zentrale Bestandteile regionaler Kulturen und Identitäten und zudem der Boden, aus dem die deutsche Standardsprache erst allmählich gewachsen ist. Wer anderes behauptet, disqualifiziert sich selbst.

Jetzt geh i voll Frieden ins Waldhütterl nauf. Bairisch in der Kirche?

Über Jahrhunderte, von der Zeit Karls des Großen bis zum 2. Vatikanischen Konzil (1962–1965), war die Sprache der Liturgie das Lateinische. Es ist allerdings unzutreffend, wenn immer wieder behauptet wird, es sei im Mittelalter generell und in katholischen Gebieten sogar bis ins 20. Jahrhundert in der Kirche kein Deutsch geduldet, sondern nur Lateinisch gesprochen worden. Denn seit frühester Zeit gab es kirchliche Gesänge und Gebete, auch Predigten in deutscher Sprache. Schließlich konnte die Kirche die Gläubigen, die kein Latein verstanden, nicht ausnahmslos mit lateinischen Texten konfrontieren. Ein ganz beträchtlicher Teil der alt- und mittelhochdeutschen Literatur ist deshalb religiöses Schrifttum. Nur der Kernbestand der Messliturgie und das klösterliche Stundengebet waren exklusiv dem Lateinischen vorbehalten. Und weil es eine einheitliche deutsche Schrift- und Standardsprache erst seit dem 18. Jahrhundert gibt, waren kirchliche Texte in älteren Zeiten in einem Deutsch verfasst, das den regionalen Dialekten deutlich näher stand als das heutige Kirchenhochdeutsch den Dialekten der Gegenwart. Deshalb stellte sich über lange Zeit die Frage nach Dialekt oder «Hochsprache» in der Kirche überhaupt nicht. Freilich war das Deutsch, das in der Kirche verwendet wurde, nicht der Dialekt der Gassen und Dorfschänken.

Seit jeher wurden beispielsweise das Vaterunser, das Glaubensbekenntnis und das Taufgelöbnis auf Deutsch gesprochen. Seit dem späten 8. Jahrhundert und aus dem ganzen späteren Mittelalter sind davon Versionen erhalten, die sehr deutlich ihre regionalsprachliche Zugehörigkeit erkennen lassen. Ein schon um 800 geschriebenes althochdeutsches Vaterunser aus Freising beginnt mit den Worten *Fater unser, du pist in himilum*. In einer etwa ebenso alten Version aus Weißenburg in Lothringen heißt es *Fater unser, thu in himilom bist*. Die Freisinger Form *pist* für ‹bist› war damals nur im Süden des deutschen Sprachgebiets heimisch. Dafür zeigt der Weißenburger Text mit der *th*-Schreibung in *thu*, dass das Wort ‹du› im Fränkischen um 800 noch wie mit englischem *th* ausgesprochen worden ist. Auch das war eine Dialektform. Ein «gesamtdeutsches» einheitliches Vaterunser hat es in althochdeutscher Zeit noch nicht gegeben und konnte es auch noch gar nicht geben. Wenn in der Kirche «Deutsch» gesprochen oder gesungen wurde, dann geschah das zwangsläufig in einem alten deutschen Dialekt.

Heute ist die Sprache (auch) der katholischen Liturgie die deutsche Schriftsprache, und zwar ohne dialektale Einfärbung, wenn man einmal von der Möglichkeit absieht, dass ein Pfarrer individuell mit bairischem Akzent spricht. Ansonsten eignet sich der Dialekt nicht als Sakralsprache. Daran ändern auch die sogenannten Waldler- und Bauernmessen nichts, die ohnehin eine sehr künstliche, eher seltsame Mixtur aus Dialekt und Standardsprache aufweisen, wie das Schlusslied aus der «Waldlermesse» zeigt:

Jetzt geh i voll Frieden ins Waldhütterl nauf;
hoch überm Berg droben steht's Himmelstor auf.
Is des a Gefunkel, a Pracht und a Glanz:
Der Herrgott segnet d'Welt mit der Himmelsmonstranz.

Da zidert jed's Asterl so fromm und so froh,
die Berg und die Baamerl, die leuchten nur so;
die Waldorgel braust und der Wipfelwind saust,
oa Glück und oa Jubel, wohins'd nur grad schaust.

Da laßt si, ja lust's nur, a Walddrossel hörn,
die dankt mit dem Liadl für d' Himmelsgnad gern.
Aa mir denk ma alle, es sei benedeit,
der Herrgott im Himmel die ganz Ewigkeit.

Wohl kaum ein Kirchenbesucher geht nach dem Gottesdienst *ins Waldhütterl nauf*, sondern er steigt ins Auto und fährt nach Hause in die Neubausiedlung oder samt Familie in die nächste Gastwirtschaft zum Mittagessen. Dass *Asterl* (‹Ästlein›) *fromm und froh zidern* (‹zittern›) und *Baamerl leuchten* sind schiefe Bilder. Das hat noch nichts mit der Mundart zu tun, wohl aber mit inhaltlicher Plausibilität. In sprachlicher Hinsicht ist das Ganze pseudodialektal. Es müsste, wenn schon, *Woidhittal* oder *Woldhittal* heißen (jedenfalls nicht *Waldhütterl*), ebenso *hou* oder *houch* (nicht *hoch*). Auch *a Gefunkel* gibt es im Dialekt nicht, sondern, wenn überhaupt, *a Gfunkl*. Auch sagt man im Bairischen nicht etwas *steht auf* (das ist geradezu norddeutsch), sondern *is offa* (*offm*, *offad* oder ähnlich). Hier wird betulich, mit nur scheinbar dialektalen Mitteln, zu denen auch die notorischen Verkleinerungsformen *Waldhütterl*, *Asterl*, *Baamerl*, *Liadl*, in anderen Liedern *Vogerl*, *Stäuberl*, *Herzkammerl* etc. und die Zusammensetzungen mit *Wald-* (noch einmal *Waldhütterl*, dazu *Waldorgel* und *Walddrossel*) gehören, eine falsche Scheinwelt besungen, die inhaltlich und sprachlich so fern von jeglicher Lebensrealität ist wie volkstümliches Heimatgedudel im Musikantenstadel.

So guat is mei Japanisch a wieder net. Prost!
Bairisch in der Werbung

Es gibt bestimmte Branchen, die eine besondere Affinität zu mundartlicher Werbung zeigen – oder genauer gesagt: zur Verwendung mundartlicher Versatzstücke in ihrer Werbung. Das sind beispielsweise die Gastronomie, der Lebensmittelhandel, die Bekleidungsbranche oder auch bestimmte Musiklabels. Wie Mundartliches eingesetzt wird, hängt zunächst einmal davon ab, ob es sich um Fernseh- oder Hörfunkwerbung handelt, um Zeitungs- oder Plakatwerbung oder um Werbetexte in Schaufenstern von Geschäften. Fernsehwerbung hat die Möglichkeit, kurze, witzige Episoden einzuspielen. Ein Beispiel ist die Werbung der Münchner Brauerei Paulaner, in der Jürgen Tonkel, der kauzig-lustige DJ aus dem Film «Wer früher stirbt, ist länger tot», einen Biergartenbesucher spielt. Er sitzt zufällig mit einer Gruppe von Japanern am Biertisch. Die Kellnerin kommt, um die Bestellung aufzunehmen. Er tut so, als verstehe er Japanisch und übernimmt für seine etwas hilflos gestikulierenden exotischen Tischnachbarn das Bestellen. Die Kellnerin bringt daraufhin ein Weizenbier mehr, als Japaner am Tisch sitzen. Für einen Moment blickt sie verdutzt in die Runde, während sich Tonkel, der schlitzohrige Bayer, das überzählige Bier schnappt und sagt *ja mei, so guat is mei Japanisch a wieder net. Prost!* Suggeriert wird: Wir Bayern, vor allem wir Paulaner-Konsumenten, personifiziert in dem sympathischen Dialekt sprechenden Schauspieler, sind ein schlauer, witziger, zugleich kontaktfreudiger und weltoffener Menschenschlag.

Dialektale Radio-Reklame ist eher dialogisch. Ein Beispiel ist die Werbung für «Penninger Blutwurz», die regelmäßig in den Pausen der Samstagnachmittagssendung «Heute im Stadion» zu hören ist. Ein der Stimmführung nach zu schließen gut gelauntes Paar unterhält sich in einem eher gekünstelten Scheindialekt über die Vorzüge eines bestimmten Kräuterschnapses. Die Botschaft, die mitgeliefert werden soll, ist klar: Das hochprozentige Produkt

Margarete Bause

ist bodenständig und hat etwas mit bayrischer Lebensart und vor allem Lebensfreude zu tun.

In gedruckten Anzeigen und auf Plakaten werden kaum ganze Werbetexte im Dialekt abgefasst. Das wäre schon allein deshalb ungünstig, weil das Entziffern doch einigen Aufwand erfordern würde. In Werbekontexten wäre das eher kontraproduktiv. Die «informativen» Anteile an Werbeplakaten und -broschüren sind deshalb in aller Regel standardsprachlich. Weil normalerweise auch Nicht-Dialektsprecher zur Zielgruppe gehören und angesprochen werden sollen, genügen bekannte «Bayern-typische» Wörter und Wendungen wie beispielsweise *Ozapft is* oder *Pack ma's* und *Auf geht's* als Impuls und Blickfänger (häufig in großen Lettern und Frakturschrift), um das beworbene Produkt mit dem Gütesiegel bayrischer Bodenständigkeit zu versehen. Sogar die politische Werbung bedient sich mitunter solcher Strategien, wie das Werbeplakat einer Münchner Grünen-Kandidatin zeigt. Die Pointe besteht hier allerdings auch darin, dass dialektales *Pack ma's* mit einer Bild-Anspielung kombiniert wird.

Literaturverzeichnis

1. Zitierte Texte und Textausgaben

Carl Friedrich Aichinger: Versuch einer teutschen Sprachlehre, anfänglich nur zu eignem Gebrauche unternommen, endlich aber, um den Gelehrten zu fernerer Unersuchung Anlaß zu geben, ans Liecht gestellt, Frankfurt / Leipzig 1754.

Veit Arnpeck, Sämtliche Chroniken, hg. von Georg Leidinger, München 1915, Neudruck Aalen 1969.

Johannes Turmair's, genannt Aventinus, sämmtliche Werke, hg. von Matthias Lexer, 6 Bde., München 1881–1906.

Berthold von Regensburg. Vollständige Ausgabe seiner Predigten mit Anmerkungen, hg. von Franz Pfeiffer, 2 Bde., Berlin 1965.

Lena Christ: Gesammelte Werke, 3 Bde., München 1990.

Jacob Freys Gartengesellschaft (1556), hg. von Johannes Bolte, Tübingen 1986.

Ulrich Füetrer: Bayerische Chronik, hg. von Reinhold Spiller, München 1909 (Quellen und Erörterungen zur Bayrischen und Deutschen Geschichte, Neue Folge 2,2).

Oskar Maria Graf: Werkausgabe, 16 Bde., München 1994.

Graffd wead! Asterix auf bairisch 3, von Rene Goscinny, Albert Uderzo, Carl-Ludwig Reichert und Hans Well, 4. Auflage 2007.

Johann Conrad Grübel: Sämmtliche Werke, hg. und mit einem grammatikalischen Abriß u. Glossar versehen v. Georg Karl Frommann, Nürnberg 1873.

Argula von Grumbach: Schriften, hg. von Peter Matheson, Gütersloh 2010 (Quellen und Forschungen zur Reformationsgeschichte)

Hans von Gumppenberg: Das teutsche Dichterross. In allen Gangarten vorgeritten, München 1966.

Iordanis Romana et getica, recensuit Theodor Mommsen, Berlin 1882, Nachdruck München 1982 (Monumenta Germaniae Historica, Auctores Antiquissimi 5,1).

Erich Kästner: Das doppelte Lottchen, Zürich 1949.

Franz von Kobell: Ausgewählte Werke. Eingeleitet und herausgegeben von Günter Goepfert, München 1972.

Franz von Kobell: Ausgewählte Werke. Eingeleitet und herausgegeben von Günter Goepfert, München 1991.

Muspilli, in: Althochdeutsche Literatur. Eine kommentierte Anthologie, übersetzt, herausgegeben und kommentiert von Stephan Müller, Stuttgart 2007, S. 200–209.

Thomas Mann: Die Buddenbrooks. Verfall einer Familie, Berlin 1922.

Das Nibelungenlied. Mittelhochdeutsch / Neuhochdeutsch, hg. von Ursula Schulze, übersetzt und kommentiert von Siegfried Grosse, Ditzingen 2010.

Oberaltaicher Predigten: Altdeutsche Predigten, hg. von Anton E. Schönbach, 2. Bd., Graz 1888.

Die Ökonomie des Klosters Diessen. Das Compendium Oeconomium von 1642, hg. von Pankraz Fried und Heinz Haushofer, Stuttgart 1974.

Carl Orff: Bairisches Welttheater. Die Bernauern, Astutuli, Ludus de nato infante mirificus, Comoedia de Christi resurrectione, München o.J. [1972].

Max Peinkofer: Der rote Bua und andere Mundartdichtungen, Passau 1956.

Franz Graf Pocci: Neues Kasperl-Theater, Stuttgart 1855.

Gerhard Polt: Hundskrüppel: Lehrjahre eines Übeltäters, München 2006.

Georg Queri: Kraftbayrisch. Wörterbuch der erotischen und skatologischen Redensarten der Altbayern, München 1981.

Ois midnand. Gedichte – Lieder – Hörspiel von Carl Ludwig Reichert und Michael Fruth, hg. von Benno Höllteufel, München 1980.

Herbert Rosendorfer: Königlich bayerisches Sportbrevier, 7. Auflage, München 2003.

Herbert Rosendorfer: Die Kellnerin Anni, 3. Auflage, München 2011.

Franz Xaver von Schönwerth: Aus der Oberpfalz. Sitten und Sagen. 3 Bde., Augsburg 1857 (Reprint Hildesheim / New York 2007).

Siegfried Sommer: Das große Blasius-Buch. 201 Münchner Gschichtln aus unserer Zeit, München 1976.

Theodor Storm: Sämtliche Werke, hg. von Karl Ernst Laage und Dieter Lohmeier, 4 Bde., Frankfurt am Main 1987f.

Sturm, Marcelin: Lieder zum Theil in baierischer Mundart von P. Marcelin Sturm, ehemaligem Augustiner. In Musik gesetzt nach den eigenen Melodien des Verfassers von dem kön. Advokaten Giehrl in Neunburg vorm Walde, 1819.

Ludwig Thoma: Gesammelte Werke, 7 Bde., München 1922.

Vita Sancti Martini, in: Venanti Honori Clementiani Fortunati Presbyteri Italici opera poetica, recensuit et emendavit Fridericus Leo, Berlin

1881, Nachdruck München 1981 (Monumenta Germaniae Historica, Auctores Antiquissimi 4,1).

Walther von der Vogelweide. Werke. Mittelhochdeutsch, Neuhochdeutsch, hg., übersetzt und kommentiert von Günther Schweikle, 2 Bde., Stuttgart 2001.

Der Wartburgkrieg, hg., geordnet, übersetzt und erläutert von Karl Simrock, Stuttgart / Augsburg 1858.

Ignaz Weitenauer: Zweifel von der deutschen Sprache, vorgetragen aufgelöset, oder andern aufzulösen überlassen; sammt einem orthographischen Lexikon, Augsburg / Freiburg im Breisgau 1758.

Wessobrunner Gebet, in: Althochdeutsche Literatur. Eine kommentierte Anthologie, übersetzt, herausgegeben und kommentiert von Stephan Müller, Stuttgart 2007, S. 200 f.

2. Forschungsliteratur (in Auswahl)

Alfred Bammesberger: Von Glocken und Grüßen und Glaubensboten aus Irland, in: Leitmotive. Kulturgeschichtliche Studien zur Traditionsbildung, hg. von Marianne Sammer, Kallmünz 1999, S. 161–175.

Gerhard Bauer: Oskar Maria Graf. Ein rücksichtslos gelebtes Leben, München 1994.

Werner Bauer: Das bairische Präfix der-, in: Probleme der oberdeutschen Dialektologie und Namenkunde. Vorträge des Symposions zum 100. Geburtstag von Eberhard Kanzmayer, hg. von Peter Wiesinger, Werner Bauer und Peter Ernst, Wien 1999, S. 118–134.

Bayrisches Wörterbuch, hg. von der Kommission für Mundartforschung, München 1995 ff.

Ernest Bornemann: Sex im Volksmund. Der obszöne Wortschatz der Deutschen, Herrsching 1984.

Ludwig M. Eichinger: Der-, aspektuelles Präfix und bairisches Schibboleth, in: Erträge der Dialektologie und Lexikographie. Festgabe für Werner Bauer zum 60. Geburtstag, hg. von Herbert Tatzreiter, Maria Hornung und Peter Ernst, Wien 1999, S. 61–87.

Christian Ferstl (Hg.): «Dem Dorfschullehrer sein neues Latein...». Beiträge zu Stellenwert und Bedeutung des Dialekts in Erziehung, Unterricht und Wissenschaft, Regensburg 2009.

Bernhard Kirchmeier: Argula von Grumbach. Eine bemerkenswerte Frau in der Reformationszeit, München 2009.

Friedrich Kluge: Etymologisches Wörterbuch der deutschen Sprache. 25. Auflage bearbeitet von Elmar Seebold, Berlin / New York 2011.

Michael Kollmer: Die schöne Waldlersprach. Von Wegscheid bis Waldmünchen, von Passau bis Regensburg, 3 Bde., Moosbach 1987/1989.

Werner König/Manfred Renn: Kleiner Sprachatlas von Bayerisch-Schwaben, Augsburg 2007.

Eberhard Kranzmayer: Historische Lautlehre des gesamtbairischen Dialektraums, 2 Teile, Wien 1956.

Andreas Kraus: Geschichte Bayerns. Von den Anfängen bis zur Gegenwart, 3. Auflage, München 2004.

Bayerisches Lesebuch. Von 1871 bis heute, hg. von Günther Lutz, München 1985.

Ludwig Merkle: Bairische Grammatik, München 2005.

Mittelhochdeutsches Wörterbuch, hg. von Kurt Gärtner, Klaus Grubmüller und Karl Stackmann, Stuttgart 2006 ff.

Hermann Niebaum/Jürgen Macha: Einführung in die Dialektologie des Deutschen, 2. Auflage, Tübingen 2006.

Hans F. Nöhbauer: Kleine bairische Literatur-Geschichte, München 1984.

Marita A. Panzer: Lena Christ. Keine Überflüssige, Regensburg 2011.

Michael Prinz: Regensburg – Straubing – Bogen. Studien zur mittelalterlichen Namenüberlieferung im ostbayrischen Donauraum. Erster Teil: unkomponierte Namen, München 2007.

Ingo Reiffenstein: Sprachgeschichte des Bayrisch-Österreichischen bis zum Beginn der frühen Neuzeit, in: Sprachgeschichte. Ein Handbuch zur Geschichte der deutschen Sprache und ihrer Erforschung, 2. Auflage, hg. von Werner Besch u. a., 3. Teilband, Berlin/New York 2003, S. 2889–2942.

Ingo Reiffenstein: Sprachgeschichte des Bayrisch-Österreichischen seit der beginnenden Neuzeit, ebenda, S. 2942–2971.

Kurt Reindel: Herkunft und Stammesbildung der Bajuwaren nach den schriftlichen Quellen, in: Die Bajuwaren. Von Severin bis Tassilo. 488–788. Katalog der gemeinsamen Landesausstellung des Freistaates Bayern und des Landes Salzburg, 19. Mai bis 6. November 1988, hg. von Hermann Dannheimer und Heinz Dopsch, München/Salzburg 1988, S. 56–60.

Manfred Renn/Werner König: Kleiner Bayerischer Sprachatlas, München 2006.

Anthony R. Rowley: Diminution und Natürlichkeit. Zu den Verkleinerungsformen in den Dialekten Nordostbayerns, in: Dialekte im Wandel. Referate der 4. Tagung zur bayerisch-österreichischen Dialektologie, Salzburg, 5. bis 7. Oktober 1989, hg. von Andreas Weiss, Göppingen 1992, S. 202–208.

Anthony R. Rowley: Liacht as de sproch. Grammatica dell lingua mòchena. Grammatik des Deutsch-Fersentalerischen, Ludern 2003.

Anthony Rowley: Grüß Gott, in: Die bairische Sprache. Studien zu ihrer Geographie, Grammatik, Lexik und Pragmatik. Festschrift für Ludwig Zehetner, Regensburg 2004, S. 163–188.

Anthony Rowley: Von Schmellers «Bayerischem Wörterbuch» zum neuen Bayerischen Wörterbuch der Bayerischen Akademie der Wissenschaften in München, Schmellers Nachlaß betreffend, in: Jahrbuch der Johann-Andreas-Schmeller-Gesellschaft 1990, hg. v. I. Scherm, Grafenau 1991, S. 158–164.

Johann Andreas Schmeller: Die Mundarten Bayerns grammatisch dargestellt, München 1821.

Johann Andreas Schneller: Bayerisches Wörterbuch, 2. Bde, bearbeitet von G. Karl Frommann, 2. Auflage, München 1872–1877.

Hans Ulrich Schmid: Ein mittelhochdeutsches Reimgebet aus Admont, in: Studia Linguistica et Philologica. Festschrift für Klaus Matzel zum sechzigsten Geburtstag, hg. von Hans-Werner Eroms / Bernhard Gajek / Herbert Kolb, Heidelberg 1984, S. 175–283.

Hans Ulrich Schmid: Fressads und Saufas. Überlegungen zur Herkunft dialektaler Deverbativa auf -ads, in: Vom Sturz der Diphthonge. Beiträge zur 7. Arbeitstagung für bayerisch-österreichische Dialektologie, hg. von Albrecht Greule / Franz Xaver Scheuerer / Ludwig Zehetner, Tübingen 2000, S. 177–186.

Hans Ulrich Schmid: Leckenspiz und wachtelbein – Schimpfwortbildung und Schimpfwortverwendung in den Predigten Bertholds von Regensburg, in: Die bairische Sprache. Studien zu ihrer Geographie, Grammatik, Lexik und Pragmatik. Festschrift für Ludwig Zehetner, hg. von Albrecht Greule u. a., Regensburg 2004, S. 245–262.

Alfred Anton Stadlbauer: Supplement zu Oskar Maria Graf. Das Leben meiner Mutter, 2 Bde., Regensburg 2010.

Walter Tauber: Mundart und Schriftsprache in Bayern (1450–1800). Untersuchungen zur Sprachnorm und Sprachnormierung im Frühneuhochdeutschen, Berlin / New York 1993.

Heinrich Tiefenbach: Ein Frühbeleg für das bairische der-, in: Sprachwissenschaft 26 (2001), S. 417–424.

Mirja Virkkunen: Die Bezeichnungen für Hebamme in deutscher Wortgeographie. Nach Benennungsmotiven untersucht, Gießen 1957.

Wörterbuch der bairischen Mundarten in Österreich, hg. im Auftrag der Österreichischen Akademie der Wissenschaften, Wien / Graz / Köln 1970ff.

Albrecht Weber (Hg.): Handbuch der Literatur in Bayern. Vom Frühmittelalter bis zur Gegenwart. Geschichte und Interpretationen, Regensburg 1987.

Karl Weinhold: Bairische Grammatik, Berlin 1867.

Peter Wiesinger: Aspekte einer österreichischen Sprachgeschichte der Neuzeit, in: Sprachgeschichte. Ein Handbuch zur Geschichte der deutschen Sprache und ihrer Erforschung, 2. Auflage, hg. von Werner Besch u. a., 3. Teilband, Berlin / New York 2003, S. 2971–3001.

Ludwig Zehetner: Bairisch, Düsseldorf 1977 (Deutsch / Hochsprache kontrastiv. Sprachhefte für den Deutschunterricht).

Ludwig Zehetner: Das bairische Dialektbuch, München 1985.

Ludwig Zehetner: Bairisches Deutsch. Lexikon der deutschen Sprache in Altbayern, Regensburg 2005.

Ludwig Zehetner: Basst scho! Wörter und Wendungen aus den Dialekten und der regionalen Hochsprache in Altbayern, Regensburg 2009.

Ludwig Zehetner: Basst scho! Bd. 2: Weitere Streiflichter auf die deutsche Sprache in Altbayern, Regensburg 2010.

Ludwig Zehetner: Basst scho! Bd. 3: Eine neue Runde auf dem Spaziergang durch die Heimatsprache Altbayerns, Regensburg 2011.

Abbildungen

S. 15: Werner König / Manfred Renn: Kleiner Sprachatlas von Bayerisch-Schwaben, Augsburg 2007, S. 18

S. 22: Entwurf von Siegmund von Suchodolski, Münchner Stadtmuseum, Sammlung Graphik / Plakat / Gemälde

S. 23: picture-alliance / Pressefoto Ulmer / Claus Cremer

S. 34: Bayerische Staatsbibliothek München, Clm 22053, fol. 65 v–66 r

S. 50: Hans Sebald Lautensack: Bildnis des Johann Aventinus, Druck 1554

S. 53: Bayerische Staatsbibliothek München, Res / 4 Bavar. 3001, 9

S. 67: Walter Schulz-Matan: Oskar Maria Graf, 1927 © Uta Schulz-Matan

S. 92: Joseph Bernhardt: Johann Andreas Schmeller, Bayerische Akademie der Wissenschaften

S. 111: Bayerische Staatsbibliothek München, Cgm 207, fol. 32 r

S. 114: www.asterix.com © 2012 LES EDITIONS ALBERT RENE / GOSCINNY-UDERZO

S. 168: Foto: Hans Ulrich Schmid

S. 232: Werbeplakat der «Grünen» zur bayrischen Landtagswahl 2009

Perſonenregiſter

Sachregister

Wörter und Namen

Hans Ulrich Schmid
Die 101 wichtigsten Fragen: Deutsche Sprache

2010. 159 Seiten mit 5 Abbildungen. Paperback
Beck'sche Reihe Band 7030

Seit wann gibt es die deutsche Sprache? Woher kommt das Wort
«deutsch»? Wie viele Wörter hat das Deutsche? Warum hat es so
viele Umlaute? Wann gebraucht man Imperfekt und wann Perfekt? Was ist Jiddisch? Und was ist mit dem Friesischen? Wie wird
das Deutsche in hundert Jahren aussehen?

Hans Ulrich Schmid, Professor für historische deutsche Sprachwissenschaft, wirft einen angenehm unangestrengten Blick auf unsere doch recht komplizierte Sprache mit ihrer langen Entwick-
lungs- und Vorgeschichte. Das Deutsche, könnte das Fazit lauten,
hat sich zwar von jeher weiterentwickelt, aber vieles, was dem heutigen Sprecher unlogisch erscheint, findet eine überraschend plausible Erklärung in der Sprachgeschichte.

Wolfgang Krischke
Was heißt hier Deutsch?
Kleine Geschichte der deutschen Sprache

2010. 303 Seiten. Paperback
Beck'sche Reihe Band 1868

Dieses Buch erzählt die spannende Geschichte der deutschen Sprache und der Menschen, die sie geprägt haben. Leser, die sich für die
vielen Spuren der Vergangenheit im heutigen Deutsch interessieren
und die erfahren möchten, welche Kräfte den Sprachwandel vor-
antreiben, können sich auf viele «Aha-Erlebnisse» freuen.